MÉMOIRES

SECRETS

POUR SERVIR A L'HISTOIRE DE LA RÉPUBLIQUE DES LETTRES EN FRANCE, DEPUIS MDCCLXII, JUSQU'A NOS JOURS.

ANNÉE M. DCC. LXXXV.

1. *Mai.* Les comédiens françois ont joué hier pour seconde nouveauté, depuis la rentrée d'après pâques, *Albert & Emilie*, tragédie en cinq actes & en vers. Ce sujet, tiré du théâtre allemand, a pu avoir du succès dans le pays, où le goût n'est pas encore bien épuré. D'ailleurs, l'on y retrace les mœurs de la nation, l'on y retrouve des usages & des fêtes qui peuvent l'intéresser. Il y est question de princes dont la gloire vit encore dans les chroniques du pays. Toutes ces circonstances ont séduit l'auteur & les comédiens

qui se sont mis de concert en frais, & tout inutilement. Excepté le troisieme acte, dont la premiere moitié est très-importante, & par l'appareil du spectacle, & par un grand étalage de sentiments héroïques; le public a soutenu le reste très-impatiemment, & les huées sont devenues si fortes au dernier acte qu'on n'en a presque rien entendu.

Cette tragédie est de M. *Dubuisson*, l'auteur de *Nadir*.

1 *Mai.* Extrait d'une lettre d'Amiens, du 25 avril... Rien de plus vrai que tout ce qu'on vous a raconté de *Crequi-Canaple*, ou *à la longue barbe*. C'étoit un original, mais un homme de génie dans son genre. Il avoit fait défenses par huissier à son curé de lui donner les prieres nominales à sa mort; il lui dit qu'il vouloit être enterré dans son jardin. Le curé en référa à l'évêque. Ce prélat répondit: que puisque M. *de Crequi* s'étoit mis lui-même hors de l'église, il falloit l'y laisser. La famille a trouvé cela très-mauvais; elle vouloit intenter un procès à l'évêque, d'autant que le défunt n'avoit point enseigné sa volonté par écrit. Heureusement, M. *de Machault* le pere, qui a encore du crédit, s'en est mêlé. Il a fait entendre à son fils que c'étoit pour les vivants qu'on honoroit les morts. Il a été convenu que le cadavre seroit exhumé & enterré avec toute la décence convenable.

2 *Mai.* Extrait d'une lettre de Rouen, du 25 avril... Le parlement a enrégistré ou plutôt homologué derniérement un établissement de charité, formé dans la paroisse de Saint-Denis près d'Alerçon depuis 1767; vous voyez qu'il est antérieur à tous les clubs, à tous les musées, à

tous les plans de bienfaisance dont nos journaux sont farcis aujourd'hui. Plusieurs ministres ont désiré qu'on en formât de pareils dans chaque paroisse. Il est principalement dû au curé, monsieur *Colombet*. Par ce moyen il n'est aucun mendiant dans ce village, on n'en trouvera point dans aucun dépôt du royaume. Il en a presque banni aussi la chicane. C'est l'esprit de l'article IV du réglement, par lequel il est défendu d'assister *ni fainéants ni plaideurs*. Depuis trente ans les prônes de ce bon pasteur roulent principalement là-dessus. Il donne aussi des prix d'agriculture.

2 *Mai*. Le docteur *Seiffer*, médecin allemand, attaché à M. le comte d'*Artois* en qualité de consultant, raconte que s'étant trouvé appellé chez madame la princesse de *Lamballe*, la Reine y étoit venu, & lui avoit demandé s'il étoit médecin du sieur *de Beaumarchais*, comme on le lui avoit dit? Sur quoi le docteur ayant répondu à sa majesté qu'en effet il étoit chargé du soin de la santé de cet homme célebre, l'avoit été voir à Saint-Lazare & le soignoit en ce moment: *Vous avez beau le purger*, s'écria la Reine, *vous ne lui ôterez pas toutes ses vilenies*.

2 *Mai*. Le parlement de Rouen a pris aussi fait & cause pour les négocians de son ressort dans le grand procès du commerce contre les Américains, & a fait des remontrances au Roi dans le genre de celles de Bordeaux.

2 *Mai*. *Pizare* ou *la Conquête du Pérou*, est un opéra composé depuis 1779. Le poëme est d'un chevalier *Duplessis*, & la musique du sieur *Candeille*. Cet ouvrage déjà présenté trois fois au comité avoit été rejeté autant de fois; enfin M. le baron *Breteuil* lui a accordé sa protection, & l'a fait

recevoir. On en a si mauvaise opinion que les premiers sujets ont fait beaucoup de difficulté d'en prendre les rôles, & que celui de femme doit être exécuté par Mlle. *Gavaudan* cadette. Le sieur *Candeille* est un compositeur excellent pour donner des leçons, mais nullement fait pour lutter contre *Gluck*, *Piccini*, *Sacchini*. C'est demain que cette tragédie lyrique sera exécutée pour la premiere fois.

2 *Mai.* Dans ce siecle philosophe où l'on veut détruire tous les préjugés, il étoit naturel d'attaquer un des plus absurdes, celui qui fait rejaillir sur toute une famille l'infamie répandue sur l'un de ses membres par un supplice honteux. On peut se rappeller les deux jeunes gens qui ont été roués pour s'être révoltés deux fois en prison. L'un d'eux nommé *Desaignes* avoit un frere contrôleur-général des domaines en Normandie, très-bon sujet. La direction de Clermont étant venu à vacquer, il s'est trouvé que c'étoit à lui à monter. Les chefs lui ont accordé la place ; mais en même temps ont consulté M. le contrôleur-général pour savoir si la tache imprimée au nom de cet officier de finances n'étoit pas un obstacle. M. *de Calonne* a répondu qu'on avoit très-bien fait de récompenser le mérite, & afin de procurer plus d'éclat à ce choix, il a écrit à M. l'intendant de Rouen pour l'engager à annoncer lui-même cette nomination au nouveau directeur, & l'a prié d'affecter de lui donner à dîner avec beaucoup de monde, afin de mieux remplir l'objet du ministre : on ajoute que l'intendant d'*Auvergne* a été invité de lui faire aussi un accueil flatteur & public.

3 *Mai.* Les mesméristes, comme l'on sait,

ont tenté par divers moyens d'engager avec leur adversaires une querelle au parlement, & de le faire s'expliquer sur leur compte. Mais cette compagnie l'a éludé jusqu'à présent dans la crainte sans doute de se compromettre. Cette secte, car on peut la qualifier de telle, a imaginé un nouveau moyen. Un M. *Varnier*, docteur-régent de la faculté de médecine & membre de la société royale, attaché au mesmérisme, a bien voulu se sacrifier pour le bien public & pour la gloire de son chef: par son zele à prêcher la nouvelle doctrine, il a mérité l'animadversion de la faculté, s'est fait rayer & en conséquence plaide aujourd'hui contre les doyen & docteurs de ce corps. On voit un mémoire en sa faveur répandu avec profusion: il est signé d'un avocat peu connu, mais suivi d'une consultation du 16 avril, souscrite par dix-sept jurisconsultes, dont plusieurs sont célebres.

3 *Mai*. L'affaire élevée entre MM. les abbés *Soulavie* & *Barruel* tracasse si étrangement monsieur l'archevêque, qu'il voudroit user de toutes les tournures possibles pour l'assoupir sans aucune décision.

Il est question d'un voyage autour du monde que M. *de la Peyrouse*, capitaine des vaisseaux du Roi, doit entreprendre incessamment par ordre de sa majesté; comme il emmene avec lui plusieurs savants, tels que des astronomes, des géographes, des naturalistes, le clergé avoit imaginé d'y faire employer l'abbé *Soulavie* en cette derniere qualité, & le président de l'assemblée prochaine, M. l'archevêque de Narbonne, le lui avoit insinué avec la promesse d'une pension de 6,000 livres sur les économats, s'il acquiesçoit à la proposition ; ce voyage devant durer quatre ans, c'étoit gagner tout le temps nécessaire & il y avoit à parier que le procès ne se réveilleroit pas au bout de ce long intervalle.

M. l'abbé *Soulavie* n'a pu se laisser gagner par des offres aussi obligeantes, aussi honorables même; il en a senti toute la séduction, & a préféré de poursuivre la réparation due à son honneur attaqué. Mais afin de ne pas trop indisposer ses chefs, il a pris le prétexte du mauvais état de sa santé.

4 Mai. Malgré la prévention générale du public contre *Pizare*, hier l'affluence s'est trouvée beaucoup plus grande à la premiere représentation qu'on ne s'y attendoit. Malheureusement les connoisseurs & le grand nombre des spectateurs se sont confirmés de plus en plus dans leur mauvaise opinion.

Le poëme n'est point mal coupé, il fournit à beaucoup de spectacle & de mouvement sur la scene ; mais la musique n'y répond pas, & le récitatif sur-tout a paru monotone & sans caractere. Point de chant, point d'airs de ballets agréables. Le peu de bon qui s'y trouve, consiste en des réminiscences des grands maîtres que M. *Candeille* a conservées depuis ses voyages.

L'exécution n'a pas peu contribué au dégoût du public : elle a été mauvaise. La Dlle. *Gavaudan* sur-tout qui a un joli organe, mais n'a point l'aptitude nécessaire aux grands mouvements, aux éclats de voix & aux airs fréquents de son rôle, l'a rempli fort désavantageusement.

Enfin les danses, malgré les premiers sujets qui ont brillé, n'ont pas contribué à relever cet opéra. Le dernier ballet est sans intention & sans effet.

4 Mai. Depuis plus de deux mois on parle d'une

espece de secte fort étrange qui s'étoit établie à Ermenonville, & y tenoit des fêtes mystérieuses qui ont alarmé le gouvernement. On veut que madame de *Sainte-Helene* en fût. On raconte de ces assemblées des choses si extraordinaires, si dégoûtantes & si absurdes, qu'on ne peut les croire sans de plus amples éclaircissements. On dit que plusieurs membres ont été arrêtés, & l'on nomme sur-tout le chevalier *Duplain*, qui est renommé pour ses connoissances chymiques. On le met à la Bastille.

4 *Mai.* On ne sait point au juste quelle route tiendra M. *de la Peyrouse* dans le voyage autour du monde qu'il entreprend. Il aura une escadre de plusieurs bâtiments. Il déclare que le Roi s'y intéresse beaucoup, que c'est sa majesté qui en a conçu le plan, & doit diriger sa marche en grande partie.

5 *Mai.* La faculté de médecine de Paris n'avoit aucune notion du *Magnétisme animal* avant le livre du docteur *Thouret* sur cette matiere.

Le docteur *Millin*, malgré cette ignorance absolue, proposa de prendre un parti contre ce système; il fit une motion fondée sur ce que le mesmérisme enlevoit chaque jour à la faculté quelques-uns de ses membres les plus recommandables.

Sur cette dénonciation de 24 juin 1784, la faculté arrête: « Que la chose n'est pas encore assez
» mûre; qu'il ne faut rien faire d'inconsidéré
» ni de précipité dans une affaire d'aussi grande
» importance; qu'une temporisation modérée est
» plus convenable à l'ordre des médecins; qu'il
» est plus sage, plus avantageux & plus hon-
» nête d'attendre que les observations des com-

« missaires nommés par le Roi aient éclairci ce que
» la doctrine du magnétisme animal pouvoit avoir
» d'illusoire ou de réel. »

Les observations de ces commissaires ayant paru, la faculté se hâta de les adopter aveuglément le 24 août.

Le 28 du même mois elle fit un arrêté composé de trois articles, portant :

1°. Qu'aucun docteur n'ait à se déclarer partisan du prétendu magnétisme animal, ni par ses écrits, ni par sa pratique, sous peine d'être rayé du tableau des docteurs-régents.

2°. Qu'on recevroit la renonciation au magnétisme des douze docteurs qui l'avoient proposée.

3°. Que ceux qui pratiquoient le magnétisme, & ceux qui étoient absents, seroient cités, pour qu'on prît une résolution à leur égard.

Tous les docteurs ayant été appellés tour-à-tour, la plupart donnerent l'exemple de la soumission, en signant ce formulaire, par lequel ils s'engagerent à ne jamais croire au magnétisme animal, ou au moins à ne laisser jamais paroître leur croyance.

Ce formulaire au contraire révolta plusieurs des médecins qui avoient suivi avec assiduité le traitement du magnétisme, & sur-tout le docteur *Varnier*. Ce fut dans cette disposition qu'il parut à l'assemblée où il avoit été mandé pour rendre compte de son refus.

Elle fut très-tumultueuse ; c'étoit un mélange confus de voix, de cris, de sons mal articulés, à travers desquels il put seulement distinguer des injures contre le magnétisme animal & ses partisans, des doléances sur la décadence & la ruine prochaine de la médecine ; le tout terminé par cette apostrophe répétée avec acclamation, *signez* ou *rayé*.

Comme le docteur *Varnier* ne parut pas effrayé de la menace, plusieurs de ses confreres s'écrierent & lui enjoignirent de sortir de l'assemblée.

Le doyen *Pourfour Dupetit* employa son autorité, tout ce qu'il put obtenir fut un peu plus de modération & de complaisance à entendre l'accusé; mais inutilement.

Intervint le 23 octobre 1784, le décret proclamé pour la troisieme & derniere fois, par lequel, sur le rapport du doyen, la faculté, après avoir fait réciter ses précédents décrets des 18 septembre & 7 octobre 1780, 23 juin, 14 & 28 août, 4 & 18 septembre 1784, ensemble les lettres écrites au doyen par MM. *Deslon*, *Thomas d'Onglée*, *Varnier*, *de la Porte*, *Coquereau*, *Sabathier*, & après les avoir entendus, hélas! beaucoup trop, (c'est la propre traduction du latin : *quibus auditis nimium eheu!*) il a été constaté que M. *Deslon* & plusieurs docteurs de la faculté, oubliant leur serment & les vertus qui conviennent à un médecin, s'étoient rangés sous les étendards d'une milice aussi fourbe que dangereuse de charlatans, qui dresse des embûches à la santé, aux bonnes mœurs & à la fortune des citoyens, en abusant de leur crédulité...... La faculté a décidé de rayer du catalogue des docteurs-régents M. *Varnier*...... jusqu'à ce que par la signature il ait adhéré au décret du 28 août.

Tels sont les faits qui ont précédé la contestation élevée aujourd'hui entre ce docteur, & la faculté.....

5 *Mai*. Il va éclore un nouvel ouvrage périodique à l'usage du beau sexe, sous le titre

jeuni du *Courier lyrique & amusant*, ou *passe-temps des toilettes*. Il commencera en juin.

6 MAI. Le mémoire du docteur *Varnier*, après l'exposé des faits, répond aux deux motifs du décret, & parce qu'il a pratiqué la médecine avec des personnes qui étoient sans droit de l'exercer, & parce qu'il est partisan déclaré du *magnétisme animal*.

D'abord le docteur *Varnier* établit pour répondre au premier chef d'accusation, que l'article 77 des statuts de la faculté qui lui sert de base, n'a jamais été entendu à la rigueur; qu'il pourroit s'autoriser de l'exemple de ses confreres les plus distingués, se permettant tous les jours d'y déroger, quand il s'agit des progrès de la science ou de l'intérêt des malades. Ensuite M. *Deston*, dont il suivoit le traitement, est docteur de la faculté; & d'ailleurs, en fait de cours & d'instruction, la qualité de professeur n'est point un obstacle; enfin c'est dénaturer absolument l'occupation du docteur *Varnier*, de travestir en pratique de médecine, son assistance aux traitemens magnétiques.

Quant au second chef, appuyé sur ce qu'il a persévéré par ses écrits, ses discours & sa pratique dans son attachement au magnétisme animal, & refusé de signer le formulaire du 28 août 1784, il répond que, s'il lui a été permis de se livrer à l'étude du magnétisme animal, sans pouvoir être traité d'infracteur des réglemens de la faculté, c'est une conséquence nécessaire qu'il lui a été permis également de prendre sur cet objet telle opinion qu'il jugeroit à propos; car il seroit trop absurde de prétendre que la faculté n'auroit laissé à ses membres la liberté de s'instruire, que pour exiger enfuite le facrifice de leur inftruction ; genre de defpotifme auffi contraire à la raifon qu'au régime de la faculté.

Dans cette partie du mémoire fe trouve une digreffion étendue contre le rapport des commiffaires nommés par le Roi pour examiner le traitement du *magnétifme animal*, & le docteur prétend en faire voir les vices, les contrariétés, les abfurdités.

La conclufion eft un éloge pompeux du magnétifme animal, dont le docteur *Varnier* ne rougit point de fe déclarer l'enthoufiafte & l'apôtre.

Le mémoire eft terminé par la confultation, où l'on eftime que la radiation de M. *Varnier* eft injufte à tous égards, & que le décret qui la prononce ne peut manquer d'être annullé.

6 Mai. Le *Courier lyrique & amufant* doit paroître tous les quinze jours, à commencer du premier juin. Il fera compofé d'un cahier de 16 pages in-8. diftribué en premiere & feconde partie.

Une moitié contiendra des chanfons, des romances, des ariettes & vaudevilles avec les airs notés, quand ils ne feront point connus. On promet que les paroles feront toujours choifies, comme jolies pieces de vers, de maniere à pouvoir plaire même aux perfonnes qui ne chantent pas.

L'autre moitié offrira un répertoire amufant d'anecdotes, de bons mots, de traits hiftoriques.

La mufique fera revue avec la plus grande attention par M. *Greffet*, compofiteur agréable, connu par plufieurs airs légers, & qui doit entichir cette collection de ses meilleurs morceaux.

Le choix des anecdotes de la seconde partie, & celui des paroles de la premiere, sera fait par un homme de lettres d'un goût exercé, mais qui gardera l'anonyme.

Tel est *le Prospectus* de ce journal, qui n'annonçant aucune critique, doit trouver grace aux yeux de ceux qui la redoutent & en être prôné.

6 MAI. Comme la cour est bien aise de se rendre maîtresse des objets à traiter dans l'assemblée décennale du clergé qui doit s'ouvrir le 25 de ce mois, & de pouvoir les faire décider à son gré, cette assemblée doit être composée en grande partie de prélats à sa dévotion, à commencer par le président, l'archevêque de Narbonne, substitué au cardinal *de la Rochefoucault*, qui avoit d'abord été désigné. De ce nombre de nosseigneurs très-lestes, on vouloit exclure l'évêque d'Amiens, peu propre à figurer parmi eux; mais celui-ci a refusé de se prêter aux désirs du ministere, il a déclaré que c'étoit son tour & qu'il le soutiendroit. La décision a été en sa faveur: alors il a dit qu'il lui suffisoit d'avoir soutenu & fait reconnoître le droit de son siege; qu'afin de prouver qu'il n'étoit guidé par aucune vue d'ambition ou de turbulence, il y renonçoit; & c'est M. l'évêque de Noyon qui le remplace, & sera beaucoup plus agréable au grand nombre.

7 Mai. *La comtesse de Chazelle*, jouée hier aux Italiens pour troisieme nouveauté, a été plus mal accueillie encore que les précédentes, & huée à-peu près depuis le premier acte jusqu'au cinquieme, qui a été écouté plus tranquillement. On conçoit que pendant un tumulte aussi fré-

quent & aussi soutenu, il étoit impossible de bien suivre la marche de l'ouvrage, & sur-tout d'en saisir les détails. On voit en général que le sujet est tiré des *Liaisons dangereuses* ; que le héros est un roué calqué sur celui de ce roman ; mais beaucoup plus gauche, plus vil & plus odieux, s'il est possible ; comme il finit de même & est tué, c'est mal-à-propos qu'on a donné le titre de comédie à *la comtesse de Chazelle* ; c'est tout au moins un drame très-noir, & à cause de la catastrophe elle mériteroit plutôt le titre de tragédie bourgeoise.....

C'étoit un bruit accrédité depuis quelques jours que la piece étoit de madame *de Montesson* ; comme elle s'est trouvée sur le répertoire tout-à-coup & a devancé tous les concurrents, ce qui annonçoit un auteur très en crédit, cette circonstance a fortifié les conjectures, augmentées encore à la représentation par l'absence de cette dame & du duc d'*Orléans*, qui ne manquent jamais les nouveautés. Enfin la modération avec laquelle les journaux en parlent aujourd'hui, même l'abbé *Aubert*, tout confirme la rumeur.

7 *Mai*. M. *de Forbonnais*, qui a joué un rôle sous quelques ministres, en possession d'écrire sur toutes les matieres de finance ou de commerce, a composé de son propre mouvement un mémoire sur la grande question agitant aujourd'hui les chefs de l'administration, sur le procès élevé entre les colonies & la métropole. Ce politique est absólument pour le commerce exclusif, & comme il sait que M. le maréchal duc *de Castries* est fort attaché à l'opinion contraire, qu'il auroit peine à revenir contre son arrêt du conseil, M. *de Forbonnais* a adressé son mémoire au contrôleur-

général ; il s'est flatté de trouver ce ministre-ci plus disposé à adopter ses raisonnements, à les faire valoir, & à combattre dans le conseil le ministre de la marine, auquel il est naturellement opposé.

8 *Mai*. Le sieur *Audinot*, désespérant de rentrer en possession de son spectacle, a reçu l'offre qu'on lui a faite d'en monter un au Bois de Boulogne, où jouoit autrefois la troupe appellée des *petits Comédiens du Bois de Boulogne*. Il doit même y exécuter une piece pour laquelle il lui a fallu du crédit ; c'est *le Barbier de Séville*, mis en musique par M. *Paësiello*, que les trois grands spectacles se sont si bien contesté qu'aucun n'en est resté en possession. C'est demain qu'*Audinot* doit ouvrir son nouveau théâtre. Il a été défendu aux journaux de l'annoncer, & l'on ne sait cet événement que par ouï-dire, ou par l'affiche qu'on en voit à Passy & dans les environs.

Du reste, son procès, dit-on, a été évoqué au conseil, & il se répand outre son *factum*, deux autres *factums*, l'un du sieur *Parisot*, qui s'est trouvé attaqué dans le mémoire du sieur *Audinot*, & l'autre du sieur *Gobiot de Salins*, souffleur d'*Audinot*, qui prend la défense de son maître.

8 *Mai*. Depuis quelque temps M. le duc *de Choiseul* est tombé grièvement malade : cet événement a causé une forte sensation : ses amis se sont empressés de lui témoigner des soins ; madame la duchesse *de Grammont*, madame la comtesse *de Brionne*, M. le duc *du Châtelet*, M. le prince *de Beauveau* & plusieurs autres grandes dames & grands seigneurs, se sont installés dans son hôtel & ont voulu même y coucher.

Du reste, quatre secretaires étoient continuellement occupés à écrire les bulletins ; le concours étoit immense chez le malade, & il falloit observer une étiquette nécessaire dans cette foule ; premiere, seconde antichambre, salon, chambre à coucher ; chacun avoit sa place dans ces différentes pieces, & les élus seuls étoient dans la derniere.

L'empressement parmi les médecins n'a pas été moindre. On en a compté jusqu'à onze ; assurément il n'en falloit pas tant pour l'expédier ; aussi passe-t-il pour mort aujourd'hui, & dès ce matin l'on ne délivroit plus de bulletin.

La reine y envoyoit réguliérement un page chaque jour, & plusieurs fois ensuite & jusqu'à quatre sur la fin : on veut que le Roi n'y ait pas envoyé une seule fois.

Les politiques ont cru s'appercevoir, depuis la maladie du duc *de Choiseul*, de l'influence secrete de cet ex-ministre dans le conseil de la Reine ; c'est-à-dire, qu'ils ont observé qu'elle commençoit à ne plus agir. En sorte que cette mort, suivant eux, est un bonheur véritable, & peut opérer du changement dans les intrigues intérieures & extérieures ; on sait que le duc *de Choiseul* a toujours passé pour un grand maître en ce genre.

Quoi qu'il en soit, aucun ministre remercié n'a conservé tant de considération durant sa disgrace, même sous ce regne ; car on peut regarder comme telle l'obstination du Roi à ne jamais vouloir souffrir qu'il soit rentré à la cour & en place, malgré le désir de la Reine & tous les efforts de la nombreuse cabale du duc de *Choiseul*.

8 Mai. On ne voit point encore l'arrêt du conseil contre le comte *d'Arcq*, & l'on en désespere aujourd'hui. Cela confirme le bruit courant que le duc *de Penthievre*, soit modération, soit crainte de donner de l'éclat à cette affaire qui, même gagnée, lui fait peu d'honneur, ou plutôt à son conseil, n'a point voulu faire trop connoître l'arrêt; qu'il s'est contenté d'en faire tirer des copies manuscrites pour l'envoyer aux endroits où il doit nécessairement être signifié.

Par cet arrêt le comte *d'Arcq* est débouté de toutes ses demandes; il lui est défendu de prendre le nom de comte ou de chevalier *d'Arcq*; enjoint à lui de porter celui de *Sainte-Foy* qu'annonce son extrait baptistaire, &c.; tous ses mémoires supprimés : défenses à Me. *Ader* d'en publier de pareils à l'avenir.

9 Mai. Depuis long-temps il y a une fermentation considérable dans le grand banc à l'occasion de la place de premier président. Deux concurrents la briguent sur-tout, M. *de Lamoignon* & M. *Gilbert*. Le Roi s'obstine à conserver monsieur *d'Aligre* qui lui convient dans cette place; en même temps il veut garder M. *d'Ormesson* pour seconder ce chef & le remplacer au besoin. Cependant comme ce dernier s'ennuyoit & menaçoit de quitter, sa majesté a fait part de son projet à M. *d'Aligre*, & l'a chargé d'arranger tout cela, & de chercher un moyen de satisfaire son collegue.

M. *d'Aligre* n'a trouvé d'autre expédient que de dresser des lettres-patentes qui donnent dès ce moment date & rang entre les présidents du parlement, au fils de M. *d'Ormesson*, conseiller, ayant l'âge suffisant pour succéder à son pere, mais restant toujours tel par cette faveur.

En conséquence les lettres-patentes ont été portées aux chambres assemblées vendredi dernier, & enrégistrées, malgré les réclamations de quelques mécontents : ç'a été sur-tout un coup de foudre pour MM. *de Lamoignon* & *Gilbert*, qui ne s'y attendoient pas.

9 *Mai*. On parle de deux ouvrages posthumes de M. l'abbé *de Mably*. L'un a pour titre : *Du droit & des devoirs du citoyen* : l'autre, *du beau & des talents*. On annonce sur-tout ce dernier comme bien supérieur à tout ce que le pere *André*, l'abbé *Dubos*, l'abbé *Batteux* & autres ont écrit sur les principes des beaux arts, & à ce que lui-même a déjà publié sur les principes de la politique. Il étoit sur le point de le livrer à l'impression, lorsqu'il a été attaqué de la maladie dont il est mort.

10 *Mai*. Par une inconséquence fort singuliere, malgré les défenses de parler en aucune maniere du livre de M. *Necker*, d'en nommer même le titre, on annonce dans toutes les feuilles périodiques une critique détaillée de cet ouvrage; on en rend compte, & l'abbé *Aubert*, le journaliste ministériel, l'organe du gouvernement, comme on a vu, pour l'interdiction, est le premier à faire connoître des *Remarques d'un François, ou Examen impartial du livre de M. Necker, sur l'administration des finances de la France, pour servir de correctif & de Supplément à son ouvrage*. Il répand même à cette occasion sa bile contre l'ancien administrateur des finances, & se complaît à exalter ce pamphlet, que les gens impartiaux disent n'être pas trop bon. Il l'accuse avec le critique de s'être rendu coupable du crime de *lese-constitution*. On l'attribue au comte *Du-*

buat, qui a déjà écrit sur des matieres politiques.

11 *Mai*. Quoique les négociants se flattent de gagner leur procès contre les Américains planteurs, & que l'arrêt du conseil ne tardera pas à être retiré, ils n'en continuent pas moins d'instruire leur cause de toutes les manieres. On vante sur-tout un dernier mémoire de la ville de Bordeaux, où l'auteur parle comme un vieillard de quatre-vingt-quatre ans qu'il se donne, & cependant a tout le nerf, tout le feu de la jeunesse. M. *de la Coste* a fait son rapport annoncé depuis long-temps, & l'on dit que c'est un chef-d'œuvre déterminant pour le ministere.

11 *Mai*. Les précautions du gouvernement pour empêcher que la connoissance des actes de police exercés juridiquement par le parlement de Bretagne à l'occasion des plaintes contre les mauvais tabacs dont cette province est infectée, ne porte l'alarme, font que les arrêts de cette cour ne percent que lentement ici. Le dernier qu'on a annoncé, rendu lorsque cette cour, lasse des délais qu'avoit désirés M. le contrôleur-général, a cru devoir agir enfin & continuer ses poursuites, est du 4 mars. C'est celui qui ordonnoit la brûlure des tabacs saisis par les jurisdictions inférieures.

11 *Mai*. On a vanté en 1781 une demoiselle *Renaut*, âgée de onze ans, qui débuta dès-lors au concert spirituel, & mérita l'attention & les éloges de tous les amateurs. On craignoit seulement qu'on ne la forçât trop de travail, & que son talent prématuré ne se perdît. Heureusement cela n'est point arrivé ; elle s'est trouvée

en état de paroître sur le théâtre de la comédie italienne, & elle a joué lundi le rôle de *Lucette* dans *la fausse Magie*, avec un succès qui ne dément point les espérances qu'elle donnoit il y a quatre ans. C'est un prodige ; il faut voir s'il se soutiendra.

11 *Mai*. Mlle. *Gavaudan* cadette, une des coryphées chantants dans les chœurs, acquiert par degré une sorte de célébrité ; elle est d'une très-jolie figure, elle a une voix fort agréable & commence à jouer de petits rôles avec succès ; en sorte qu'elle est parfaitement aujourd'hui sur le trottoir. Un plaisant, sans doute pour la mieux faire connoître, vient de lui adresser une espece d'épître ou de déclaration d'amour bizarre, sous le nom, & dans le ton d'un Gascon : quoique cette piece, trop longue pour être bonne, soit assez plate, elle fait fortune, & sans doute reçoit son lustre de l'héroïne.

12 *Mai*. Madame la princesse *Czartorinska*, dans un hameau de Pologne s'est occupée à élever un monument à tous les auteurs qu'elle a lus à la campagne & qui l'ont instruite & émue, ainsi que sa société. Ce monument est une pyramide de marbre, dont les quatre faces doivent être chargées des noms de ces grands personnages, à leur rang.

D'un côté, *Pope*, *Milton*, *Young*, *Sterne*, *Shakespear*, *Racine* & *Rousseau*.

De l'autre, *Petrarque*, *Anacréon*, *Métastase*, le *Tasse* & *la Fontaine*.

Sur le troisieme, madame *de Sévigné*, madame *Riccoboni*, madame *la Fayette*, madame *Deshoulieres* & *Sapho*.

Sur le quatrieme enfin, *Virgile*, *Gessner* & *l'abbé de Lille*.

Ces quatre faces seront accompagnées d'arbres, d'arbustes & de fleurs.

Les roses, le jasmin, le lilas, des paquets de violettes & de pensées, seront du côté des femmes. *Petrarque*, *Anacréon* & *Metastase* auront le myrte; le laurier sera pour *le Tasse*; le saule pleurant, le triste cyprès, les ifs accompagneront *Schakespear*, *Young* & *Racine*. Pour le quatrieme côté, le hameau choisira ce que les vergers, les bois, les prairies peuvent offrir de plus agréable.

Il ne s'agit plus que d'une inscription, & d'une voix unanime, il a été écrit à M. l'abbé *de Lille* pour lui en demander une.

Ce poëte a répondu de Constantinople où il est, une lettre très-galante à madame la princesse *de Czartorinska*, & lui a choisi pour inscription relative & aux grands hommes à qui le monument est élevé & à ceux qui l'ont imaginé, celle-ci simple & vraie: *les Dieux des Champs aux Dieux des Arts*.

12 *Mai*. L'affaire du sieur *Audinot* devenant très-grave par l'intérêt vif qu'y prend le public, on ne sauroit trop éclaircir les faits tels qu'on les recueille dans les divers mémoires des parties.

Ce fut au commencement du mois d'août 1784 que l'opéra fit signifier un arrêt du conseil qui lui accordoit tous les privileges des petits spectacles, pour les exercer ou les faire exercer par qui bon lui sembleroit.

Dans le courant de septembre on reçut des soumissions; le 16 on adjugea.

Les sieurs *Gaillard* & *d'Orfeuille*, moyennant 30,000 livres de redevance pour chacun des spectacles qu'ils alloient réunir, se rendirent adjudicataires du privilege des *Variétés* & de *l'Ambigu comique*.

Le sieur *Audinot* ne parut pas d'abord très-sensible à la perte de son spectacle; les clauses du bail & les charges sembloient lui promettre des indemnités qui l'en consoloient; mais l'établissement des *Variétés* au Palais-Royal l'alarma d'autant plus vivement, qu'il le menaçoit de rendre inutiles ses salles, ses décorations & tout ce qu'exigeoit le spectacle de l'*Ambigu comique*.

En conséquence, quoique le bail fût passé, le sieur *Audinot* en référa à M. le lieutenant-général de police, comme juge en cette partie, & l'on traita la chose par voie de conciliation. Elle ne put avoir lieu, & depuis ce temps le sieur *Audinot* a conservé ses prétentions à la charge des sieurs *Gaillard* & *d'Orfeuille*; ce qui fait la matiere de leur différend.

Le sieur *Audinot* a publié un mémoire contre ces directeurs, qui en a produit d'autres. Il y attaque un sieur *Parisau*, ci-devant son répétiteur, aujourd'hui au service de ses adversaires. Celui-ci a répondu, & dans sa réponse a maltraité le sieur *Gabiot de Salins*, le souffleur du sieur *Audinot*: de-là une défense de ce dernier. Enfin l'ex-directeur fait une sortie contre son confrere *Nicolet* qui, plus adroit que lui, a senti l'avantage de rester en possession, même avec perte: on assure que le sieur *Nicolet* doit répondre & repousser les atteintes du sieur *Audinot*; ainsi cette guerre foraine n'est pas encore prête à finir: on reviendra successivement sur chacun de ces mémoires, qui amusent les avocats & les amateurs des petits spectacles.

12 *Mai*. M. le duc *de Penthievre*, outre les significations nécessaires de l'arrrêt contre le comte *d'Arcq*, aujourd'hui sieur *de Sainte-Foy*, en a

envoyé des copies manuscrites aux princes, aux grands seigneurs & aux principaux magistrats, avec une lettre où il dit que n'ayant point répondu à la foule des mémoires répandus contre lui avec profusion au nom du comte *d'Arcq*, il croit devoir leur faire part du jugement ci-joint.

13 *Mai*. M. le duc *de Choiseul* est mort en effet le dimanche 9 ; il a été présenté le 11 à Saint-Eustache sa paroisse, & transféré de-là à Chanteloup. Jamais on n'a vu cortege plus nombreux & plus brillant. C'étoient des cordons-bleus à l'infini, des cordons-rouges, des cordons-étrangers ; des vieillards courbés sous le poids des ans sembloient aller descendre dans leur tombe après avoir rendu au défunt ce dernier devoir.

Par son testament le duc de Choiseul a ordonné qu'il soit enterré dans le cimetiere de sa duché-pairie, au milieu de ses vassaux, dont il avoit voulu être le pere durant sa vie. Cette disposition est humaine & philosophique : mais ce qui ne l'est guere & même est puérile, c'est d'avoir voulu qu'on plantât un cyprès mâle sur sa tombe, &, ce qui n'est rien moins que galant & délicat envers sa femme, c'est de lui avoir fait d'avance envisager sa propre destruction ; de lui avoir prescrit en quelque sorte une place à côté de lui, sur laquelle il seroit également planté un cyprès femelle.

Du reste, par ce testament le duc *de Choiseul* évalue ses biens à 14 millions & ses dettes à dix ; & comme il sentoit que ce calcul pouvoit bien n'être pas fort exact, il invite madame la duchesse *de Choiseul* à concourir au paiement de ses dettes. En effet, l'on doute qu'il y ait de quoi.

Dans

Dans le reste de ces dispositions dictées par le mourant avec beaucoup de sang-froid, en présence de quatre notaires & rédigées en quatre pages, le duc *de Choiseul* n'oublie pas ses amis présents; il fait madame la duchesse *de Grammont* sa sœur, sa légataire universelle. Il institue M. le duc *du Châtelet* son exécuteur testamentaire; il le prie d'accepter en reconnoissance sa toison d'or de diamants, & d'en détacher la rose du milieu pour être donnée à madame la comtesse *de Brionne*. Tel est ce qu'on a retenu & ce qu'on cite comme le plus intéressant.

Une distinction de plus que les amis du duc *de Choiseul* auroient désirée à son convoi & qui lui a manqué, c'est que M. le comte *d'Artois* eût ordonné aux quatre compagnies de grenadiers des gardes-suisses d'y assister; honneur à rendre à leur ancien colonel.

13 Mai. Le sieur *Floquet* vient de mourir. Ce jeune musicien en a fait assez pour se conserver une réputation, & faisoit trop peu pour mériter d'être regretté: il ne travailloit presque plus & ne vivoit guere que chez des filles; ce qui l'a conduit à sa perte. Il étoit membre de l'académie philarmonique de Boulogne.

14 Mai. M. *Milcent* annonce qu'il a traité le même sujet qu'*Albert & Emilie* sous son vrai nom, tiré du théâtre allemand, qui est *Agnès de Bernau*; que dès le 19 octobre 1784, son drame avoit été reçu des Italiens, qu'ils le répétoient & l'alloient jouer lorsque les comédiens françois ont pris les devants. M. *Milcent* ajoute qu'ayant appris cette nouvelle à Rouen qu'il habite, il a retardé son ouvrage pour laisser son rival jouir de tout son succès. Sa lettre aux journalistes de Paris est datée du 4 mai. L'objet de l'avertissement de l'auteur est de ne point passer pour plagiaire, lorsque sa piece paroîtra.

14 MAI. Le vent du nord qui regne constamment depuis plus de trois mois & la sécheresse qu'il entraîne, ont excité le zele des deux puissances. Déjà nombre de paroisses des environs de Paris s'étoient empressées de venir à Sainte-Genevieve l'invoquer; on parle de quelques-unes qui avoient poussé l'humiliation jusqu'à faire le chemin les pieds nus; enfin M. l'archevêque a rendu aujourd'hui un mandement qui ordonne des prieres de quarante-heures.

De son côté le gouvernement qui par divers arrêts du conseil a déjà cherché les moyens de secourir les provinces dévastées par le même fléau, a fait publier le 8 de ce mois un arrêt portant réglement & modération des droits sur le beurre à Paris; nature de comestible si essentiel à la préparation des mets.

Voici encore un instant critique pour M. le lieutenant-général de police, & sans sa vigilance continuelle l'approvisionnement de cette capitale auroit déjà manqué. La disette de fourrages & la crainte de ne pouvoir les renouveller ont déterminé beaucoup de cultivateurs à tuer leurs bœufs & vaches; en sorte que M. *le Noir* est aux expédients pour faire fournir de ce bétail les marchés de Seaux & de Poissy. Jamais peut-être administrateur n'a eu autant d'occasions de montrer son intelligence & son activité, & ne l'a fait avec autant de succès.

15 MAI. Extrait d'une lettre de Lausane, du 7 mai 1785...... Depuis quelques jours il résidoit en cette ville un étranger qui se nommoit

M. *Auvray*. Sa figure honnête & flétrie par les chagrins & les maladies le faisoit paroître vieux avant l'âge. Il disoit être venu pour vivre auprès de M. *Tissot* & suivre ses conseils sur sa santé ; du reste, il se proposoit de faire des ouvrages & travailler à l'histoire ; il s'étoit même arrangé d'avance avec un libraire. On ne sait s'il avoit déjà écrit ; mais par sa conversation il sembloit très-instruit & avoir beaucoup de littérature : en outre tout annonçoit en lui l'homme bien éduqué & de bonne compagnie. Quoiqu'accablé d'infirmités & affecté de la vue, il avoit un caractere de main encore superbe, talent extraordinaire dans un homme de condition & dans un ancien militaire, car on sait aujourd'hui que c'est le comte *de sanois*, chevalier de Saint-Louis & ancien aide-major des gardes-françoises.

Tout-à-coup on apprend qu'il a été arrêté le 4 mai. C'étoit la nuit, il étoit couché & dans son premier somme. On enfonce la porte, & quatre hommes se précipitent dans la chambre avec fureur : ce sont les sieurs *Fenot*, lieutenant de police de la ville ; *Desbruguieres*, inspecteur de police de Paris ; *Brezard*, maréchal des-logis de la maréchaussée de Besançon, & un postillon qui avoit conduit le comte *de sanois* dans sa route. *Je vous fais mon prisonnier*, dit le Sr. *Fenot*..... En même temps on met le scellé sur ses effets & papiers, on fouille par-tout jusques dans la paillasse, & après deux jours d'interrogatoire, de perquisitions & de mauvais traitements, on l'embarque le 6 mai dans une voiture & on l'emmene.

On dit quel il est, que c'est en outre un banqueroutier frauduleux qui a emporté quatre cents mille francs à sa femme & à ses créanciers, &

qu'on l'a fait revenir pour qu'il rende compte de son vol. Telles sont les rumeurs de la ville répandues par les émissaires de la police de Paris: pour moi je n'en crois rien. Je vais aux informations, & vous raconterai ce que j'aurai découvert concernant cette anecdote extraordinaire & sans exemple à Lausane.

15 Mai. Il paroît un arrêt du conseil très-important dans la librairie & dans la littérature, portant réglement pour assurer la fourniture qui doit être faite à la chambre syndicale de Paris, de neuf exemplaires de tous les ouvrages imprimés ou gravés, & pour prévenir l'annonce par la voie des papiers publics des ouvrages prohibés ou non permis.

Cet arrêt est daté du 16 avril, & n'est connu que depuis peu; il ne doit avoir son effet qu'au premier juillet; comme il est très-compliqué, il faut l'étudier pour en connoître l'esprit, avant que d'en rendre compte.

15 Mai. Un particulier nommé *Haudement*, naviguant pour le marchand depuis 27 ans, a fait une spéculation de fortune & s'est évertué d'une maniere nouvelle. Il vient d'amener à Paris sur la Seine un petit bâtiment armé en guerre, qui porte huit canons, huit espingoles, avec d'autres menues armes & est monté par sept hommes d'équipages, dont il est capitaine.

Ce bâtiment se nomme le *Dauphin*: le sieur *Haudement* annonce qu'il a été construit à Brest, d'où pendant la derniere guerre il est sorti plusieurs fois, est allé en course & a fait quelques prises. C'est dans ce port que le *Dauphin* a été réarmé pour être amené à Paris: pendant sa traversée il a relâché dans différents ports de la

Manche, & enfin est heureusement arrivé au Pont-Royal, où le sieur *Haudement* compte rester en relâche pendant un mois ou six semaines. Il l'a fait enclorre sur la Seine & commence depuis le 10 de ce mois à le montrer aux curieux ; il en démontre la construction, les agrêts & apparaux ; il y fait les manœuvres maritimes & exercice d'artillerie : il annonce que le Roi & la famille royale l'ont vu & en ont témoigné la plus grande satisfaction.

16 *Mai.* Madame *de Montesson*, malgré le peu d'accueil fait à sa piece, l'avoue hautement aujourd'hui : elle persistoit à la faire jouer une seconde fois ; cependant on est parvenu à vaincre son amour-propre & à lui faire sentir qu'une grande dame comme elle ne devoit pas s'exposer de nouveau à semblable humiliation. La comtesse *de Chazelle* a enfin disparu de dessus l'affiche.

16 *Mai.* Il faut ajouter à ce qu'on a dit de M. *Floquet*, que son titre de membre de l'académie philarmonique de Boulogne n'étoit pas un vain titre ; que, lorsqu'on désire entrer dans cette académie, on a ordinairement trois soirées pour faire ses preuves ; qu'il les fit en une seule, & composa en deux heures & demie un *Canto fermo*, une *Fugue* à cinq parties, & le verset *Crucifixus* du *Credo* ; ce qui le fit recevoir unanimement. Il avoit débuté à Paris par son ballet *de l'Union de l'Amour & des Arts*, dont on a parlé amplement en 1773. Il avoit fait chanter une messe de sa composition à la cathédrale d'Aix, sa patrie, avant d'avoir onze ans accomplis. Il y étoit né le 25 novembre 1750.

16 *Mai.* Depuis long-temps il étoit question de transférer aux célestins l'établissement formé

pour l'instruction des sourds & muets par l'abbé *de l'Epée* & soutenu à ses frais. Enfin par un nouvel arrêt du conseil du 15 mars dernier, il est ordonné définitivement que cet abbé entrera en possession du local que sa majesté lui affecte, & le receveur-général du clergé est commis pour toucher provisoirement les revenus qui sont ou seront destinés à cet effet.

17 *Mai.* Afin de se montrer de plus en plus digne de l'attention & des soins du gouvernement, monsieur l'abbé *de l'Epée* cherche aujourd'hui un enfant sourd, muet & aveugle de naissance. M. le lieutenant-général de police s'étant assuré qu'il n'y en avoit aucun dans les hôpitaux de Paris, doit faire insérer cette annonce dans tous les papiers publics, afin d'avoir un de ces êtres malheureux, quelque part où il existe & de quelque nation qu'il soit.

17 *Mai.* On a choisi sur la terrasse du château de Versailles une portion de terrain contiguë à l'appartement de monseigneur le Dauphin, dont on a fait un jardin, & où tout le public peut le voir s'occuper des travaux rustiques. Chaque matin le Roi vient manier avec lui la beche & le rateau, retourner la terre de ses mains augustes & lui donner des leçons d'agriculture. On ne sait si c'est simplement pour amuser le jeune prince & satisfaire son goût, ce qui seroit encore très-louable de la part de sa majesté, & donneroit une excellente idée de ses sentiments paternels. Mais on doit présumer encore que des vues politiques dirigent ce genre d'éducation, & qu'on veut inspirer de bonne-heure à l'héritier d'un grand empire agricole le goût d'un art qui en doit faire la richesse & le bonheur. Les éco-

nomiſtes ſur-tout ſont enchantés de ce ſpectacle.

17 *Mai. Principes Economiques de Louis XII & du Cardinal d'Amboiſe, de Henri IV & du Duc de Sully, ſur l'adminiſtration des finances, oppoſés aux Syſtêmes des Docteurs modernes.* Tel eſt le titre & le but de l'ouvrage de l'abbé Beaudeau en réfutation du volumineux traité de M. *Necker*.

Il entreprend d'y prouver qu'en derniere analyſe le ſyſtême de l'ancien adminiſtrateur des finances tant admiré, n'aboutit, *quant à la ſpéculation*, qu'à faire prendre les acceſſoires pour le principal, les effets pour les cauſes, les chimeres pour les réalités ; qu'il ſe réduit *dans la pratique* à ſacrifier les intérêts du Roi, de la nobleſſe, des autres propriétaires des terres & de leurs cultivateurs ou rentiers oiſifs, aux banquiers agioteurs, aux trafiquants du négoce étranger, aux fabricateurs des objets les plus futiles & les plus diſpendieux.

Il promet du reſte de répondre à toutes les objections qui lui ſeront propoſées ; car il ſuppoſe que ſon adverſaire ne dédaignera le gage du combat mis modeſtement à ſes pieds, &, redevenu ſimple particulier, n'éludera plus un défi que ſon élévation au miniſtere l'empêcha d'accepter alors.

L'ouvrage eſt diviſé en trois parties : la premiere comprend l'expoſition des principes généraux, dont l'oubli total fait la baſe des ſpéculations modernes ; la ſeconde, leur application aux détails de l'adminiſtration des finances : il réſerve la derniere pour les réponſes aux difficultés qu'on pourra lui oppoſer.

Ce petit traité d'économiſme, ſimple, méthodique, clair, est infiniment plus intelligible que toutes les *cogitations* ténébreuses du docteur Genevois, que son antagoniste bourre d'importance. Il lui fait voir qu'il n'entend rien aux principes d'administration d'un royaume agricole.

18 *Mai*. L'académie des sciences devoit décerner à pâques 1785 les différents prix annoncés dans sa séance publique de novembre 1785, soit pour la reconstruction, soit pour la restauration de la machine de Marly. Aucune des pieces envoyées pour le concours ne lui ayant paru remplir ses vues, quoique plusieurs d'entre elles contiennent des observations intéressantes & utiles; elle propose le même sujet pour l'année 1787, sous le même titre de *prix extraordinaire*; elle publie le même programme en observant :

1°. Que les auteurs seront invités à apprécier, autant qu'il sera possible, les avantages & les défauts de la machine actuelle de Marly, afin qu'on puisse juger s'il y a beaucoup à attendre des machines mieux entendues & mieux exécutées.

2°. Que les auteurs pourront être dispensés d'envoyer des modeles pour les machines qu'ils proposeront; qu'il suffira qu'ils expliquent clairement leurs idées par le discours & par les figures. Si néanmoins ils jugeoient à propos de s'expliquer par des modeles, ils pourront se contenter d'en envoyer de petits, & seulement pour les parties qu'ils jugeront les plus nouvelles & les plus utiles dans leur projet.

Les pieces qui auront obtenu les prix, seront proclamées dans l'assemblée publique de Pâques 1787.

18 *Mai. Mémoire & consultation pour le sieur*

Nicolas-Médard Audinot, propriétaire & directeur du spectacle de l'Ambigu comique, demandeur; contre les sieurs Gaillard & d'Orfeuille, locataires du privilege des spectacles de l'Ambigu comique & des Variétés amusantes, défendeurs. Tel est le titre du mémoire annoncé & devenu fort rare.

Après le récit des faits, très-intéressant, on y voit que le sieur *Audinot* a fait assigner ses adversaires au Châtelet de Paris, pour se voir solidairement condamner à lui payer:

1°. La somme de 80,000 livres, tant pour l'éviction qu'il a éprouvée par leur fait, que pour la pension qu'il a droit de prétendre.

2°. Le prix de ses salles, tant au boulevard du Temple, qu'aux foires Saint-Germain & Saint-Laurent, ainsi que des habits, décorations, & tous les ustensiles propres au service desdites salles & à l'exploitation desdits spectacles, le tout à dire d'experts.

3°. A l'acquitter, garantir & indemniser de tout ce qui seroit & sera dû, au fur & à mesure de chaque échéance, pour la location des terrains sur lesquels sont construites les salles des foires Saint-Germain & Saint-Laurent.

4°. A payer annuellement une somme de 3000 livres, pour lui tenir lieu de location de la salle du spectacle sur les boulevards du Temple, s'ils ne la veulent point acheter, ainsi qu'il leur est offert ci-dessus.

5°. A maintenir & exécuter tous les marchés & engagements qu'il a faits, relativement à l'exploitation de son spectacle, avec tous entrepreneurs, acteurs & actrices, & autres employés à son spectacle.

6°. A lui payer la somme de 10,000 livres

pour l'indemniser du tort de la privation desdits acteurs, actrices, &c. pendant le reste du temps des engagements pris avec eux.

7°. Enfin se voir faire défenses de représenter aucunes pieces faisant ci-devant partie du répertoire de l'*Ambigu comique*, imprimées ou manuscrites, sans sa permission par écrit, attendu qu'elles lui appartenoient exclusivement, les ayant achetées ou composées; se voir également faire défenses de faire jouer dans leur orchestre la musique qu'il a fait composer pour son théâtre; & pour l'avoir fait depuis le premier janvier 1785, qu'ils seroient condamnés à 50,000 livres de dommages-intérêts, &c.

Après les moyens établissant la justice de ses demandes, suit une consultation du 12 mars, où l'on estime que les prétentions du sieur *Audinot*, non-seulement sont fondées sur l'équité naturelle, mais encore sur des titres respectables.

19 *Mai*. C'est dans un arrêt du conseil du 29 mars dernier, concernant la balance du commerce, qu'on voit le résumé des nouvelles fonctions de messieurs *Boyetet* & *Dupont*. Elles seront de faire chaque année un tableau raisonné & circonstancié de la balance du commerce tant intérieur qu'extérieur; de rassembler à cet effet les résumés des états d'exportation & d'importation; d'entretenir toutes les correspondances nécessaires pour acquérir une connoissance exacte de la situation du commerce du royaume; de faire leurs observations sur les gênes qu'il éprouve, & sur les accroissements dont il est susceptible.

19 *Mai*. L'arrêt du conseil qui transfere aux Célestins l'établissement de l'abbé *de l'Epée*, en

faveur des sourds & muets, contient entr'autres dispositions, qu'il sera annuellement payé sur les biens des Célestins une somme de 3,400 livres pour être employée à l'entretien de ces malheureux de l'un & de l'autre sexe qui pourront en avoir besoin, & à faciliter l'instruction de l'ecclésiastique adjoint aux travaux de cet instituteur pour se former au même enseignement.

20 *Mai*. On apprend avec peine que M. *Sacchini* renonce à travailler pour l'opéra, tant que le sieur *Morel* y exercera son despotisme. Il lui attribue la chûte de son *Dardanus* après cinq ou six représentations; suite de la menace que lui fit le sieur *Morel*, parce qu'il avoit refusé de mettre en musique un poëme de sa façon, ou du moins que lui offroit ce financier. En effet il priva *Dardanus* de tous les accessoires nécessaires à son ensemble, si nécessaires à un spectacle où l'on se prend autant par les yeux que par les oreilles.

21 *Mai*. Le détail des efforts du sieur *Audinot* pour monter un spectacle, pour surmonter les obstacles qu'il a rencontrés, & le porter au degré de perfection où il l'a mis, est curieux & mérite des éloges.

En 1768 il fit part de ses vues à M. *de Sartines*, qui approuva son plan & lui accorda la permission nécessaire.

Les trois grands spectacles de Paris en prirent de l'ombrage & se réunirent pour le contrarier.

L'opéra prétendit qu'il ne pouvoit admettre dans son spectacle, du chant, des danses & un orchestre, sans blesser ouvertement les priviléges.

La comédie françoise lui défendit la déclamation. La comédie italienne lui interdit les ariettes & les vaudevilles.

En conséquence, pour ne point heurter ces puissances dramatiques, il imagina des acteurs de bois ; ce qui fit cesser les plaintes, mais ne remplissoit pas ses vues. Il obtint la permission de substituer des enfants à ces comédiens de bois. Il réussit complétement, au point que les directeurs des autres spectacles de son espece se piquerent d'émulation, & voulurent imiter le nouveau genre dont le sieur *Audinot* étoit créateur : son établissement devint la plus belle époque pour les théâtres forains.

En 1775 le sieur *de l'Ecluse* sollicita & obtint la permission d'établir un théâtre à côté de l'*Ambigu Comique*, nom de celui du sieur *Audinot*, sous le nom de *Variétés amusantes*.

Cette concurrence piqua d'émulation le sieur *Audinot* : il perfectionna la pantomime, genre de spectacle peu connu dans la capitale ; il composa lui-même les pieces qui pouvoient lui être propres. Ce nouveau fruit de ses veilles & de son imagination lui concilia de plus en plus les bontés & les encouragements du public, au point que ses progrès alarmerent de nouveau les trois grands spectacles.

Il appaisa d'abord l'opéra auquel les spectacles forains sont subordonnés, & il conclut avec les administrateurs de l'académie royale de musique un traité en date du premier mai 1780, par lequel, moyennant 12 livres par chaque représentation de jour, & 6 livres par chaque représentation de nuit, il devoit continuer à jouir de son spectacle dans l'état actuel & sans aucune innovation.

Le sieur *Audinot* s'engageoit en outre de ne faire exécuter dans son orchestre ou sur son théâtre, aucun air de ballet, ou autres tirés des ouvrages récents exécutés depuis dix ans à l'opéra ou à la comédie italienne.

Une personne chargée de veiller à l'observation exacte de la présente soumission, devoit avoir toujours & à toute heure ses entrées au spectacle du sieur *Audinot*.

A l'égard des deux autres grands spectacles, ils prétendirent que le sieur *Audinot* ne pouvoit, sans leur nuire & sans porter atteintes à leurs privileges, faire jouer des pieces dramatiques sur son théâtre.

La prétention des deux comédies fut accueillie, & il fut réglé qu'aucune des pieces de l'*Ambigu Comique* ne pourroit être jouée qu'elle n'eût été dégradée ou décomposée par un des acteurs, soit du théâtre françois, soit du théâtre italien.

Heureusement cette censure exercée mal-adroitement n'a tourné qu'à l'avantage du sieur *Audinot*, & il étoit tout étonné de voir qu'en sortant des mains du mutilateur, les pieces n'en fussent que meilleures & mieux goûtées du public.

Cependant on grevoit le sieur *Audinot* d'une charge pesante, mais qu'il supporta volontiers en faveur de son objet ; le quart des pauvres.

On ne cessoit de le vexer par toutes sortes de moyens, & en frais seuls de nouvelles constructions, on lui avoit fait dépenser plus de 300,000 livres pour onze salles de différente espece.

C'est dans cet état des choses qu'est arrivé la

révolution qui lui a fait perdre ses deux établissements, que deux étrangers allant sur ses brisées l'ont évincé. Le 23 août il s'étoit résolu à un nouveau sacrifice, & avoit promis de payer à l'opéra le dixieme de chacune de ses représentations, le quart des pauvres déduit. Enfin le mercredi 15 septembre sa ruine fut consommée pendant son absence, par le traité des sieurs *Gaillard* & *d'Orfeuille*, par lequel les deux spectacles de l'*Ambigu Comique* & des *Variétés amusantes* leur furent affermés pour quinze ans, à compter du premier janvier 1785, moyennant 30,000 livres par an, pour chacune, par le sieur *Janfen*, inspecteur général de l'académie de musique, à condition pourtant de payer aux anciens directeurs desdits spectacles les indemnités ou pensions qu'ils ont droit de prétendre, de maintenir & exécuter tous les marchés faits par eux, & de traiter tant des salles, que de tout ce qui sert à l'exploitation desdits spectacles. Ce qui fait la matiere du procès.

21 *Mai*. Suivant une lettre de M. *Blanchard*, citoyen de Calais & pensionnaire du Roi, datée de Londres le 6 mai, & adressée aux journalistes de Paris; cet aéronaute a eu la satisfaction de faire voir une Françoise planer dans les airs au-dessus de la ville de Londres. Cette rivale de madame *Tible* est mademoiselle *Simonet*, âgée de quatorze ans & demi seulement.

21 *Mai*. Par une bizarrerie fort singuliere M. *Dubuisson*, en réponse à M. *Milcent*, dont on a rapporté les plaintes, lui annonce qu'il travaille à arranger pour la scene françoise la comédie angloise intitulée *the misterioux husband* (le mari mystérieux) que son rival déclare avoir mis

depuis six mois sur le chantier pour la scene italienne. C'est dans une lettre datée du 14 mai que M. *Dubuisson* plaisante assez bien M. *Milcent* sur sa fausse délicatesse.

22 Mai. C'est décidément mardi que la Reine vient à Paris.

22 Mai. On ne sait par quel abus on laisse les meilleurs sujets des spectacles priver la capitale de leur présence, & aller dans les provinces y faire des récoltes d'argent, quoique leur part ici soit plus que suffisante pour leurs besoins & même pour un luxe révoltant.

C'est ainsi qu'on apprend que madame *Dugazon*, qui s'est fait long-temps désirer aux italiens sans paroître, est actuellement à Lyon. Suivant une lettre datée de cette ville du 7 mai, elle y a produit un enthousiasme universel. Le vendredi 6 elle étoit annoncée pour la derniere fois ; elle jouoit le rôle de *Babet* dans *le Droit du Seigneur*; au moment où chacun vint lui offrir son présent, on vit tomber à ses pieds une couronne, que le sieur *Gervais*, chargé du rôle du seigneur, ramassa & lui présenta aux acclamations de toute la salle. Le spectacle fut interrompu pour entendre la lecture d'une piece de vers composée à la louange de cette actrice par le sieur *Patra*, l'un des premiers acteurs de cette troupe. Madame *Dugazon*, sensible à tant d'honneurs, a consenti de donner encore quelques représentations.

22 Mai. Le sieur *Audinot*, dans une longue note de son mémoire se plaint beaucoup du sieur *Nicolet* qui, au lieu de le respecter dans son malheur, semble vouloir aggraver le sort de ce confrere, & exerce contre lui des répétitions malhonnêtes & injustes. Il s'y compare au lion mou-

rant, & dit qu'il n'a pas la force de réſiſter au *coup de pied de Nicolet*. Celui-ci ſe trouve violemment inſulté par cette note, & veut, dit-on, faire paroître un mémoire juſtificatif.

23 *Mai*. Le ſieur *Germain Pariſau*, dans ſon mémoire contre *Audinot*, éleve trois queſtions:

1°. En livrant une piece au théâtre pour être repréſentée, a-t-il perdu le droit de la faire imprimer?

2°. Le ſieur *Audinot* a-t-il pu valablement former oppoſition à l'impreſſion de cette piece, lorſque l'auteur ne lui en a point cédé la propriété?

3°. Quel eſt le juge qui doit connoître de la demande; n'eſt-ce pas le magiſtrat de la police, à qui la connoiſſance eſt attribuée, par arrêt du conſeil, de toutes les difficultés qui naiſſent entre les auteurs, les acteurs, les fourniſſeurs & les directeurs des ſpectacles forains?

Par une délibération datée de Paris le 30 mars 1785, Me. *Marteau* décide les trois queſtions à l'affirmative en faveur du ſieur *Pariſau*.

Quant aux procédés, celui-ci, reprenant les divers paragraphes du mémoire de ſon adverſaire, les réfute de ſon mieux, & prétend que l'on ne peut lui reprocher rien dans ſa conduite envers le ſieur *Audinot*, pour lequel il a montré la reconnoiſſance, le zele & les égards qu'il lui devoit; qu'il le pouſſeroit bien plus vigoureuſement, s'il ne reſpectoit ſon malheur.

Quoi qu'il en ſoit, cette défenſe eſt foible & n'atténue en rien l'attaque du ſieur *Audinot* très-bien établie contre les ſieurs *Gaillard* & *d'Orfeuille*.

23 *Mai*. Extrait d'une lettre de Lauſane, du

15 mai 1785..... On persiste à dire dans ce pays-ci que le comte *de Sanois* a été arrêté en vertu d'une lettre de cachet expédiée sur les plaintes en escroquerie & vol de la femme, de la fille, du gendre, des parents & des créanciers du comte *de Sanois*; & je persiste moi à ne pouvoir croire une telle accusation: sans doute rien ne ressemble plus à un honnête homme qu'un coquin; aussi n'est-ce pas sur la physionomie noble, sur les mœurs douces, sur la candeur, la décence, la politesse du comte *de Sanois* que je m'en rapporte; mais voici mes raisons.

1°. Il s'étoit monté ici sur le ton le plus simple & le plus modeste.

2°. Quoiqu'on l'ait arrêté brusquement & au dépourvu, toutes les recherches qu'on a pu faire pendant deux fois vingt-quatre heures chez lui & dans toute la ville n'ont abouti à rien. On ne lui a trouvé que huit louis, quelques petits meubles d'argent, son linge & ses habits.

3°. Comment des créanciers auroient-ils pu avoir le temps de s'arranger depuis son évasion, de se concilier au point d'en venir à cette cruelle extrémité?

4°. Comment une femme, une fille & un gendre, auroient-ils osé proposer au gouvernement une pareille horreur?

5°. Comment le comte de Vergennes, ce ministre si sage & si honnête, s'y seroit-il prêté? car il a fallu une réquisition de sa part auprès de notre gouvernement.

6°. Comment le nôtre tout foible qu'il soit, tout asservi à celui de France, auroit-il consenti à une violation du droit des gens pour semblable cause?

Voici mes conjectures. Le comte *de sanois* est un homme d'esprit, il se proposoit d'écrire; quand on a cette démangeaison, ce n'est pas à soixante ans qu'on remet à la satisfaire : il avoit donc écrit précédemment suivant toute vraisemblance; il vouloit composer sur l'histoire, matiere chatouilleuse si l'on embrasse le temps présent : il étoit par son état, par sa maniere de vivre, par ses liaisons, à portée de savoir bien des choses : on lui a remarqué dans la conversation une grande horreur du despotisme ministériel; il s'exprimoit sur celui de France avec beaucoup de chaleur.... Il aura peut-être composé quelque brochure, quelque ouvrage dans ce genre...... *Inde iræ*.... Les ministres ont les bras longs, ils sont implacables dans leurs vengeances... Vous m'apprendrez si j'ai conjecturé juste.... Vous êtes à la source.... Instruisez-moi à votre tour.

23 *Mai*. Par un arrêt du conseil en date du 5 mars, le Roi ordonne que les biens des célestins du diocese de Paris, dont la régie est confiée au sieur de *Saint-Julien*, receveur-général du clergé de France, seront à l'avenir administrés sous l'inspection de l'archevêque de Paris.

23 *Mai*. M. *Cherin*, généalogiste & historiographe des Ordres de Saint-Michel & du Saint-Esprit, généalogiste de celui de Saint-Lazare, vient de mourir; il avoit en outre le titre de commissaire du conseil & étoit censeur royal. C'étoit un homme d'une probité rare, d'un désintéressement à toute épreuve. Il a été enterré aux grands augustins, où est le dépôt des jugements & autres actes concernant la noblesse, & le siege pour ainsi dire de son tribunal.

24 *Mai*. Entre les diverses épitaphes imaginées

pour le duc *de Choiseul*, voici la moins mauvaise, en ce qu'elle porte sur les honneurs qu'il a reçus dans les deux moments les plus critiques où les prétendus amis, les flatteurs des grands, & toute leur cour les abandonnent ordinairement.

Ci gît *Choiseul*, dont le génie
Triompha constamment du sort,
Et qui sut terrasser l'envie
Dans l'exil & même à sa mort.

24 *Mai.* L'affaire du sieur *Audinot* est une hydre de mémoires. C'est aujourd'hui le sieur *Gabiot de Salins*, son souffleur, qui entre en scene & attaque le sieur *Parisau*. Celui-ci a fondé son agression contre son directeur sur une note où il est relégué & traité ironiquement *de fidele Parisau*, parce que, quoiqu'encore répétiteur du sieur *Audinot* & gagé par lui, il travailloit déjà pour ses adversaires: à son tour le sieur *de Salins* se prétend calomnié par le mémoire du sieur *Parisau*, & vient au secours de son maître contre l'auxiliaire des sieurs *Gaillard* & *d'Orfeuille*.

Le sieur *Gabiot de Salins* se trouve aussi calomnié par le sieur Parisau ; le 29 avril il a rendu plainte pardevant un commissaire & présenté requête au lieutenant-criminel. Tel est le motif de son mémoire où, pour sa justification, il présente le tableau de sa conduite comparé à celui de son adversaire, avant & après l'éviction de leur directeur commun.

On juge facilement que ce mémoire a été composé uniquement afin de rendre plus odieux aux yeux du public les spoliateurs du sieur *Audinot* & tous leurs adhérents.

Au reste, le sieur *Gabiot de Salins* nous apprend qu'il est auteur, & a composé *les Adieux de l'Ambigu comique*, qui produisirent tant d'effet le dernier jour & où l'on trouvoit ce vers que ne lui ont pas pardonné les sieurs *Gaillard* & *d'Orfeuille*:
A l'or de l'intrigant, l'honnête homme est vendu.

24 MAI. Durant la sécheresse effroyable qui regne depuis long-temps, sa majesté est déjà venue au secours de la Lorraine par un arrêt du conseil particulier; aujourd'hui elle pourvoit au soulagement de son royaume entier, en permettant aux habitants des campagnes d'envoyer & conduire dans tous les bois de ses domaines, ainsi que dans ceux des communautés séculieres & régulieres, les chevaux & les bêtes à cornes seulement, & de les y faire pâturer jusques au premier octobre prochain; à la réserve néanmoins des taillis dont les recrues ne sont pas encore défendables aux termes des ordonnances.

Sa majesté en outre pourvoit à la conservation des veaux en renouvellant les réglements qui tendent à en perpétuer l'espece; elle ordonne à tous les commissaires départis de veiller à la conservation des bestiaux, & de lui rendre compte des moyens qu'ils croiront les plus favorables pour remplir ses intentions, sur-tout dans les parties les plus souffrantes de leurs généralités.

Elle les autorise à annoncer des primes d'encouragement, tant pour la multiplication & l'éleve des bêtes à cornes, que pour mettre en usage de nouveaux genres de nourriture utiles aux bestiaux; notamment à exciter à la culture des turneps ou grosses raves, & autres plantes propres à former des prairies artificielles, dont les graines seront distribuées gratuitement aux habitants des campagnes les moins aisés.

Sa majesté promet en outre d'accorder aux habitants des campagnes, sur l'avis des intendants, tous les secours qu'ils estimeront nécessaires pour les divers objets dont elle les charge.

25 *Mai.* Il paroît un ouvrage sur la *caisse d'escompte*, de M. le comte *de Mirabeau* fils, dont certaines gens sont fort contents. Il traite la matiere comme pourroit le faire un homme du métier. Telle est la premiere annonce qu'on en répand.

25 *Mai.* Les comédiens italiens ont donné hier la premiere représentation de *la Dupe de soi-même*, comédie en trois actes & en prose, tirée du théâtre du célebre *Goldoni*.

Cette piece est vraiment dans la maniere de ce grand maître; des caracteres variés & soutenus, des situations comiques, amenées sans efforts, une intelligence raisonnée de la scene, un dialogue naturel & facile: malgré ces parties qui constituent essentiellement le mérite d'un drame de ce genre, celui-ci n'a point eu de succès par le principal personnage, d'une vérité trop nationale & trop étrangere à nos mœurs, indispensable cependant; le lieu de l'action étant en Hollande.

Malgré sa chûte, les connoisseurs trouvent infiniment plus de mérite dans cette comédie que dans plusieurs autres qui ont réussi.

26 *Mai.* La Reine est en effet venue avant-hier en grand cortege & avec toute la pompe de la majesté royale; car le Roi lui avoit accordé que les deux régiments des gardes-françoises & gardes-suisses bordassent la haie, depuis la porte de la conférence où elle a pris ses carrosses, jusques à Notre-Dame & Sainte-Genevieve. Elle a d'abord remercié Dieu de la naissance du duc de

Normandie, & par une dévotion particuliere à la patrone de Paris, s'est réunie aux prieres publiques, pour demander à Dieu la fin de la sécheresse : elle est revenue dîner au château des Tuileries.

Le canon des Invalides, de la Greve & de la Bastille a tiré, & le petit bâtiment *le Dauphin* a fait feu des deux bords.

L'après-midi sa majesté est allée à l'opéra voir *Panurge*, avec madame *Elisabeth*; ensuite souper au Temple chez M. le comte *d'Artois*. A son retour elle a passé par la place de *Louis XV*, & a joui du coup-d'œil d'un bouquet en artifice que lui a donné M. le comte *d'Aranda* sur la terrasse de son hôtel. C'étoit peu de chose. Le beau spectacle c'étoit celui de l'illumination de la colonnade, ordonnée sous les auspices de monsieur *Thierry de Villedavray*, garde-meuble de la couronne.

On ne se rappelle point en avoir vu de plus riche & de meilleur goût : elle donnoit à ces bâtiments l'air d'un palais de fée.

De-là, la Reine est allée coucher au château de la Muette.

On ne peut qu'applaudir au bel ordre mis par la police dans toute cette journée. C'est peut-être pour la premiere fois qu'on s'est occupé du peuple. Aucun carrosse n'a pu rester dans la place à huit heures du soir, en sorte qu'on s'y promenoit comme dans les Tuileries. Il n'est arrivé qu'un seul accident par des chevaux fougueux qui ont pris le mors aux dents, effrayés par le bruit des boîtes.

Le matin de la journée du 24, le temps étoit à l'orage, & l'après-midi il a changé & est devenu très-beau ; ce que le peuple a remarqué, & superstitieusement appliqué aux circonstances. Il a dit que sainte Genevieve, touchée des prieres de sa majesté, se disposoit à faire cesser la calamité de la sécheresse ; mais que tout le fruit de cette bonne œuvre avoit été perdu par le mélange d'un divertissement profane avec un culte religieux.

Il n'y a point eu de *vive le Roi, vive la Reine*, durant tout le cours de la marche de sa majesté ; ce qui l'a sensiblement affligée. Elle a été très-applaudie au contraire à l'opéra, & a répondu à ces acclamations par des révérences plus multipliées & plus gracieuses encore que de coutume.

Hier la Reine est revenue à Paris ; elle a dîné chez Mad. la princesse *de Lamballe*, & est allée ensuite à la comédie italienne.

Il est à observer que l'illumination générale ordonnée pour le 24, étoit la troisieme à l'occasion de la naissance de M. le duc *de Normandie*.

26 Mai. Les soins de M. le baron *de Breteuil*, envers les savants & gens de lettres, se sont aussi étendus à l'académie des sciences, & il s'est fait de nouveaux arrangements.

1°. Le Roi a créé deux nouvelles classes dans cette compagnie ; l'une de physique générale, l'autre d'histoire naturelle & de minéralogie.

2°. Sa majesté a en même temps ordonné les fonds pour six nouvelles pensions.

3°. Sa majesté supprime dans toutes les classes, la dénomination d'adjoint.

4°. Chacune des huit classes actuelles ; savoir, géometrie, astronomie, chimie & métallurgie, botanique & agriculture, histoire naturelle &

minéralogie, fera composée de six membres, trois pensionnaires & trois associés.

Il n'y a rien de changé à l'ancienne disposition des classes d'honoraires, d'associés libres, & d'associés étrangers.

L'ordonnance de ce nouvel établissement est du 25 avril.

27 Mai. Par un arrêt du conseil du 7 avril, il est ordonné aussi que la régie des biens des chanoines réguliers de Sainte-Croix de la Bretonnerie, confiée au sieur *de Saint-Julien*, receveur-général du clergé, sera continuée sous l'inspection de l'archevêque de Paris.

27 Mai. Les lunes du cousin Jacques, divisées par *influences* & par *accès*. Tel est le titre d'un nouvel ouvrage périodique, dont le titre original annonce sans doute une feuille qui devroit l'être, & peut-être ne sera que très-commune. Quoi qu'il en soit, voici sa division telle qu'elle est décrite dans le *Prospectus* : chaque lune formant un numéro séparé (petit in-12.) sera divisée par *influences* & chaque *influence* par *accès*.

Il y aura quatre *influences* par *lune* : celle de la *nouvelle lune*, celle du *premier quartier*, celle de la *pleine lune* (ordinairement plus gaie & plus folle que les autres) & celle du *dernier quartier*, qui sera toujours intitulée, Ma Gazette; la lune n'ayant pas coutume d'influer comme à l'ordinaire dans les derniers jours.

Un nombre d'*accès* égal au nombre des jours de la lune, au dernier quartier près, complétera chaque numéro formant un volume, tantôt plus, tantôt moins considérable, tantôt gai, tantôt triste, souvent bien fou, quelquefois même un peu philosophique, selon les *influences*.

Le

Le premier numéro contenant vingt *actes* & *Ma Gazette*, à commencer du 7 juin inclusivement, jusqu'au 6 juillet exclusivement, paroîtra vers la nouvelle lune de juillet, peut-être même auparavant.

28 *Mai*. La Reine voudroit augmenter son domaine de Saint-Cloud par l'acquisition de *Villedavray*, dont M. *Thierry*, premier valet de chambre du Roi, est seigneur. Elle en a parlé à celui-ci, qui est fort attaché à cette possession. Il est aimé du Roi, & n'osant déclarer à la Reine sa répugnance, il en a parlé à son maître, qui lui a répondu : « Puisque la Reine désire si fort de vous acheter Villedavray, il faut le lui vendre; *mais vendez-le lui bien cher.*

29 *Mai*. Les sieurs *Alban* & *Valet*, directeurs de la manufacture d'air inflammable de Javelle, qui avoient, dès l'an passé, annoncé un *Ballon de plaisance* qui seroit arrêté à terre, & serviroit seulement à élever sans aucune crainte ceux qui voudroient en essayer, n'ont pas donné suite à ce projet : ils ont cependant construit dans leur moulin un aérostat, nommé le *comte d'Artois*. Ils ont voulu en offrir les prémices au prince qui leur a permis de se servir de son nom. Instruits que le duc *d'Angoulême* & le duc *de Berry*, étoient à Bagatelle, ils s'y sont transportés dans leur aérostat &, en présence de ces petits princes & de leur cour, ont navigué dans les airs jusqu'à Longchamps, & sont revenus de Longchamps à Bagatelle.

Madame la comtesse *d'Artois* s'étant rendue sur les six heures du soir dans ce château, ils ont recommencé les mêmes manœuvres & avec plus de facilité encore par l'habitude.

Ces navigateurs n'avoient pas tenté leur essai à ballon perdu; ils avoient une corde qui pendoit à terre, à l'aide de laquelle ils pouvoient se faire arrêter quand ils vouloient.

Encouragés par cette expérience, ils vont travailler de plus en plus à perfectionner leurs moyens de direction dont ils ne font pas mystere, & qu'ils écrivent être les mêmes que ceux annoncés dans les journaux de Paris des 4 janvier & 4 février 1785.

Leur lettre adressée au même journal est datée de Paris le 25 mai 1785.

29 Mai. Un M. *Nicolaï*, libraire à Berlin, a publié en Allemagne & en Suisse, un ouvrage dans lequel il parle d'une maniere très-désavantageuse & très-malhonnête de la méthode composée par M. l'abbé *de l'Epée*, pour l'instruction des sourds & muets : il dit que c'est la production d'une tête affoiblie par l'âge & qui ne suit point les procédés d'une exacte métaphysique; il lui préfere la maniere dont M. *Heinich*, instituteur des sourds & muets à Leipsick, se conduit à leur égard.

M. l'abbé *de l'Epée*, outré de cette sortie, en a écrit au prince *Henri* qui, ayant assisté à ses leçons durant son séjour à Paris l'année derniere, a pû en juger & en a paru très-content. Il a supplié son altesse royale de vouloir bien interposer son autorité, pour forcer le sieur *Nicolaï* d'entrer en lice, & il a offert en même temps de déférer à l'académie de Berlin le jugement de cette cause.

M. *Nicolaï*, pressé par le prince *Henri*, a éludé le combat, en déclarant qu'il n'avoit point eu intention d'attaquer la méthode de l'abbé *de* l'*Epée* ; mais la conduite de l'inſtituteur de Vienne au ſujet de certaines queſtions inſérées mal-à-propos dans les programmes de ces exercices publics.

M. l'abbé *de l'Epée*, qui auroit pu ſe contenter d'un pareil déſaveu, a pouſſé M. *Nicolaï*, & dans une lettre qu'il lui a adreſſée le provoque perſonnellement à comparoir devant l'académie de Berlin. Il ſe félicite d'avoir déjà pour lui les ſuffrages des académies de *Zurich* & d'*Upſal* ; il ne refuſe pas même le jugement de M. le profeſſeur *Engel*, ſavant Allemand, très-profond ſans doute, qu'invoque ſon adverſaire.

M. l'abbé *de l'Epée* a envoyé copie de cette lettre à l'académie de Berlin avec une autre, où il rend compte à la compagnie de ce différend, & le tout eſt inſéré au journal de Paris du 27 mai.

30 *Mai*. Me. *Linguet* depuis le ſoufflet qu'il a reçu en pleine rue à Londres du ſieur *Morande*, ne pouvant ſupporter le ſéjour de cette ville, a fait l'impoſſible pour en ſortir & ſe ménager un refuge ailleurs. En conſéquence il a profité des offres de ſa majeſté impériale, il les a même provoquées par ſes mémoires de l'Eſcaut, & il ſe transporte de nouveau à Bruxelles. Il y avoit donné rendez-vous à ſon correſpondant, monſieur l'abbé *Tabouet*, qui s'y eſt rendu il y a ſix ſemaines environ : il l'a conduit à Londres, d'où l'abbé eſt revenu, & il prend ſes derniers arrangements, afin de paſſer à Bruxelles. M. l'abbé *Tabouet* annonce aujourd'hui que les annales interrompues depuis les numéros de l'Eſcaut, vont reprendre & ſe diſtribuer plus régulièrement ; graces aux bontés de l'Empereur & de la Reine,

30 *Mai.* On fait que M. & Mad. *Necker* font de retour de Montpellier. La fanté de celle-ci n'eft pas merveilleufe encore. Ils font dans une terre appellée Marole, auprès d'Arpajon, qu'ils ont louée. M. le maréchal *de Caftries* s'eft empreffé de les aller voir. On ne dit point que ces époux foient venus à Paris; & tant qu'on ne l'y verra pas, les ennemis de M. *Necker* ne feront pas bien perfuadés que ce retour foit fort agréable à la cour.

31 *Mai.* M. *le Paon*, peintre de fon alteffe férénifime monfeigneur le prince de Condé, vient de mourir au Palais-Bourbon. C'eft une perte pour les arts; car cet artifte, quoiqu'il ne fût pas de l'académie, on ne fait pourquoi, avoit un talent réel & fupérieur dans fon genre. Dans les tableaux qu'on voit chez fon protecteur, il lutte fans défavantage contre le fameux *Cazanova*.

31 *Mai.* La querelle entre les négociants & les planteurs de nos ifles, dure toujours & fe prolonge; il paroît fans ceffe de nouveaux écrits à ce fujet. C'eft aujourd'hui un *Précis pour les grands propriétaires des colonies françoifes de l'Amérique contre les divers écrits des négociants des villes maritimes du Royaume.*

L'auteur anonyme établit d'abord ce que les colonies françoifes de l'Amérique font à la France; c'eft-à-dire, d'une très-grande importance, fuivant lui, puifqu'elles occupent la dixieme partie des habitants du royaume, & fourniffent un cinquieme du revenu du tréfor public.

Il difcute enfuite les principes des loix prohibitives & prouve ou prétend prouver:

1º. Que nos colonies ne doivent aux négociants de France qu'une très-petite partie de leur puiffance & de leurs richeffes.

2°. Qu'elles font pour la métropole ce que la métropole est pour elles ; c'est-à-dire, que la métropole & les colonies doivent tirer de leurs échanges un avantage mutuel qui se réalise aux dépens des consommateurs étrangers, & que la richesse des colonies est toute à l'avantage de la métropole.

3°. Que l'importation des vivres & d'objets utiles à l'agriculture par les habitants de l'Amérique septentrionale, à Saint-Domingue & aux isles du vent, loin de nuire au commerce de France, lui deviendroit avantageuse.

De-là un parallele des cultivateurs & des négociants, & divers paragraphes propres à soutenir l'opinion de l'auteur qui, d'après le maintien de l'arrêt du conseil du 30 août, prédit de grands progrès au commerce maritime & à la navigation de la France, ainsi qu'une grande prospérité au commerce & aux manufactures du royaume.

31 *Mai.* Extrait d'une lettre de Lausane, du 21 mai 1785.... En attendant que vous ayez de plus amples éclaircissements sur notre étranger, il faut vous conter une petite anecdote à ce sujet, qui vous donnera une idée de l'insolence de l'exempt de police dépêché pour l'arrêter.

Comme le comte *de sanois* avoit encore intérêt d'économiser les frais de sa détention, & qu'il y avoit une place vacante dans sa voiture, il proposa de la donner à M. *Mercier*, l'auteur du *Tableau de Paris*, qui étoit ici & se disposoit à retourner dans votre capitale ; mais le sieur *Desbruguieres* refusa, sous prétexte que c'étoit trop mauvaise compagnie, qu'il ne voyageoit point avec un taré... Tout Lausane qui estime infiniment M. *Mercier*, a été indigné quand ce propos s'est répandu.

1 *Juin* 1785. Après avoir porté le deuil du duc *de Mecklenbourg-Schwerin*, prince régnant, pendant six jours seulement, on a repris celui du prince *Jules-Léopold de Brunswick-Wolffenbuttel*, frere du duc régnant, & quoique non souverain, il a été ordonné de huit jours. On a été surpris de ce changement d'étiquette, & l'on assure que le Roi l'a voulu ainsi pour honorer la mémoire d'un prince mort malheureusement, & si glorieusement en voulant aller au secours de pauvres gens qui se noyoient, & que la crainte d'un sort semblable faisoit abandonner; beau trait qu'on lit avec attendrissement dans tous les papiers publics.

1 *Juin*. Il faut ajouter quelques circonstances à l'entrée de la Reine à Paris, événement trop important pour en omettre rien.

La Reine qui faisoit proprement son entrée puisqu'elle venoit seule, & qu'à la naissance du Dauphin elle étoit accompagnée du Roi, auroit bien désiré amener avec elle cet auguste enfant. Elle sentoit combien ce gage précieux auroit échauffé le zele des Parisiens & lui auroit attiré des bénédictions. On a représenté à S. M. que ce n'étoit point l'étiquette, qu'elle s'y opposoit, & *Madame* a d'ailleurs fait valoir son droit d'être dans le fond du carrosse à côté de la Reine; ce qui ne pouvoit avoir lieu si M. le Dauphin venoit, à qui la premiere place, après le Roi, étoit due par-tout. Elle a dit qu'en conséquence ne pouvant déroger à sa prérogative, elle s'abstiendroit plutôt d'assister à la cérémonie; ce qui a jeté un peu de froid entre la Reine & *Madame*.

Après avoir été à Notre-Dame, ce qui est d'étiquette, la Reine ne s'est rendue à Sainte-Geneviève que pour satisfaire à l'usage, & d'ailleurs à cause des circonstances où l'on invoquoit déjà la Sainte. S. M. déjà fatiguée, a donc cru inutile de mettre à cette invocation le même cérémonial qu'à Notre-Dame, & pour abréger a prié ses dames de ne point descendre.

Le peuple, toujours attaché aux apparences & plus confiant en sainte Geneviève qu'en la mere de Dieu, a trouvé mauvais qu'on traitât la patrone de Paris plus lestement que la Vierge; ce qui n'a pas contribué pour peu à le rendre morne durant le reste de la marche de sa majesté.

La princesse de Conti & la princesse de Lamballe étoient venues joindre la Reine à Notre-Dame, & l'ont accompagnée jusques aux Tuileries.

Beaucoup de monde, de gens de la cour, & les divers chefs des corps attendoient la Reine au château; mais S. M. excédée de fatigue & de chaleur, pour être rendue plutôt chez elle, a monté par le petit escalier; en sorte que chacun a couru bien vîte de ce côté, a joint la Reine à la hâte, qui a sur le champ congédié tout le monde, & n'a conservé que Mad. *Elisabeth* pour dîner avec elle.

Madame & Mad. la comtesse *d'Artois*, qui comptoient dîner avec la Reine, ont été prises au dépourvu. La premiere est allée au Luxembourg, & la seconde a été traitée par Mad. la duchesse *de Lorge*, sa dame d'honneur.

Au moyen de cette séparation, la Reine est allée seule à l'opéra avec Mad. *Elisabeth*, & le reste de la journée s'est passé de même.

Le souper de M. le comte *d'Artois* n'étoit

composé que de neuf convives; la Reine, madame *Elisabeth*, la princesse *de Chimay*, la duchesse *de Polignac* & madame *Diane* en femmes; & en hommes, M. le comte *d'Artois*, le chevalier *de Crussol* son capitaine des gardes, le baron *de Bezenval* & le duc *de Coigny*.

La Reine, après avoir assisté en cérémonie au bouquet du comte *d'Aranda*, a changé de chevaux au château de la Muette, s'est mise à son aise & est venue parcourir les diverses illuminations de la capitale.

Le mercredi au soir, sa majesté s'est rendue à Saint-Cloud, où elle a donné une fête au Roi, illumination, &c. & s'est rendue, pour coucher, à Versailles.

Le jeudi, jour de la Fête-Dieu, la Reine s'est trouvée incommodée. Elle n'a pu accompagner le Roi, suivant l'étiquette, à la grand'messe. Sa majesté pour respirer, s'est soustraite au tumulte de la cour & s'est rendue au petit Trianon.

2 *Juin*. Madame *de Saint-Prest*, la femme du maître des requêtes, a été enlevée la nuit du samedi au dimanche 29 mai, par ordre du Roi, & conduite au couvent de Saint-Michel. C'étoit une femme fort scandaleuse, séparée de son mari, elle vivoit dans un grand désordre. Il y a toute apparence que c'est sa famille qui l'a fait arrêter.

2 *Juin*. Le jour où madame la duchesse *de Lorge* donnoit à dîner à madame la comtesse *d'Artois*, ne sachant comment amuser cette princesse dans la soirée, elle avoit imaginé de lui faire voir la maison de M. le comte *d'Orsay* (*Grimod* en son nom). Ce fils de financier très-riche, a donné dans les arts, & en effet possède une des maisons de Paris les plus curieuses à voir pour la richesse,

le goût, le luxe & les singularités qu'elle renferme. Ayant la foiblesse de rougir de sa naissance qui ne répond pas à ses vues ambitieuses, il a cherché à la couvrir par des alliances de femmes infiniment au-dessus de lui & tenant aux plus grandes maisons.

M. le comte *d'Orsay* flatté de l'honneur que devoit lui faire madame la comtesse *d'Artois*, s'étoit hâté de réunir auprès de lui tous les grands seigneurs dont ses deux femmes lui ont procuré l'alliance. Mais tout cet étalage s'est trouvé inutile : madame la comtesse *d'Artois*, qu'on n'avoit pas consultée, a préféré d'aller à Bagatelle, voir ses enfants qui ne s'y sont pas trouvés, parce que M. le comte *d'Artois* les avoit envoyés chercher pour leur faire rendre leurs hommages à la Reine, sur-tout par le duc *d'Angoulême*, grand-prieur de France, à qui appartient le Temple, & chez lequel étoit alors par conséquent sa majesté.

Madame la comtesse *d'Artois* s'est trouvée réduite au spectacle de l'aérostat des sieurs *Alban* & *Vallet*, dont on a parlé. Ensuite elle est revenue à Paris, voir les illuminations & le bouquet du comte *d'Aranda*.

3 *Juin*. La Reine sensible, comme elle doit l'être, à l'indifférence du peuple, en a parlé au Roi à son retour & a versé dans le sein de sa majesté sa douleur de n'avoir pas entendu ces acclamations bruyantes, si flatteuses pour les souverains. *Je ne sais comme vous faites*, lui dit son auguste époux : *pour moi je ne vais pas de fois à Paris qu'ils ne crient jusqu'à m'étourdir.*

3 *Juin*. M. *d'Abbadie*, conseiller honoraire au parlement de Paris, président à mortier au parlement de Navarre, après trente années de

magistrature ; dont douze marquées au milieu des révolutions publiques par un dévouement généreux, se voit à l'âge de cinquante ans frappé subitement d'une interdiction provisoire, obtenue au parlement de Pau par sa famille, lorsqu'il étoit à Paris depuis le mois de décembre dernier, occupé à vaquer à ses affaires. Il est mis en chartre privée chez lui, & obligé de se réfugier chez monsieur le lieutenant-général de police qui, heureusement instruit de cet attentat scandaleux, lui offre son hôtel pour asyle. Tel est l'objet d'un mémoire curieux que le président fait répandre avec profusion dans toutes les maisons, suivi d'une consultation du 2. mai. Cette étrange affaire mérite plus de détails, qu'on donnera lorsqu'on en sera mieux instruit.

4 Juin. On peut se rappeller les folies du marquis *de Brunoy*, sur-tout celles qu'il fit dans le temps pour l'église de sa terre. Elle est décorée avec une pompe, une richesse & une magnificence dont il n'y a pas d'exemple. M. l'archevêque de Paris, en y faisant sa visite, a été frappé de ce luxe religieux : il a reconnu combien il s'y trouvoit de superfluités, combien de choses absolument inutiles pour le service divin dans une église de campagne ; il a pensé qu'on pourroit appliquer à un meilleur usage le prix de la vente de tant d'effets précieux, d'ornements, de vases sacrés d'or & d'argent, d'argenterie, de dentelles, d'étoffes riches, en l'appliquant à secourir les pauvres du lieu, & même à doter des établissemens pour eux, pour les malades, pour l'instruction de la jeunesse & pour les autres besoins de la paroisse.

Monsieur, aujourd'hui possesseur de Brunoy,

a approuvé ces vues d'utilité publique pour ses vassaux. En conséquence, après avoir réservé abondamment tout ce qui pouvoit contribuer à la décence & à la dignité du culte dans l'église de Brunoy, le prélat a permis de vendre le surplus; ce que le parlement a ordonné par arrêt.

L'amas incroyable de toutes ces extravagances pieuses du marquis, leur brillant étalage fait aujourd'hui spectacle, & l'on s'empresse d'aller les voir à la merci, où elles doivent se vendre.

4 *Juin.* Le journal de Paris est supprimé d'aujourd'hui; on varie encore sur la cause. Il faut attendre de plus amples éclaircissements.

5 *Juin.* On se ressouvient que les derniers états de Bretagne, avant de se séparer, avoient arrêté d'ériger une statue à *Louis XVI.* dans une ville de la province. N'ayant point trouvé à Rennes ni à Nantes d'emplacement convenable, ils ont prié sa majesté de vouloir bien désigner elle-même la ville, & sa majesté a nommé Brest.

En conséquence M. *Pajou*, sculpteur du Roi, nommé par la province, va se rendre dans ce port, afin de voir l'emplacement & composer ensuite les accessoires du monument dont la direction lui est confiée.

5 *Juin.* Le Roi, par les mêmes motifs qui lui ont inspiré l'arrêt du conseil du 17 de ce mois (rendu, comme celui-ci, sur le rapport de M. *de Calonne*) pour la subsistance & la conservation des bestiaux, a cru devoir y ajouter la suppression des droits imposés sur les fourrages apportés des pays étrangers, en ne conservant qu'une légère taxe, dans l'unique vue de connoître les quantités importées.

L'objet de cet arrêt du 27 mai, est d'encourager les spéculations des commerçants, & de les exciter à faire venir des fourrages de chez l'étranger.

En outre, on y a joint une *Instruction* sur les moyens de suppléer à la disette des fourrages & d'augmenter la subsistance des bestiaux, publiée par ordre du Roi. On y trouve une foule de ressources dont l'usage doit être varié suivant les lieux & les circonstances. C'est à la sagesse & à la prudence des intendants que sa majesté en réserve le choix.

Cette instruction a été rédigée d'après une assemblée tenue le 20 mai par M. le contrôleur-général, & composée de personnes recommandables par leurs connoissances en économie rurale.

5 *Juin*. M. *Houdon*, célèbre sculpteur, part incessamment pour l'Amérique, où le congrès l'appelle. Il doit y travailler à la statue du général *Washington* & au buste de M. le marquis *de la Fayette*.

6 *Juin*. Une chanson intitulée : *l'Ambassade*, du chevalier *de Boufflers*, où ce poëte aimable plaisante sur ce genre de mission, & même un peu sur les souverains, rapportée dans le journal de Paris du 31 mai, est le motif prétendu de sa suppression; ce qui paroît d'autant plus injuste, que la piece est extraite d'un journal nouveau, intitulé : *Les quatre Saisons*, imprimé avec permission.

6 *Juin*. La quatrieme nouveauté jouée hier aux François depuis leur rentrée, a été plus heureuse que les précédentes. Non-seulement elle a réussi, mais le succès a été tel qu'il y en a peu d'exemples. C'est une tragédie en cinq actes & en vers, ayant pour titre *Roxelane & Mustapha*.

Ce sujet a déjà été mis au théâtre plusieurs fois, & sur-tout dans ce siecle par MM. *Belin* & *de Chamfort*. On en a parlé à l'occasion de ce dernier. Il est naturellement si rempli de situations intéressantes qu'il est facile de les faire valoir. Quoi qu'il en soit, la partie du sentiment est supérieurement traitée dans la nouvelle piece ; il y auroit peut-être plus de choses à désirer du côté de l'intrigue ; mais le public n'a semblé improuver que peu d'endroits aisés à changer & ne tenant point au fond. Ainsi, l'auteur peut regarder son triomphe comme complet.

Pour mieux en apprécier le mérite, il faudroit avoir sous les yeux les deux autres pieces, & les comparer. En général, le dernier compositeur semble avoir connu son sujet plus profondément, & sans en sauver toutes les invraisemblances, y avoir mis infiniment plus d'art & d'intelligence.

C'est un débutant : il se nomme *Maisonneuve*. On assure qu'il avoit composé sa piece, déjà très-ancienne, avant celle de M. *de Chamfort*, mais que le crédit de celui-ci l'a emporté & l'a fait passer avant.

M. *de Maisonneuve* ne paroissoit point appellé par son état aux hautes conceptions de la tragédie. Il tient une boutique de mercerie ; mais il a une femme qui en prend soin & lui laisse tout le temps de se livrer aux Muses. Il est du reste très-modeste : caractere ordinaire du vrai mérite & sur-tout indice du génie. Il est dans la force de l'âge, & n'a pas trente-cinq ans.

6 *Juin*. M. le président *d'Abbadie* a de son chef deux millions de biens-fonds. Il venoit de succéder à M. *de Borda*, fermier-général, son oncle, laissant un héritage de plus de quatre

millions. C'est cette fortune excessive qui a réveillé la cupidité de sa femme, du Marquis *du Coudray*, lieutenant-général des armées du Roi, son beau-frere, & de la marquise sa sœur. Depuis trois ou quatre ans des peines secretes lui avoient fait ressentir des atteintes de mélancolie. C'est de cet accident qu'ils se sont prévalus pour, lorsqu'il étoit à Paris occupé à recueillir la succession de son oncle, qu'il y vivoit dans la maison du défunt avec sa femme, sa sœur & son gendre, le faire interdire à Pau, le 3 mars sur avis de parents & amis.

Instruit de cet arrêt le 26 mars, le président se disposoit à aller à la campagne, lorsqu'il s'est trouvé prisonnier de sa femme, comme on l'a dit, & n'a échappé à cette captivité que par le zele de M. le lieutenant de police, son voisin.

Dès le jour même, 26 mars, il a rendu plainte de la chartre privée dans laquelle il venoit d'être détenu. Il a formé aussi opposition à l'arrêt du 3 mars, par requête du 8 avril, & s'est soumis, *par provision*, à ne pouvoir disposer de ses biens que de l'avis & sous l'assistance d'un conseil. Il a demandé en même temps à être interrogé par M. le lieutenant civil, visité par ses proches & examiné par des médecins.

Le président, dans son mémoire, fait voir que ce complot, formé par la cupidité, soutenu par l'intrigue cachée depuis long-temps sous les apparences de l'amitié, s'il réussissoit, seroit injurieux à toute la magistrature, funeste à la société entiere, & flétriroit sur-tout le parlement de Pau, qui, persistant dans une illusion passagere, ôteroit, pour complaire à des parents cupides, imposteurs & dénaturés, la fortune, l'honneur & l'état à l'un de ses membres.

7 Juin. Le nouvel ouvrage de M. le comte *de Mirabeau*, sur la caisse d'escompte, ne lui fait point honneur, si l'on en croit des gens impartiaux & connoisseurs qui l'ont lu, en ce qu'on juge facilement qu'il s'est rendu l'organe du sieur *Panchault*. Il se lit avec un certain intérêt; mais on sent que l'auteur, malgré tout son esprit & toutes ses connoissances, n'etoit point en état de traiter par lui-même une pareille matiere. Le livre est hérissé de calculs arithmétiques & politiques qu'il n'a pu faire. D'ailleurs l'objet en est très-vicieux, puisqu'il tend à mettre cette caisse sous la main du gouvernement; ce qui seroit contre son institution, ce qui faciliteroit les coups d'autorité, la subversion des fortunes, l'infraction des loix & le despotisme, contre lequel M. *de Mirabeau* s'est tant récrié jusqu'à présent.

7 Juin. On en revient aujourd'hui à dire que le sieur *de Beaumarchais* garde une retraite volontaire; que son obstination à n'en point sortir afflige la cour, où il a beaucoup de partisans, & embarrasse M. le baron *de Breteuil*, chargé d'arranger l'affaire; qu'il a fait offrir au mécontent le cordon de Saint-Michel, ce qu'il a refusé avec hauteur, en disant qu'il avoit des charges donnant la noblesse; que cette décoration, trop commune & réservée aux artistes, ne serviroit qu'à lui attirer de mauvaises plaisanteries. Il persiste à vouloir une pension sur la cassette du Roi.

8 Juin. MM. *Berard* & *Gourlade*, deux directeurs de la nouvelle compagnie des Indes, ont eu une querelle si vive entr'eux qu'ils en sont venus à mettre l'épée à la main il y a quelques jours. M. *Gourlade* a désarmé son adversaire, lui a cassé son épée & lui en a jeté les morceaux au nez.

M. *Berard*, furieux de ce procédé méprisant, vouloir recommencer; mais M. *de Calonne* sentant le mauvais effet que produiroit dans le public cette rixe non moins dangereuse que ridicule, a interposé sa médiation & a forcé les deux rivaux de s'embrasser.

8 *Juin*. Le sieur *Panchault* est si content du livre de M. le comte *de Mirabeau*, qu'il l'annonce publiquement, & par une tournure d'éloge fort extraordinaire & peu flatteur pour l'amour-propre de son éleve en matiere de fiscalité & d'agiotage, il déclare modestement qu'il ne seroit pas fâché de l'avoir composé & qu'il s'en glorifieroit.

9 *Juin*. Le fameux comte *de Morangiès* revient sur la scene, & va de nouveau occuper le palais & le public. Il faut se rappeller qu'il avoit épousé en premieres noces une fille du duc *de Saint-Aignan*, dont il a un fils. Depuis il s'est remarié à une espece de courtisane, & en a eu un enfant femelle, à qui son frere conteste l'état. Voilà en gros la matiere du procès, dans lequel il doit se publier incessamment des mémoires.

9 *Juin*. On assure que madame la duchesse *de Choiseul*, se faisant un point d'honneur d'acquitter les dettes de son mari, se retranche & même se retire au couvent, pour y mieux parvenir & plutôt.

10 *Juin*. On a parlé l'année derniere d'un nouvel incident dans le régime fiscal, qui mettoit le parlement de Bordeaux aux prises avec le ministere : il s'agissoit du contrôle des billets à ordre, qu'exigeoit le fermier. En conséquence arrêt du 10 mars 1784 contre cette innovation. La contestation n'est pas finie, sans doute ; car on voit un nouvel arrêt de cette cour, en date du 9 mars de cette année qui, *sous le bon plaisir du Roi*, ordonne que le précédent sera exécuté. En con-

féquence, fait inhibition & défenses, tant aux commis du bureau du contrôle de cette ville, qu'à tous autres du ressort de la cour, de percevoir le droit de contrôle des billets à ordre, lettres de change, ou autres effets commerçables, *à peine de concussion*, &c.

10 *Juin*. Dans le *Journal militaire*, consacré à publier les hauts faits des guerres, tant sur terre que sur mer, il n'étoit fait mention d'aucun des exploits de la marine marchande. Messieurs de la marine royale ne faisoient parler que d'eux. Un négociant de Rochefort s'est plaint, au mois de février dernier, de cette omission injurieuse. Il a représenté aux rédacteurs du Journal que depuis le regne de *Louis XIV*, les négociants, jusqu'alors paisibles spectateurs des exploits militaires, y participerent à leur tour en temps de guerre, & que cette élévation de la marine marchande à l'état militaire avoit donné lieu à une foule de traits de bravoure & d'entreprises hardies, d'autant plus glorieuses, que les honneurs & les distinctions militaires ne doivent point être la récompense de ces nouveaux défenseurs de l'état, & qu'aujourd'hui, que cette classe de guerriers s'est acquis des droits à la reconnoissance de la nation, il seroit juste de lui destiner un article.

Les rédacteurs ont senti leur tort, & pour le réparer, recueillent tous les mémoires, toutes les notices, tous les renseignements utiles ou glorieux qui pourront intéresser les armateurs & les marins de la marine marchande.

11 *Juin*. On voit dans le cabinet de M. le contrôleur-général le plan en lavis des édifices qui doivent être élevés à Bordeaux à la place du Château-Trompette, qu'on veut supprimer &

démolir. On assure que la façade de ces bâtiments sera sept fois plus grande que celle des Tuileries. Treize rues aboutiront à la place principale, qui sera décorée d'arcades & de tout le luxe de l'architecture. Ces treize rues porteront le nom de chacune des Provinces-Unies, comme ayant beaucoup contribué à la richesse de ce port.

M. *Louis*, auteur du projet, est chargé de son exécution. L'édifice de la nouvelle comédie de la même ville, atteste ses talents. Il veut faire de Bordeaux, non-seulement une des plus belles villes du royaume, mais même de l'Europe. Il compte, dit-on, ajouter à la somptuosité des bâtiments la commodité des trottoirs pour les gens de pied. Il n'y aura plus qu'une petite difficulté, ce sera d'augmenter la population de Bordeaux en raison de cette augmentation de maisons, qui doubleront presque les habitations.

11 *Juin*. On écrit de Boulogne que MM. *Pilâtre & Romain* y sont toujours avec leur aérostat : qu'en outre il y a une jeune dame, nommée madame *de Saint-Hilaire*, réunissant à la plus grande intrépidité toutes les graces de son sexe, qui est arrivée depuis deux mois dans cette ville, avec une recommandation de M. *de Calonne*. Ce ministre exhorte M. *de Rozier* d'admettre, s'il est possible, cet aéronaute femelle dans sa galerie; & il le lui a promis.

11 *Juin*. On écrit de Constantinople que le chantre des jardins a pour ainsi dire perdu la vue; qu'il s'attend à être aveugle dans peu de temps; que, rival d'*Homere* & de *Milton*, il n'en continue pas moins à travailler, & qu'il s'occupe actuellement de son *Poëme sur l'imagination*; qu'il reste enfermé dans l'hôtel de M. l'ambassadeur, &

n'ose visiter cette grande ville par la crainte qu'il a de la peste. On assure qu'il sera de retour à Paris au mois de juillet prochain.

12 *Juin*. On se rappelle le différend qui subsistoit entre l'ordre des avocats & la chambre des comptes, relativement à un arrêt de cette cour. L'ordre avoit nommé trois députés, chargés de suivre l'affaire, de conférer avec M. le procureur-général de la chambre, & de chercher quelque tempérament de conciliation. Enfin, samedi, ces députés ont rendu compte à l'assemblée qu'ils avoient obtenu satisfaction; que la chambre retiroit son arrêt, ou du moins en annulloit la disposition concernant Me. *Pincemaille*, auquel elle avoit fait une injonction flétrissante, & le renvoyoit à la discipline de l'ordre. Comme il doit être envoyé une copie collationnée de l'arrêt à tous les bancs, on en sera instruit plus en détail, & l'on rendra un compte plus circonstancié de cette affaire majeure.

12 *Juin*. Extrait d'une lettre de Bordeaux, du 7 juin........ « *Le Tableau du parquet*, brochure clandestine, débitée dans cette ville, dont vous me demandez quelque notice, ne m'est connue que par une lettre d'un de nos libraires, *Paslandre* aîné, insérée au journal de Guienne, du 29 avril, où il désavoue ce pamphlet indécent qui paroissoit depuis le commencement dudit mois. Il craignoit d'être soupçonné de complicité, parce qu'un jeune commis, sorti de chez lui, le colportoit........ Je présume que c'est une satire contre nos magistrats, dans le goût de ces libelles qui pulluloient durant l'exil des parlements. »

12 *Juin*. Par un arrêt du conseil du 3 juin, la

nouvelle édition des œuvres completes de *Voltaire* est supprimée. C'est une petite satisfaction que l'on a voulu donner au clergé, en ce moment qu'il est assemblé : satisfaction d'autant plus illusoire, que depuis trois mois & plus le sieur *de Beaumarchais* a débité tout ce qu'il en avoit. C'est une nouvelle inconséquence du gouvernement à joindre à tant d'autres.

12 *Juin*. C'est aux Récollettes que se retire madame la duchesse *de Choiseul*, avec deux femmes & deux laquais seulement. Tout le reste de ses revenus doit être consacré à payer les dettes de son mari.

13 *Juin*. La prison de Saint-Martin, consacrée spécialement à servir d'entrepôt aux filles de mauvaise vie, est fort étroite, fort incommode & placée dans un endroit de Paris très-habité. On vient de la supprimer & de la réunir à celle de l'hôtel de la Force, par des lettres-patentes données à Versailles, au mois d'avril, & enrégistrées au parlement le 10 mai.

13 *Juin*. M. *Mercier*, ci-devant bibliothécaire de la maison de Sainte-Genevieve, aujourd'hui connu sous le nom d'abbé de Saint-Léger, annonce un *Projet pour le soulagement des veuves & des enfants des gens de lettres, morts sans fortune, & pour la publication de leurs écrits posthumes*. Il s'agit d'une compagnie semblable à celle établie à Dresde, & qui y a subsisté jusqu'aux ravages de la guerre de 1760. Elle avoit pour titre : *Societas caritatis & scientiarum*. On en voit l'histoire dans la préface qui est en tête du premier volume de ses mémoires, intitulé : *Analecta*, Analectes, &c. ou Choix, Mélanges, &c.

Un particulier, qui a voulu demeurer inconnu, mais que l'on fait avoir donné de bons ouvrages, conçut & exécuta ce beau projet. Des littérateurs honnêtes & vertueux fe réunirent à lui ; & enfin, *Frédéric-Augufte*, roi de Pologne, électeur de Saxe, confirma en 1722 un établiſſement ſi glorieux, par un édit mémorable.

Ce projet ne fait que rentrer dans un plus étendu, conçu par M. *Luneau de Boisjermain*, & dont on a rendu compte dans le temps.

14 *Juin*. La ſuppreſſion du *Journal de Paris* ſubſiſte. Cependant les directeurs continuent à recevoir des ſouſcriptions, fondés ſans doute ſur le proverbe : *Que ce qui eſt bon à prendre, eſt bon à rendre*, ou mieux encore, ſuivant M. *de Beaumarchais, bon à garder*. Ils promettent pour le 15 de ce mois.

Quoi qu'il en ſoit, il paroît conſtant aujourd'hui que c'eſt le comte *de Luſace*, frere de la princeſſe *Chriſtine*, abbeſſe de Remiremont, qui s'eſt plaint au Roi de l'inſertion de la chanſon, & que c'eſt S. M. elle-même qui, dans un premier mouvement d'indignation, a ordonné la ſuppreſſion du Journal.

Il eſt étonnant qu'on n'ait pas repréſenté à S. M. non-ſeulement l'injuſtice de cette ſuppreſſion par les raiſons qu'on a dites, mais encore le danger d'exciter la curioſité & de rendre publique une anecdote que beaucoup de gens ignoroient & qu'il eſt eſſentiel de conſtater.

M. le chevalier *de Boufflers* ayant été envoyé par le Roi à Remiremont pour complimenter la princeſſe *Chriſtine* ſur ſa nomination à cette abbaye, en fut reçu avec beaucoup de hauteur. Il fut piqué & composa la chanson suivante, sur l'air : *Et j'y pris bien du plaisir.*

Enivré du brillant poste,
Que j'occupe récemment,
Dans une chaise de poste,
Je me campe fièrement,
Et je vais en ambassade,
Au nom de mon souverain,
Dire que je suis malade,
Et que lui se porte bien.

Avec une joue enflée,
Je débarque tout honteux ;
La princesse boursouflée,
Au lieu d'une en avoit deux :
Et son altesse sauvage,
Sans doute a trouvé mauvais,
Que j'eusse sur mon visage,
La moitié de ses attraits.

Princesse, le Roi, mon maître,
M'a pris pour ambassadeur :
Je viens vous faire connoître,
Quelle est pour vous son ardeur.
Quand vous seriez sous le chaume,
Il donneroit, m'a-t-il dit,
La moitié de son royaume,
Pour celle de votre lit.

La princesse, à son pupitre,
Compose un remerciment :

Elle me donne une épître,
Que j'emporte leftement.
Et je m'en vais dans la rue,
Fort satisfait d'ajouter,
A l'honneur de l'avoir vue,
Le plaisir de la quitter.

En outre, comme la princesse lui fit donner cinq louis en or, en forme de récompense, le chevalier y ajouta le quatrain que voici, sur l'air: *Ne v'la-t-il pas que j'aime*.

De ces beaux lieux en revenant,
Je quitte l'excellence:
Et je reçois, pour traitement,
Cent vingt livres de France.

Il est à observer que cette chanson & le quatrain étoient imprimés dès 1782, dans le recueil des œuvres du chevalier de Boufflers.

14 *Juin*. On parle de remontrances du parlement de Bretagne sur le tabac: elles font un certain bruit en ce qu'on reproche à cette cour de les avoir dirigées plus contre le ministre des finances que contre les fermiers-généraux.

15 *Juin*. L'arrêt du conseil qui supprime un ouvrage ayant pour titre: *Collection complete des œuvres de Voltaire, par la Société littéraire typographique*, est imprimé & affiché avec une grande profusion. On a affecté d'en coller deux à la porte du sieur *de Beaumarchais*. La suppression est motivée sur ce qu'une partie de cet ouvrage est contraire à la religion, aux mœurs, & tend à ébranler les principes fondamentaux de l'ordre,

des sociétés & de l'autorité légitime. Il est ordonné à tous les imprimeurs, libraires, colporteurs, distributeurs & autres, qui en auroient des exemplaires, de les apporter pour être mis au pilon. Au reste, il n'est encore question que des trente premiers volumes de cette édition.

16 *Juin.* Un ami de l'abbé *de Mably* lui a consacré une épitaphe latine qui mérite d'être conservée, quoiqu'un peu longue, parce qu'elle est un historique de sa vie.

D. O. M.

E. M. Æ.

Gabrielis Bonnot de Mably,

Gratianopolitani;

Juris naturæ & gentium indagator

Indefessus, audax, felix,

Dignitatis humanæ vindex,

Inter scriptores politicos insignis,

Orbis utriusque suffragiis ornatus,

Eventuum præteritorum causas detexit,

Futuros prænuntiavit,

Quæ ad avertendos docuit,

Recti pervicax,

Quid pulchrum, quid turpe,

Quid utile, quid non dixit.

Vir paucorum hominum,

Honores, divitias,

Omni modo servitii vinculo

In modicâ re,

Constanter aspernatus,

Vitâ innocuus, religionis cultor

Æquissimo animo.

Obiit 23 Apr. D. 1785. Nat. 14 Mart. 1709.

H. M.

Amici mærentes posuerunt.

On peut la traduire ainsi :

" A la gloire de Dieu tout-bon, tout-puissant & à
„ la mémoire éternelle de Gabriel Bonnot de Mably,
„ né à Grenoble.

„ Infatigable, courageux, heureux dans ses recher-
„ ches sur le droit de la nature & des gens, il a vengé
„ la dignité de l'homme.

„ Egal aux plus célèbres écrivains politiques, les
„ deux mondes l'ont honoré de leurs suffrages.

„ Il a découvert aux peuples les causes des révolu-
„ tions, annoncé celles dont ils sont menacés indiqué
„ les moyens de les prévenir.

„ Invariablement attaché au vrai, il a démasqué le
„ vice, fait briller la vertu, éclairé les hommes sur
„ leurs plus grands intérêts.

„ Il ne prodigua ni son estime, ni son amitié. Dans
„ la médiocrité de sa fortune, il a constamment dé-
„ daigné les honneurs, les richesses, toutes les places,
„ comme des entraves à la liberté.

„ Sa vie fut sans tache; fidèle aux devoirs de la re-
„ ligion, il mourut avec tranquillité le 23 avril 1785.
„ il étoit né le 14 mars 1709.

„ Ses amis affligés lui ont érigé ce monument „

16 *Juin.* Relation de la séance publique de
l'académie françoise, tenue aujourd'hui pour la
réception de M. l'abbé Morellet.

Le tumulte des deux séances précédentes ayant
fort déplu à messieurs de l'académie, ils ont sérieusement songé aux moyens d'empêcher qu'il
ne fût tel à l'avenir. En conséquence, ils ont
arrêté qu'ils ne donneroient de billets qu'autant
qu'il y auroit de sièges, suivant la maxime,
Anima sedens fit sapientior. Mais comme il y a
toujours des *non-valeurs* dans les billets donnés,
il en a résulté un autre inconvénient non moins
déplaisant pour messieurs; c'est que la séance n'a

pas été parfaitement garnie, qu'il y avoit des sieges vuides & qu'il s'y est répandu un grand froid.

M. l'abbé *Morellet*, n'ignorant pas combien on a blâmé le choix de l'académie en sa personne, s'y est pris adroitement dès l'ouverture de son discours pour écarter ce reproche : il est convenu que *Richelieu* n'avoit d'abord institué l'académie françoise que pour les orateurs, les poëtes, les grammairiens, les critiques, les historiens, pour les gens de lettres en un mot. Mais il a prétendu que ce grand homme prévoyoit d'avance l'union qui se formeroit entre les lettres & la philosophie, & que celle-ci, infiniment plus utile, figureroit avantageusement & tiendroit à la fin le haut bout dans l'académie. C'est à *Fontenelle* qu'a commencé cette révolution, consommée aujourd'hui presque entiérement. C'est donc comme philosophe que le récipiendaire a eu droit de solliciter une place & de l'obtenir. Par *philosophe*, il n'entend pas simplement celui qui se livre à l'étude des hautes sciences, mais celui qui les applique à l'avantage & au bonheur de la société. Il est de ce genre ; il est économiste ; il a prêché la liberté du commerce ; il a fait détruire la compagnie des Indes exclusive ; il travaille depuis trente ans à un dictionnaire du commerce. Voilà ses titres. Après les avoir bien constatés, il est venu à son prédécesseur, à l'abbé *Millot*, qu'il trouve aussi historien-philosophe. Ce fut une dose trop forte de cette philosophie dont sont imprégnés ses premiers ouvrages, qui lui fit quitter la société des jésuites, parce qu'il craignit de n'y plus trouver ni le repos, ni la liberté ; persécution heureuse, en ce qu'il sortit du vaisseau avant le naufrage.

Le récipiendaire a pris occasion des *Eléments d'Histoire* de l'abbé *Millot*, qu'il veut pédantesquement n'être que des abrégés, pour faire une longue & trop longue dissertation sur ce genre, d'autant plus déplacée que peu de gens ont lu les ouvrages du défunt. Quoi qu'il en soit, ils le firent appeller à Parme, pour y instituer la jeune noblesse & la former à l'histoire. Il s'y trouva bientôt enveloppé dans des mouvements séditieux, élevés contre le ministre *Felino*, son protecteur. On parloit de mettre le feu à la maison de ce seigneur. M. l'abbé *Millot* ne voulut point le quitter. En vain lui fit-on envisager la perte de son poste. Il répondit que son poste en ce moment étoit celui que l'attachement & la reconnoissance lui prescrivoient, & qu'on ne pourroit l'en arracher.

Revenu en France, M. l'abbé *Millot* s'attacha à la maison de *Noailles*, qui le chargea de la rédaction des *Mémoires* du vieux maréchal de ce nom : mémoires qui ont fait bruit, à cause du personnage intéressant dont ils sont émanés, mais que l'abbé *Morellet* est obligé de convenir ne pas remplir l'attente du lecteur.

Le récipiendaire ayant peine à quitter son prédécesseur, après s'être beaucoup étendu sur ses écrits, a disserté encore sur son caractere, & a dit des choses très-fines & très-ingénieuses, mais qui ont manqué leur effet, appliquées à un personnage obscur & dont l'assemblée connoissoit encore moins la vie que les œuvres.

En général, ce discours, mal lu, débité froidement, a été reçu de même : il a obtenu peu d'applaudissements. Celui du directeur, M. le marquis *de Châtellux*, n'en a eu aucun. Il a commencé par un détail insipide, malgré le sentiment qu'il affectoit d'y répandre, de l'ancienne amitié subsistant entre le récipiendaire & lui. Il a donné à entendre que connoissant plus particuliérement l'abbé *Morellet*, il n'a pas été des derniers à lui accorder son suffrage pour qu'il fût admis dans la compagnie, ou plutôt dans la *Société* : aveu déjà échappé à plusieurs académiciens en particulier, & fait authentiquement aujourd'hui, que ce n'est pas le mérite qu'ils recherchent, mais leurs amis.

Pour remplir le vuide de son discours, le marquis *de Châtellux* est revenu sur l'abbé *Millot*, & quoique le récipiendaire eût semblé avoir épuisé la matiere, il a trouvé encore de nouvelles choses à dire sur ce sujet. Il s'est particuliérement attaché à l'emploi de précepteur du duc *d'Enghien*, que remplissoit l'abbé *Millot*, & par une prosopopée brillante, il l'a peint conduisant son illustre pupille à Chantilly, & l'y instruisant par les monuments qu'il lui montre & de la grandeur de ses aïeux, & de leur gloire, & de leur amour des arts. Un trait plus remarquable de ce discours & vraiment glorieux pour l'abbé *Morellet*, c'est l'aveu du lord *Shelburn* qui, lors de la derniere paix avec l'Angleterre, prétend avoir mis de côté tout préjugé national, pour ne s'occuper que du bonheur & de la réunion des deux peuples, *en libéralisant* en quelque sorte le commerce d'après les principes que le ministre étranger avoit puisés dans les ouvrages du philosophe économiste.

Le directeur de l'académie n'a pas dissimulé que ce mot *libéraliser*, devoit sembler bien étrange dans le sein de l'académie françoise & devant l'illustre assemblée. Il lui en a demandé pardon, mais il a cru devoir conserver la propre expression du lord *Shelburn*.

On sait que le marquis *de Châtellux*, depuis qu'il a été en Amérique, ne manque jamais de parler des Américains, dès que l'occasion s'en présente. Il n'a pas laissé échapper celle-ci de les vanter; en célébrant les grands événements du regne actuel, il y a compris l'arrêt du 30 août, qui ouvre les ports de nos colonies aux Anglo-Américains ; il l'a canonisé, malgré les réclamations du commerce, & y voit une source de grandeur & de prospérité nationale. On se trompe bien, ou M. le directeur a quelque habitation dans nos colonies, ou ses amis en ont, ou quelque intérêt secret le fait parler.

Depuis long-temps on annonçoit un morceau de prose de M. *Marmontel*. Après ces discours, il en a fait part au public. C'est une digression *sur l'autorité de l'usage sur la langue*. C'est un petit chef-d'œuvre plein de goût, de logique & de finesse. Son objet est de prouver qu'on a eu tort de renoncer à certaines expressions tombées en désuétude, & de n'en pas adopter de nouvelles, lorsqu'elles sont imaginées avec les qualités requises. Il est étonnant quel intérêt il a su répandre dans une matiere qui n'en paroissoit nullement susceptible. Aussi a-t-il été constamment & unanimement applaudi. Avec une adresse très-ingénieuse l'auteur a eu l'art de terminer sans affectation & sans paroître y songer, par les portraits des sieurs *de Beaumarchais* & *Linguet*, qu'on sait être grands faiseurs de mots, mais à leur usage seulement, plus propres à gâter la langue qu'à l'enrichir, & que le bon écrivain s'interdiroit au contraire, s'il les trouvoit adoptés.

M. *le Miere* a clos la séance par la lecture de son quatrieme acte de *Barnevelt*, annoncé depuis long-temps aussi. Un morceau isolé de la sorte, dénué de ce qui précede, ne porte jamais le même intérêt.

Cependant le public, qui avoit écouté d'abord froidement, s'est réchauffé sur la fin de l'acte, & a donné de grands applaudissements à des situations violentes, & des vers forts, tels que celui par où le héros en prison rejette les secours que son fils, ne pouvant le déterminer à se sauver, lui offre pour se soustraire au supplice en se donnant la mort :

Caton se la donna, Socrate l'attendit.

17 *Juin*. La suppression du *Journal de Paris* devient très-sérieuse & se prolonge. Le censeur, M. *de Guidi*, a été interdit, & on lui a ôté même le *Mercure* ; ce qui caractérise un grand mécontentement du Roi. Cependant on ne parle point d'autre grief que de celui de la chanson.

17 *Juin*. On vient de recevoir la nouvelle que MM. *Pilâtre de Rozier* & *Romain* ayant voulu essayer leur ballon & s'élever à la plus grande hauteur possible, le matin du mercredi 15, sont retombés morts peu de temps après. On ignore les circonstances de ce funeste accident.

17 *Juin*. M. *Hilliard d'Auberteuil*, un de nos écrivains politiques modernes, a saisi *la folie du jour*, comme il l'appelle, pour en faire l'objet d'un *Pamphlet du moment*. C'est un *Dialogue entre un Anglois & un François sur les actions des nouvelles eaux*. Il y décrie cette machine, & comme contraire à la maxime de *Montesquieu*, qu'il faut

supprimer toutes celles tendant à rendre inutiles trop de bras du peuple ; comme insalubre, & par l'endroit où a été placée la pompe à feu, au bas de la riviere, à la chûte de toutes les immondices, & par la nature de sa construction. Les Anglois se gardent bien de boire de l'eau de la leur, sur le modele de laquelle celle de M. *Perrier* est instituée. D'ailleurs, par des calculs savants, l'Anglois prouve le chimérique des bénéfices, surtout pour ceux qui les achetent deux cents pour cent plus qu'elles ne valent.

Quoique cette critique soit peu saillante, elle est cependant assez forte pour devoir déplaire au gouvernement ; & l'on est surpris qu'elle ne soit pas plus prohibée.

17 *Juin.* Le poëte *Barthe* est mort avant-hier par un accident très-malheureux. Il avoit soupé copieusement le dimanche, en vrai gourmand, comme il étoit. De-là, une indigestion dans la nuit. Il fait tout ce qu'il peut pour vomir, & il en résulte des efforts si considérables qu'un bandage qu'il avoit, pette ; que sa hernie devient affreuse, & que ne pouvant faire rentrer l'intestin, on est obligé de lui faire l'opération qui, quoique bien faite, n'a pas empêché qu'il n'ait succombé.

M. *Barthe* étoit séparé de sa femme. Comme elle ne l'a point vu durant sa maladie, ni n'a été appelée, on présume qu'il est mort philosophiquement ; car la premiere démarche du confesseur auroit été d'exiger, suivant l'esprit de la religion, qu'il se réconciliât avec madame *Barthe*.

18 *Juin.* Il est question de réaliser enfin l'établissement d'une *Ecole de natation*, dont on parle depuis long-temps. Le prévôt des marchands actuel semble avoir envie de se signaler par cette ins-

titution. Le sieur *Turquin*, l'auteur des *Bains Chinois*, si bien imaginés, a donné sur cela un projet dont le plan, les dispositions & le régime avoient été approuvés de l'académie royale de médecine.

Le champ de l'*Ecole de natation* doit être près de la Grenouillere, suivant le *Prospectus* qu'on en publie. Elle sera publique & particuliere. Les leçons seront divisées en cinq especes.

Celles de la premiere, qu'on peut appeller *Préparatoires*, auront pour objet tous les mouvements qu'on est obligé de faire pour nager. Par cette raison elles s'enseigneront *à sec* ; c'est-à-dire, le corps vêtu, hors de l'eau, couché & suspendu dans le milieu, sur des machines imaginées à cet effet. Et comme elles seront données à couvert, on pourra les prendre dans tous les temps.

Les membres ainsi disposés aux mouvements de la natation, ils seront répétés dans le bassin destiné à nager, & ils seront dirigés par d'habiles maîtres qui ne quitteront pas l'écolier qu'ils ne se soient assurés de sa capacité. Ce sera l'objet de la seconde espece de leçons.

Celui de la troisieme sera de le former à nager tout habillé, puisque c'est toujours étant habillé qu'on tombe dans l'eau.

La quatrieme espece de leçons, consistera à faire prendre aux éleves l'habitude de nager en pleine riviere, contre le vent & le courant de l'eau.

Enfin, pour ne rien laisser à désirer sur la natation, son étude sera terminée par l'art de plonger, à l'égard de ceux qui désireront le savoir.

Le sieur *Turquin* instruira encore dans une

autre espece d'étude, non moins agréable & plus souvent utile, c'est de savoir conduire & diriger un bateau ou même une chaloupe, soit à rames, soit à voiles. Celle-ci, étant indépendante de la premiere, doit faire une école à part.

19. Juin. On doit recueillir encore quelques circonstances & détails de la vie de M. *Paon*, célebre artiste, enlevé aux arts par une mort prématurée; d'autant mieux que n'étant d'aucune académie, son oraison funebre ne sera prononcée nulle part.

Il porta ses dispositions pour peindre les batailles, dans les dragons où il entra fort jeune. Les campagnes où il se trouva, servirent également à honorer son service & à lui faire faire des études pour devenir bon peintre. Ayant obtenu son congé, & muni de ses desseins, il se présenta successivement chez MM. *Vanloo* (Carle) & *Boucher*. Tous deux l'engagerent à prendre le pinceau; il se rendit enfin disciple de M. *Cazanova*, dont il devint ensuite le rival. On en peut juger non-seulement par les tableaux du Palais-Bourbon dont on a parlé, mais par ceux qu'on voit à la salle du conseil de l'École militaire. Moins fougueux, moins coloriste que son maître, M. *Paon* étoit plus dessinateur, plus fidele imitateur de la nature. Ses desseins & ses tableaux ont un mérite très-rare & inappréciable : c'est qu'il a été acteur lui-même des scenes qu'il décrit.

Ceux qui ont connu M. *Paon*, assurent qu'il avoit les qualités du cœur très-estimables; qu'il étoit bon fils, bon époux, bon ami; qu'il avoit le caractere brave, franc, loyal & gai. Il étoit sujet à la goutte & trop inquiet sur sa santé. Il s'est tué à force de remedes.

*19 *Juin*. La mort de MM. *Pilâtre de Rozier* & *Romain* n'est que trop confirmée. Le dernier a survécu environ dix minutes après leur chûte, & cependant n'a pu parler. Ils étoient partis très-sérieusement pour se rendre en Angleterre, mais avoient trouvé un courant d'air qui les avoit ramenés, car ils sont tombés en France.

On varie sur la cause de leur catastrophe. On croyoit d'abord qu'elle avoit été occasionnée par le mélange des deux procédés du feu & de l'air inflammable. On veut aujourd'hui l'attribuer à la vétusté de la machine, à la soupape qui jouoit mal, aux qualités vicieuses des matieres employées. C'est un problême qu'on ne pourra bien éclaircir que par un historique circonstancié des faits. Tout ce qu'on peut dire, c'est que les physiciens regardoient la machine comme très-mal imaginée, & son auteur comme un ignorant, comme un téméraire imbécille de ne l'avoir pas essayée avant.

20 Juin. Le comité du musée institué par le sieur *Pilâtre*, s'est assemblé extraordinairement sur la nouvelle de sa mort. Il a nommé quatre commissaires; savoir, MM. *de Flesselles*, *de Gouffier*, *Cailhava* & *Bontems*, pour aviser aux moyens de remplacer cet illustre chef. Il a été arrêté en même temps dans cette délibération d'envoyer une lettre circulaire à tous les membres, pour les instruire de la fatale nouvelle & les inviter à donner leur avis.

20. Juin. On nomme dans le public M. *de Chamfort*, de l'académie françoise, pour succéder à M. *Cherin*, dans la place d'historiographe de l'ordre du Saint-Esprit. Les appointements qu'on y avoit attachés en faveur de M. *de Saint-Foix*, lorsqu'elle fut créée, font de 2,000 livres ; mais il n'y a rien de décidé encore ni fur l'un ni fur l'autre.

21 *Juin.* On affure que les 2,000 livres de penfion dont jouiffoit le fieur *Pilâtre*, font confervées à fa mere & à fes sœurs.

21 *Juin.* D'après les principes établis dans le livre de M. le comte *de Mirabeau*, fur la caiffe d'efcompte, le miniftre croit devoir, pour le maintien de la machine, en diriger les principaux mouvements. En conféquence le 8 juin, les adminiftrateurs de cette compagnie furent mandés au contrôle général : ils étoient accompagnés des principaux actionnaires, & au lieu de laiffer ces meffieurs régler leur dividende comme ci-devant, dans leur affemblée générale, on y débattit la queftion devant le miniftre. Il décida que ce dividende, la matiere de tant de conteftations, de tant de brochures, de tant de pamphlets, feroit modéré & fixé déformais à 150 livres par femeftre, & que le furplus des bénéfices feroit réparti ou réfervé dans certaines proportions ; ce qui doit être la matiere d'un arrêt du confeil : ainfi voilà les actionnaires fous le joug du gouvernement.

21 *Juin.* Quoiqu'il y ait à Rennes & à Nantes, les deux villes principales de la Bretagne, des places convenables pour y ériger la ftatue de *Louis XVI*, fuivant le vœu des derniers états ; pour ne point exciter des plaintes entre celles-ci, & même les autres de moyen ordre défiftant toutes de poffédér ce monument, les députés des états en ont remis la décifion à S. M. elle-même. Ils l'ont fuppliée de choifir, & c'eft Breft qui a été nommé.

D 6

Aucun artiste n'est encore chargé d'en dresser le plan; les députés invitent ceux qui voudront en imaginer de les leur adresser.

22 *Juin*. C'est sur les représentations de M. l'archevêque d'Aix, qui est à la tête du bureau de la religion, dont est membre aussi l'archevêque de Vienne, que le clergé a fait de nouveaux efforts pour demander la suppression de l'édition nouvelle & complete des œuvres *de Voltaire* : suppression qu'on n'a pu lui refuser; mais l'arrêt qui l'ordonne, a été dressé avec si peu de soin, que l'énoncé même porte à faux, puisqu'on supprime les trente premiers volumes imprimés, quoiqu'ils ne le soient pas, & que ceux publiés soient pris indistinctement au commencement des œuvres, au milieu & à la fin.

Au reste, quoiqu'on y fasse dire à S. M. qu'elle voit avec douleur entre les mains de ses sujets une collection d'écrits, dont partie blesse la religion, les mœurs, &c.; qu'elle ordonne d'en apporter les exemplaires à la chambre syndicale de Paris & autres; on avoit si peu d'envie d'effectuer cette destruction, qu'on a fait avertir le sieur *de Beaumarchais* de vuider ses magasins avant qu'on en fît la visite.

Les représentations du clergé portoient sur les précautions que l'éditeur avoit prises de multiplier tellement les diverses éditions de l'ouvrage, & de les mettre à des prix si modiques, que toutes les classes de lecteurs pussent s'en pourvoir, & qu'aucune n'échappât à la corruption.

22 *Juin*. La cinquieme nouveauté donnée par les François avant-hier, est encore tombée. C'étoit une comédie en trois actes & en vers, ayant pour titre : *l'Epreuve délicate*. C'est un sujet pris

d'un conte de M. Marmontel, déjà mis sur la scene italienne & joué aux boulevards. L'auteur est M. Grouvel, attaché à M. le prince de Condé en qualité de secretaire. Il avoit fait jouer sa piece à Chantilly devant le prince & sa cour. Elle avoit été goûtée, & il s'étoit flatté que le public de Paris auroit la même indulgence. Il a été jugé, au contraire, avec la plus grande sévérité, avec dureté même, & le tumulte étoit si grand & si indécent, lors des dernieres scenes, que personne n'a pu les entendre. Comme M. Grouvel est jeune, que la comédie exige plus de maturité que la tragédie, il peut être moins malheureux une autre fois.

23 Juin. L'ouvrage sur l'ordre de Cincinnatus, de M. le comte de Mirabeau, annoncé & désiré depuis long-temps, commence à percer, & ceux qui l'ont lu en sont fort contents.

23 Juin. On peut se rappeller ce qui a été dit il y a quelque temps du drame d'Agnès Bernaud. Il a été joué avant-hier aux Italiens avec plus de succès que la tragédie d'Albert & Emilie aux François; même sujet, tiré du théâtre allemand. Il paroît que M. Milcent, auteur du drame, s'est moins écarté du sujet que M. Dubuisson, l'auteur de la tragédie, & c'est sans doute ce qui lui a valu son triomphe. On assure cependant que la piece allemande dans la simple traduction est encore infiniment supérieure. M. Milcent a mis son drame en quatre actes & en vers libres.

Au reste, la réussite n'a pas été complete. Il faudra que M. Milcent élague beaucoup de trivialités, des scenes entieres, des personnages même oiseux, & soigne sur-tout mieux son style. Il faut aussi que Mlle. Pitrot, qui fait le rôle d'*Agnès Bernaud*, & qui joue très-bien la pantomime, tâche de faire mieux sortir sa voix & d'être entendue. Il faudra en général que les acteurs sachent mieux leur rôle & soient plus sûrs de leur jeu.

24 *Juin*. M. l'abbé *Giraud Soulavie* donne comme une suite des pieces relatives à l'*Histoire naturelle de la France méridionale*, une *consultation* contre l'abbé *Barruel*, prêtre du diocese de Viviers, aumônier de madame la princesse *de Conti*, auteur des *Helviennes* & du libelle intitulé : *Genese selon M. Soulavie.* Elle est du 16 avril 1785, & signée de plusieurs jurisconsultes savants ou célebres.

Après un historique des faits, plus précis, plus clair, mieux enchaîné que dans le mémoire de l'abbé *Soulavie*, on établit dans cette consultation deux propositions très-importantes :

1°. L'action de l'abbé *Soulavie* est bien fondée, en ce que le libelle de son adversaire, qualifié tel par son contenu & par ses accessoires, puisqu'il n'est revêtu d'aucun nom d'auteur ni de libraire, d'aucune approbation, & qu'il s'est publié en contravention aux réglements ; ce libelle donc attaque d'une maniere atroce & calomnieuse l'ouvrage & la personne de l'abbé *Soulavie*.

2°. L'abbé *Barruel* est d'autant plus coupable, qu'il savoit que l'ouvrage de l'abbé *Soulavie* étoit légalement approuvé, & que c'est dans un livre clandestin qu'il s'est permis de l'attaquer.

Ces deux vérités établies jusqu'à la démonstration par une logique suivie, lumineuse & pressante, il en résulte l'impossibilité que les magistrats mettent les parties *hors de cour*, comme le désire l'adversaire, & n'accordent pas à celui qui est si horriblement calomnié, toutes les réparations qui lui sont dues.

La consultation ne prononce pas au reste sur la nature du tribunal, ne décide point si l'affaire revendiquée par l'officialité doit y rester ou non. Mais on y voit du moins avec plaisir que le procès subsiste.

24 *Juin*. L'ordre des avocats auroit bien désiré que l'arrêt de la chambre des comptes contre Me. *Pincemaille*, ayant été imprimé & affiché, signifié même à domicile, ce qui est absolument insolite contre un membre de l'ordre; celui qui réforme cet arrêt eût aussi la même publicité : mais les pusillanimes craignant de ne pas obtenir un pareil acquiescement, ont été d'avis de ne pas insister. Seulement la minute de l'arrêt doit être déposée à perpétuité à la bibliotheque des avocats, & une expédition en doit être adressée à chaque colonne, afin que tous les confreres en puissent prendre connoissance.

25 *Juin*. Le *mémoire* pour *Jean-François-Charles de Molette, comte de Morangiès, maréchal des camps & armées du Roi*, commence à se publier sous ce titre. Il n'y nomme point en tête son adversaire, qui réellement est son fils. Le sujet de la contestation est au fond tel qu'on l'a raconté. En outre, il réclame différentes pensions que faisoit celui-ci tant à l'auteur de ses jours, qu'à sa sœur. Il est aisé de juger par le récit des faits que le fils est déjà, pour le moins, aussi mauvais sujet que son pere; qu'il est soufflé par deux de ses oncles, le baron *de Saint-Alban* & le chevalier *de Morangiès*, qui ne valent pas mieux. Dans le cours du mémoire, où c'est le pere qui

parle, on trouve des réticences terribles. Il menace son fils, s'il s'obstine dans son agression injuste & scandaleuse, de révélations à faire frémir..... Si l'on en croit les bruits de société, le marquis *de Morangiès* a vécu avec sa sœur, a cueilli la fleur de son innocence, & lui conteste aujourd'hui son état, sans doute afin d'atténuer son crime ; mais il lui conteste en même temps une pension & une donation qu'il lui a faites. En général, on ne découvre que vilenie & horreur dans ce procès, qu'on travaille à assoupir.

Ce mémoire, de Me. *Martineau*, est précis, clair & point mal écrit.

25 *Juin*. Extrait d'une lettre de Boulogne du 18 juin..... « La vérité en tout est fort difficile à découvrir. Vous ne croiriez pas qu'un fait qui s'est passé à la vue de tant de milliers de spectateurs soit encore problématique, & peut-être le restera-t-il toujours. Il s'agit de savoir à quelle cause attribuer la catastrophe du malheureux *Pilâtre*, & de son compagnon le sieur *Romain*, un des artistes employés à la construction de la machine aérostatique combinée, de l'invention du premier. Je ne puis, quant à moi, que vous en rendre toutes les circonstances, & vous jugerez.

Un vent qui paroissoit favorable pour le trajet, avoit décidé le sieur *Pilâtre* à sortir enfin de la sorte d'exil où l'on le retenoit ici, & à tenter son passage en Angleterre. Le matin du mercredi 15, il s'éleva dans les airs à 7 heures 5 minutes. A 7 heures 35 minutes, on vit voltiger au-dessus du ballon une colonne de flamme, qui fut apperçue par toutes les personnes que l'expérience avoit rassemblées. Le surplus de la machine & les deux aéronautes sont tombés avec une telle rapidité, que ceux-ci ont été moulus dans la chûte. Le sieur *de Rozier* n'a donné aucun signe de vie : les paysans qui se sont approchés d'eux les premiers, disent que le sieur *Romain* paroissoit avoir encore quelques mouvements, mais à peine les a-t-on apperçus. Les deux cadavres ont été trouvés à une lieue de Boulogne, dans la garenne de Wimille, ainsi que la Montgolfiere qui n'a été brûlée ni déchirée, tandis qu'il ne restoit pas vestige du ballon.

Un M. *de la Maison-Fort* l'a échappé belle : il avoit offert 100 louis au sieur *Romain* pour prendre sa place. Celui-ci les avoit acceptés. M. *de la Maison-Fort* avoit déjà un pied dans la galerie ; c'est le sieur *Pilâtre* qui s'y est opposé. Quant à madame *de Saint-Hilaire*, la rivale de madame *Tible*, elle n'a pas eu heureusement assez de patience, & elle s'étoit lassée d'attendre. »

25 *Juin*. Quoiqu'on assure que la part des comédiens françois se soit montée à 30,000 livres pour l'année derniere, ils ne sont pas encore contents d'un pareil bénéfice. Depuis long-temps ils supportoient très-impatiemment les petits spectacles, dont le nombre s'accroît tous les jours. On parle d'un mémoire qu'ils font enfin paroître, où ils en demandent la destruction, ou tout au moins la réduction, & l'affaire est, dit-on, portée à la grand'chambre. On ne doute pas qu'elle ne soit bientôt évoquée au conseil.

26 *Juin*. Les quatre commissaires nommés par le comité ou conseil du musée, pour en suivre les affaires pendant l'anarchie qu'y cause la mort de son chef, ont écrit ces jours-ci une autre lettre circulaire à tous les membres, pour leur apprendre l'importante nouvelle que Monsieur a

bien voulu promettre la continuation de sa protection pour cet établissement, & trouver bon qu'il portât toujours son nom, & eût un suisse à sa livrée. En conséquence, ils annoncent que les travaux reprendront leur cours ordinaire, à commencer du lundi 27 de ce mois.

Ce billet est daté de l'hôtel du Musée, le 23 juin 1785.

26 *Juin.* M. *Dubucq* n'est point resté dans le silence depuis qu'on a réfuté son mémoire pour les planteurs. Il en publie un autre, très-volumineux, qui est comme son *ultimatum.* Il est à trois colonnes; dans l'une il reprend les propositions de son *Pour & Contre*; dans l'autre, il a classé la réponse de ses adversaires; & dans la troisieme il met sa réplique. Ceux qui ont lu cette derniere, assurent qu'elle vaut mieux que le *Pour & Contre*, qu'il y a plus de clarté, de méthode & de style.

26 *Juin.* Les comédiens italiens ont joué hier une nouveauté en un acte & en vers. C'est une piece mêlée d'ariettes, dont le sujet est tiré d'un conte de M. *Marmontel*, intitulé : *l'heureux Divorce.* Le poëte y a substitué le titre de la *Réconciliation heureuse.* Ceux qui se rappellent le conte, le disent charmant, mais tout-à-fait gâté par l'auteur de la comédie, au point de l'avoir, sous sa nouvelle forme, rendu froid, sans intérêt & insipide. Il a été reçu par le public avec la plus parfaite indifférence. Quant au musicien, comme c'est son début, on ne peut encore juger de son talent, qu'il n'a pu faire valoir dans cette production triste & sans rien de piquant. On peut seulement lui reprocher le

mauvais choix qu'il faisoit en s'essayant sur un pareil fond.

16 *Juin.* On sait que cette assemblée-ci est la derniere époque des délais accordés au clergé pour produire ses titres d'exemption de ne point contribuer aux impôts, & de n'être pas taxé à l'instar des autres sujets. On parle beaucoup d'un savant mémoire, composé par l'archevêque d'Aix en faveur de son ordre: on assure que c'est un chef-d'œuvre ; mais il n'est point encore public.

On ajoute que l'archevêque de Vienne a composé aussi un mémoire sur cette matiere, où il va plus loin que son confrere & prétend que le clergé est souverain en France.

27 *Juin. Mémoire & consultation sur la cause pendante en la grand'chambre du parlement, entre les comédiens françois, le sieur Nicolet & les autres entrepreneurs de spectacles forains.*

Tel est le titre du factum, très-court, qu'on a précédemment annoncé. Il paroît que la cause est déjà engagée depuis long-temps ; que les premiers ont lâché plusieurs exploits de demande donnés aux sieurs *Nicolet* & *Audinot*, auxquels ces entrepreneurs ont fourni des défenses des 16 janvier & 16 juillet 1778 ; ce qui n'est pas nouveau. Enfin on parle d'une sommation faite le 30 octobre 1781, à l'entrepreneur des *Variétés amusantes*. C'est l'acte juridique le plus récent que l'on cite.

Les demandes des comédiens françois sont à ce que les arrêts de la cour des 22 février 1707, 11 mars 1708, & 2 janvier 1709, soient exécutés selon leur forme & teneur. En conséquence, que défenses soient faites aux forains &

à tous autres, de plus à l'avenir employer leurs théâtres à d'autres usages que ceux pour lesquels ils sont établis, ni d'y jouer autre chose que des jeux & danses de corde, de simples parades & pantomimes, telles qu'elles se jouent au dehors de leurs spectacles. Que défenses leur soient pareillement faites de prendre à l'avenir plus de douze sous pour les premieres places, & d'avoir plus de six violons & dix danseurs ; le tout à peine de 3,000 liv. d'amende, & de démolition de leur théâtre.

Leurs titres sont l'ordonnance de *Louis XIV*, du 22 octobre 1680, réunissant les deux troupes de *Moliere* & de l'hôtel de Bourgogne ; les arrêts de la cour, & les lettres ministérielles qu'ils produisent.

A la fin du mémoire sont deux consultations des 28 mai & 9 juin 1785, des avocats formant le conseil de la comédie, & de Mes. *Alix* & *de Lamalle*, jurisconsultes extraordinaires.

27 *Juin*. Le journal de Paris ; après une interruption de vingt-trois jours, a reparu aujourd'hui sans aucun avertissement, sans aucune excuse au public. Comme les rédacteurs y ont joint une partie des numéros marquant, il est à présumer qu'ils se proposent de remplir la lacune. Ce sont, malgré les bruits qui ont couru à cet égard, toujours les mêmes quatre propriétaires: MM. *Corencé*, *Romillies*, *Cadet* & *Dussieux*. Mais ces événements n'arrivent point sans entraîner quelque échec. On parle sur-tout d'une pension forte dont ils sont grevés en faveur de monsieur *Suard*, intrigant qui, sans rien faire, se fourre par-tout, se mêle de tout, & met à contribution les parties de la littérature qui lui sont les

plus étrangeres. Sous prétexte d'empêcher désormais qu'il n'arrive indiscrétion pareille à celle qui a causé la suspension du journal, il s'est fait donner le titre de reviseur général de cette feuille.

28 *Juin*. On a vu l'historique tracé par le sieur *Audinot*, dans son mémoire, de la naissance, des progrès, des contrariétés de son spectacle; il est bon de comparer celui de la comédie françoise relativement à tous ces intrus, ces chambrelans, contre lesquels elle s'éleve.

Dans l'origine des spectacles sous *Louis XIV*, il y avoit eu jusqu'à quatre troupes de comédiens: celle de *Monsieur*, celle de *Mademoiselle*, celle de *Mad. la Dauphine* & celle de *Moliere*. Deux s'étoient dispersées d'elles-mêmes, lorsque ce monarque détruisit la troupe de l'hôtel de Bourgogne pour ne conserver que celle de *Moliere*. Dans le mémoire de la comédie françoise, on prétend que la concurrence, utile dans les arts & le commerce, est nuisible à l'égard des talents du génie; qu'elle ne peut les multiplier & qu'elle ne fait qu'affoiblir leurs forces en les divisant. Tel fut l'esprit de l'ordonnance de *Louis XIV*, déposée dans les archives de la comédie. S. M. réunit les deux troupes *pour n'en faire à l'avenir qu'une seule, afin de rendre les représentations des comédiens plus parfaites. Pour lui donner moyen de se perfectionner de plus en plus, sadite majesté veut que sa seule troupe puisse représenter dans Paris.*

Les débris des troupes supprimées voulurent, vers la fin du siecle, faire une tentative pour leur rétablissement. La police, surprise, en autorisa quelques-unes, entr'autres le spectacle de la demoiselle *de Villiers*, sous le titre de *petits co-*

médiens françois. *Louis XIV* fit fermer cette salle.

Au commencement du siecle une troupe de danseurs de corde, qui ne pouvoit donner ses jeux que pendant la durée de la foire Saint-Germain, ayant représenté les ouvrages de quelques auteurs mécontents des comédiens françois, ceux-ci se pourvurent au parlement; & en 1707 fut rendu arrêt qui défendit à ces farceurs & à tous autres, *de repréſenter, ſoit dans l'enclos des foires, ſoit dans tout autre endroit, aucune comédie dialoguée ou autre divertiſſement ayant rapport à la comédie.*

En 1708, nouvelle tentative de ces mêmes danseurs; nouvel arrêt du 21 mars, qui réitera les mêmes défenses, à peine de 1,000 livres d'amende.

En 1709, pour avoir contrevenu à l'arrêt, l'amende fut déclarée encourue. *Et, en cas de récidive, permis aux comédiens de faire démolir le théâtre des danſeurs de corde.*

L'opéra comique prit naissance quelques années après. Quoique ce genre fût étranger à la comédie françoise, dans la crainte d'empiétements, il fut dit, dans son privilege: *Qu'on n'y joueroit aucune ſcene de comédie qui ne fût chantée.*

Ces défenses furent transgressées plusieurs fois, &, sur la réquisition des comédiens en 1744, M. le comte *de Maurepas*, comme secretaire d'état au département de Paris, expédia un ordre du Roi, qui *défendit aux acteurs de ce ſpectacle de repréſenter aucune ſcene qui ne fût chantée.*

Ainsi pendant soixante ans & plus, le privilege & les droits de la comédie furent respectés, & les infractions punies par les magistrats.

Ce fut vers 1764, que les ressorts de cette sage politique commencerent à se relâcher. *Nicolet*, qui jusques-là n'avoit joué qu'aux foires, obtint permission de jouer sur le boulevard, lorsque les foires fermeroient. Toutes les troupes foraines obtinrent bientôt la même faveur, avec la condition expresse, il est vrai, *de ne pouvoir chanter, ni parler*. Mais quatre ans après, ils chanterent & parlerent impunément. Les autres spectacles devinrent presque déserts. La comédie françoise en particulier fut obligée de fermer plusieurs fois pendant la semaine, faute de spectateurs, & il reste encore des vestiges des emprunts qu'elle fut obligée de faire pour se soutenir.

Les comédiens eurent recours à *Louis XV*, qui ordonna à M. le duc *de la Vrilliere* d'écrire au lieutenant-général de police, pour lui annoncer que l'intention de S. M. est *que les priviléges de ses comédiens soient conservés en leur entier.* Il fut réglé qu'aucun spectacle forain *n'auroit plus de six violons & plus de dix danseurs*, & que les places seroient réduites à 24, 12 & 6 sous. Enfin, sentence de police du 14 avril 1768, qui ordonne que les spectacles forains ne pourroient *jouer que de simples bouffonneries & parades.*

C'est au mépris de tous ces arrêts, réglements & ordonnances du Roi, que *Nicolet* a depuis joué de véritables comédies & des pieces à grand spectacle ; qu'il a trente acteurs appointés, vingt instruments de musique dans son orchestre, soixante danseurs ; qu'au lieu de simples loges de foire, il a de véritables salles de spectacle ; que *Audinot*, qui d'abord avoit paru modestement avec des comédiens de bois, a fini par avoir de vrais comédiens & des comédies ; qu'on a protégé de même un sieur *Tessier*, un sieur *Sarni*, un sieur *l'Ecluse*, un sieur *Parisot*, & tout récemment les sieurs *d'Orfeuille* & *Gaillard*, érigeant le théâtre des *Variétés amusantes* en vrai rival de la comédie françoise.

Telle est, suivant le mémoire, la marche des usurpations faites sur le théâtre françois; telle est la cause de sa décadence actuelle. Cette multiplicité de singes a entraîné la perte du goût & la prostitution des talents.

29 *Juin*. Entre les ouvrages posthumes de M. *Barthe*, il faut distinguer un poëme de l'*Art d'aimer*, très connu, qu'il lisoit avec complaisance dans les sociétés, & dont on dit beaucoup de bien. On assure qu'il est supérieur à tout ce que nous avons en françois sur ce sujet, où les plus habiles maîtres, & même le *Gentil Bernard*, qu'on y auroit cru plus propre qu'un autre ont échoué.

29 *Juin*. On assure que M. le comte *d'Artois* vient d'acquérir la précieuse bibliotheque du marquis *de Paulmy*, composée d'environ cinquante-huit mille volumes. Le propriétaire en conserve la jouissance sa vie durant, & touchera, dit-on, 400,000 liv. de la vente.

30 *Juin*. Il n'y a rien de décidé en effet sur les différentes places de M. *Cherin*. M. *Berthier* est commis *par interim* pour exercer la charge de généalogiste des ordres du Roi, & continuer à travailler sur les objets dont le défunt étoit chargé, jusqu'au temps où il plaira à S. M. de nommer à cette charge.

30 *Juin*. *Claude & Claudine* est un opéra comique en un acte & en vaudevilles, qui depuis quatre ans avoit été reçu des comédiens italiens
avec

avec transport, par acclamation, & depuis étoit-resté-là. Ils l'ont joué enfin avant-hier; & il a été fort mal accueilli, en ce que c'est une niaiserie où il n'y a ni fond ni détails. A la fin se trouvent, suivant l'usage des plats auteurs, quelques couplets d'adulation pour le parterre. Un d'eux a été fort goûté, & l'on a crié, bis. C'est le sieur *Rosiere* qui le chante:

> Quand une piece est applaudie,
> C'est pour nous un très-grand bonheur;
> Cela redouble notre envie
> De plaire encore au spectateur:
> Mais quand l'amateur fait la mine,
> Et ne veut point revoir l'acteur,
> La piece alors est la *Claudine*,
> Et le vrai *Claude* c'est l'auteur.

On attribue cette nouveauté au sieur *Mention*, secretaire du sieur *de Beaumarchais*.

3º *Juin*. Depuis onze ans que le canal souterrain de Picardie, commencé par le fameux *Laurent*, est interrompu, on a parlé plusieurs fois de le reprendre, & il reste dans son état d'imperfection. A la mort de son auteur, le ministere arrêté par les envieux de sa gloire, nomma M. *Tilley de la Barre*, aujourd'hui major des brigades du génie à Hesdin, pour faire examiner les ouvrages par des membres de ce corps qui y avoit toujours été opposé. Leur rapport ne fut pas favorable; ils prétendirent qu'il en coûteroit moins de construire un canal à découvert dans une autre direction, que de terminer le tiers environ qui restoit à faire de celui commencé.

Tome XXIX. E

Ils firent d'ailleurs des objections contre le canal même; ils dirent que, creusé dans le roc, il s'y trouvoit des veines moins solides qu'il faudroit assurer par une voûte. Ce canal de vingt-quatre pieds de largeur, au moyen de trottoirs de quatre pieds de chaque côté, n'en laisse plus que seize pour la navigation. Ces messieurs l'ont jugé trop étroit. Enfin ils ont effrayé sur une navigation souterraine de trois lieues, ce qui pouvoit inviter les scélérats à beaucoup de crimes aisés à commettre dans le silence & les ténèbres, en un lieu qui leur offroit à l'instant un moyen d'ensevelir leurs forfaits. Ces reproches n'ont pu être balancés par l'éloge de l'empereur, dont les paroles mémorables qu'on a citées autrefois, sont gravées à perpétuité sur le roc dans l'endroit où il les a prononcées, c'est-à-dire, dans une portion du canal, élargie exprès pour cet essai.

M. *Laurent de Lyonne*, le neveu du défunt, qui suivoit les travaux sous lui, indigné de tant de retardement a présenté, il y a deux mois environ, un mémoire, où il renverse d'abord le projet de messieurs du corps du génie, & démontre l'impossibilité de construire un canal à découvert dans la direction indiquée, par le défaut d'eau suffisante. Il certifie ensuite qu'il ne faudra pas une somme très-considérable pour consommer le projet déjà exécuté en grande partie. Il offre de le faire à ses frais, pourvu qu'on lui avance seulement cent mille écus, & ne demande rien au-delà si les dépenses excedent le devis présenté. Le Roi frappé de ce mémoire, l'a remis à des commissaires qui doivent prononcer définitivement.

1 *Juillet* 1785. M. l'abbé *de Barruel* n'a pas

tardé à faire paroître sa *seconde réponse* à Monsieur l'abbé *Giraud Soulavie*.

1°. Vous m'imputez ce que je n'ai point dit, & le contraire même de ce que j'ai écrit formellement.

2°. Par des applications forcées & parfaitement opposées au caractere de ma réfutation, vous dénaturez ce que j'ai réellement écrit.

3°. Vos applications, fussent-elles une suite nécessaire de ce que j'ai écrit, je les soutiendrois toutes fondées sur vos ouvrages.

Tels sont les trois points de défenses de l'auteur des *Lettres provinciales philosophiques*. Au reste, il traite tout cela sommairement & son mémoire n'a pas en cette partie huit pages in-4.

Son grand cheval de bataille consiste en trois tableaux qu'il qualifie d'*intéressants*.

Dans le premier il met *Moyse* d'un côté & M. *Soulavie* de l'autre: c'est-à-dire, les propositions de celui-ci accolées du texte de la Genese, & il en conclut qu'il a droit de dire à son adversaire: *Vous avez déchiré les premieres pages de la révélation; un petit philosophe à système ne s'y prendroit pas mieux pour les dénaturer*.

Dans le second, c'est M. *Soulavie* & la sorbonne. Il suit la même méthode & conclut: Donc dire à M. *Soulavie* qu'il a bravé la sorbonne, ce ne seroit pas une injure, mais un reproche trop justement fondé sur ses écrits publics.

Dans le troisieme enfin, M. *de Barruel* oppose M. *Soulavie* à M. *Soulavie*, & prétend le trouver évidemment en contradiction avec lui-même, quand il essaie de répondre à la critique de son antagoniste, ou de prouver que celui-ci a falsifié les écrits de M. *Soulavie*.

« Tout cela est assez adroit, mais non sans réplique. On voit que M. *de Barruel* élude tant qu'il peut le vrai point de la question, & se retranche dans le dogme théologique, qui ne fait presque rien au fond pour les magistrats.

2 Juillet. Voici une épitaphe de M. *Pilâtre de Rozier* qu'on attribue au chevalier *de Cubieres*: elle mérite d'être conservée comme historique, la principale qualité des inscriptions funéraires:

Qu'il est à regretter ce jeune audacieux :
Si le premier des airs il tenta le voyage,
Bientôt précipité des cieux,
Le premier il fit naufrage.

2 Juillet. Le réglement dont on a parlé, digéré d'abord dans une assemblée convoquée entre les chefs de la caisse d'escompte chez M. le contrôleur-général, a été confirmé ensuite dans l'assemblée générale des actionnaires, tenue le 21 juin au jour indiqué, & regardé comme une délibération de la compagnie. Enfin cette prétendue délibération est homologuée par un arrêt du conseil du 26 juin.

On y voit, comme on a dit, d'abord que chaque semestre on prélevera sur les bénéfices cinq pour cent du capital de l'action ; qu'on y ajoutera la moitié de l'excédant des bénéfices, & que l'autre moitié sera jointe à la réserve actuelle.

Ensuite que, lorsque les fonds réservés se monteront à 3,500,000 liv. il en sera joint 2,500,000 liv. au fonds capital des actions, dont chacune augmentera de la sorte de 500 liv.

2 *Juillet*. Les amateurs des nouveautés, des brochures clandestines & sur-tout les ennemis de M. *de Calonne*, sont à l'affût d'un pamphlet qu'on annonce, & qui a pour titre: *Supplément au Journal de Paris*. On dit que c'est une simple feuille imprimée au rouleau; & qui conséquemment ne peut être multipliée à un certain point.

3 *Juillet*. L'ordonnance du Roi dont on a parlé concernant les économies gérants, & sur-tout la police des negres, a causé beaucoup de fermentation à Saint-Domingue: les colons, en général, sont fort mécontents de ne pouvoir plus faire appliquer que cinquante coups de fouet à leurs negres.

Cette ordonnance a été provoquée par un M. *le Noir de Rouvré*, militaire-planteur, qui a l'oreille du maréchal *de Castries*, & plus originairement elle est due à l'humanité du procureur-général du conseil souverain du Port-au-Prince. Ce magistrat par le crédit qu'il a dans sa compagnie, l'a trouvée favorable à l'enrégistrement qui a eu lieu; il n'en a pas été de même au Cap, dont le conseil n'a pas adopté la nouvelle loi. Les negres de cette partie ont été furieux de ne point recevoir dans leur esclavage l'adoucissement qu'éprouvoient leurs camarades dans l'autre moitié de l'isle; on ajoute que beaucoup ont déserté, & se sont réfugiés chez les Espagnols. A l'opéra, vendredi dernier, on en portoit le nombre jusqu'à 30,000; ce qui paroît exagéré de beaucoup. Les nouvelles de la colonie ne parloient dans le principe que de deux habitations considérables entièrement dévastées; mais la contagion peut avoir gagné.

Voilà de quoi fournir matiere aux discussions;

mémoires & représentations du *Club Américain*.

4 *Juillet*. Quoiqu'on convienne assez généralement que M. *Pilâtre de Rozier* n'a péri que par sa faute & son ignorance, en voulant combiner deux procédés incompatibles, on ne cesse d'imaginer en son honneur des épitaphes : en voici une nouvelle plus vive & plus poétique :

Ci gît un jeune téméraire,
Qui dans son généreux transport,
De l'olympe étonné franchissant la barriere,
Y trouva le premier & la gloire & la mort.

4 *Juillet*. Il paroît que la secte des *économistes* regne ailleurs qu'en France, ou plutôt qu'elle n'est en ce royaume qu'une émanation, une branche nouvelle du corps établi depuis long-temps en Allemagne, où il fleurit plus que jamais, où les professeurs de cette classe ne s'amusent pas seulement à calculer les arpents d'un état, & les gerbes de bled qu'ils peuvent produire ; mais où ils ont l'art de peser, de balancer les forces, la puissance, la prospérité de chacun & de les comparer ensemble ; ils ont même créé un mot pour désigner la science de cette partie de l'économie politique, & l'appellent *Statistique*. C'est un certain docteur *Busching* qui brille sur-tout dans ces calculs & en hérisse son journal ; il compte jusqu'aux moutons & aux poules, & ne laisse rien en arriere. M. *Mallet Dupan*, le rédacteur actuel du mercure pour la partie politique, gémit de ne pouvoir imiter son heureux confrere, & d'être réduit à juger des hémistiches & à annoncer des programmes académiques.

5 *Juillet*. Le *Supplément au Journal de Paris* est timbré N°. 178, qui est effectivement celui par où le vrai journal a repris. L'auteur du pamphlet gémit de cette résurrection, qui l'arrête au moment où il prenoit son essor.

A l'article *Physique*, il attribue la mort de MM. *Pilâtre* & *Romain*, à M. *de Calonne*, qui s'est obstiné à voir flotter sur l'Angleterre cette superbe *aéro-montgolfiere* chargée de son nom, de son écusson, de vers à la louange du ministre.

Sous le titre *Changement de Domicile*, on exagere de beaucoup sans doute les dépenses que M. le contrôleur-général fait faire à son hôtel de Versailles & à celui de Paris; on parle d'escaliers de bois de rose, de bois d'acajou, & autres décorations de luxe, plus convenables à la petite maison d'une courtisane qu'à la demeure d'un grave ministre du Roi.

Les *Variétés* forment le paragraphe le plus long. On s'y étend sur les changements dont on a parlé depuis un mois dans certaines places. A en croire l'auteur, M. *de Calonne*, sentant le besoin qu'il auroit d'un ami de confiance qui pût le soulager dans son département, & sur-tout le prévenir contre les surprises qu'on fait sans cesse à sa religion; ayant déjà éprouvé combien la prudence de M. *le Noir* lui a été utile dans la crise nouvelle de la caisse d'escompte, voudroit bien se l'associer, afin de lui céder sa place en entier au premier moment favorable. Son titre seroit: *Président de l'assemblée de MM. les intendants & Maîtres des Requêtes chargés de départements en administration*. On ne doit regarder ces arrangements que comme les spéculations creuses, ou plutôt des suppositions adroites du journaliste pour amener son persifflage & ses méchancetés contre M. *de Calonne*.

Tels sont les articles *fourrages*, *spectacles*, *cours des effets*.

5 *Juillet*. Le *wauxhall de Torré* & le *colisée* sont détruits : le *wauxhall d'hiver* n'est propre que pour cette saison ; le *cirque royal* n'a jamais pu prendre ; *Ruggieri* & la *redoute chinoise* sont bien éloignés ; en conséquence des spéculateurs, attentifs à procurer au public des plaisirs faciles & à sa portée, ont imaginé de construire un *wauxhall d'été* sur le même boulevard où étoit celui de *Torré*, propre à remplacer les petits spectacles de cette partie transportés à la foire Saint-Laurent. Il est en état de s'ouvrir incessamment, & le jour en est fixé au 7 de ce mois.

5 *Juillet*. Sur la réception de l'abbé Morellet à l'académie françoise, le 16 juin 1785 :

 Pour un triomphe aussi complet
 Quel titre a donc ce *Morellet* !
 De l'impiété vrai soufflet,
 Homme d'état par le caquet,
 Contre le malheureux *Linguet*,
 Il a fait un méchant pamphlet,
 Un dictionaire en projet,
 Maint & maint ouvrage ginguet
 Des talents de ce prestolet
 Voilà quel est le produit net :
 Puis son cher neveu l'épauloit,
 Au parnasse le faufiloit
 Et dans la troupe l'enrôloit....
 Sonnez trompette ; à bas, sifflet.

Quoiqu'il n'y ait pas grand sel dans cette épigramme, on y trouve une tournure originale qui la fait sortir de la foule des autres.

6 Juillet. Il paroît que M. le comte *de Mirabeau* a vendu absolument sa plume au ministre des finances ; on en juge par la nature des ouvrages qui l'occupent aujourd'hui, & qu'il avoue lui-même être hors de son genre. On annonce encore de lui une dissertation contre la banque de Saint-Charles ou la nouvelle caisse d'escompte d'Espagne. Son objet est de la décrier.

6 Juillet. Extrait d'une lettre de Pau, du 25 juin.... Le président *d'Abbadie*, sur lequel vous me demandez des informations, est fils d'un huissier de ce pays qui exploitoit à notre parlement, & qui ayant recueilli une grosse succession conjointement avec M. *de Borda*, depuis fermier-général, est devenu successivement conseiller & président de cette même cour. Plusieurs familles conservent par curiosité des exploits signés de lui comme huissier, & des arrêts signés comme magistrat. Ce qu'il y a de plus étonnant, c'est que ce parvenu n'étoit ni homme d'esprit, ni intrigant, ni impudent : il étoit simple, doux, modeste, timide, craignant de se compromettre. Ce n'est qu'à l'instigation de ses amis qu'il osa se présenter, & après avoir en quelque sorte gagné tous les suffrages en prêtant, en donnant de l'argent aux membres disetteux de la compagnie ; moyen efficace dont on lui conseilla d'user : une fois conseiller au parlement, un président qui vouloit vendre avantageusement sa charge, jeta les yeux sur ce richard, & moyennant un bon prix convenu, se chargea de lui faire obtenir tous les agrémens possibles.

Quant au fils, il n'avoit pas originairement

plus de génie que n'en avoit son pere ; il s'est fait recevoir d'abord conseiller au parlement de Paris, où il ne pouvoit être refusé, étant fils d'un président à mortier d'une autre cour ; il a depuis succédé à son pere ; il s'est assez bien conduit durant la révolution ; mais il a eu des chagrins intérieurs : marié à une fille très-bien née, il lui est survenu des enfants, qu'on prétend n'être pas de lui ; on donne même hautement pour pere à l'aîné l'évêque de Tarbes. On est méchant dans cette province. M. le président d'Abbadie qu'on croit fort peu en état de se donner de la progéniture, a été assailli de lettres anonymes, où on lui apprenoit qu'il étoit cocu, où on lui nommoit les heureux mortels qui couchoient avec sa femme, & entr'autres le prélat en tête. Cette persécution lui a causé des vapeurs, dont il convient dans son mémoire : il avoit perdu absolument toute énergie ; il s'étoit retiré dans ses terres, venoit peu au parlement, & sembloit tombé dans une sorte d'imbécillité. Cependant il n'étoit nullement dans le cas de l'interdiction, ni par sa conduite, ni par ses propos ; il étoit même à la tête d'un parti dans le parlement qui est fort divisé, mais comme simulacre, par sa dignité de président & n'auroit pu en être, l'ame ; c'étoit le parti mixte au surplus, qui n'exigeoit ni de grands mouvements, ni de grands sacrifices.

C'est dans ces circonstances que lui est survenu la succession de M. *de Borda*, dont il a dû recueillir la moitié, & c'est, lorsque il est occupé à ses affaires, éloigné de cent cinquante lieues de sa compagnie, qu'on prononce contre lui une interdiction provisoire. C'est sans exemple : il a un vilain beau-frere dans ce marquis *du Coudray*, un avare de la premiere espece, qui se feroit fesser pour un écu, & a été amorcé par l'espoir de fourrager plus à l'aise dans la succession, & peut-être de la recueillir un jour toute entiere.

6 Juillet. Livre échappé au déluge, ou Pseaumes nouvellement découverts, composés dans la langue primitive, par S. Arlamech, de la famille patriarchale de Noë ; translatés en François, par P. Lahceram, parisipolitain. Tel est le vrai titre de l'ouvrage de M. *Maréchal*, annoncé il y a long-temps, mais que les persécutions du fanatisme ont rendu rare, quoique revêtu de l'approbation d'un censeur royal, M. l'abbé *Roy*, en date du 23 juillet 1784, d'un privilege du Roi de la même année, de l'enrégistrement à la chambre syndicale du 8 octobre, en un mot de toutes les formalités exigées en pareil cas, & quoiqu'il ne soit intervenu aucun arrêt du conseil, aucune censure légale pour en empêcher la vente.

L'ouvrage est composé de trente-un pseaumes pour tous les jours du mois. On juge que le seul, ayant pour titre : *contre les Rois orgueilleux*, & aussi *contre la Royauté*, a éprouvé quelque difficulté à la censure, parce que les versets neuf & dix sont restés même lacunés. Ils roulent en général sur des objets religieux, ou sur des points de morale ; il en est de philosophiques. Ils sont tous courts, partagés en versets, pleins de sens, & le moderne psalmiste y a répandu une onction touchante, bien propre à faire profiter ses leçons. Le style correct, élégant, ne manque point en plusieurs endroits d'élévation & de grandes images ; mais plus sage que son modele, il est dénué de ces métaphores outrées, de ces hyperboles gigantes ques du Roi-prophete, & sans doute c'est en cela que se trahit l'auteur profane, qui n'étant point inspiré par la Divinité, ne peut en avoir ni les élans, ni les écarts sublimes.

7 Juillet. L'école vétérinaire d'Alfort soûtient la réputation qu'elle s'est acquise depuis son institution. Les royaumes étrangers s'empressent d'y envoyer se former des sujets destinés à cet art. De ce nombre sont les sieurs *Estevez* & *Malatz*, au service du Roi d'Espagne en qualité de maréchaux-majors, l'un du régiment des dragons d'*Almanza*, & l'autre des dragons de *Lusitanie* : ils ont répondu par leurs progrès aux vues de sa majesté catholique ; ils ont paru à deux concours & s'y sont distingués en satisfaisant aux questions les plus difficiles sur l'ostéologie & la myologie comparées, de façon à obtenir les prix des deux concours.

7 Juillet. Le *Wauxhal d'été* a fait en effet son ouverture aujourd'hui avec un temps peu favorable : aussi l'empressement des amateurs n'a pas été grand. Ce lieu consiste en un superbe salon d'assemblée, dans lequel est un orcheste pour la danse, & en un jardin destiné à des fêtes de différents genres.

Cet édifice est construit sur les plans & la conduite du sieur *Melan*, architecte : le décore a été exécuté par le sieur *Munich*, peintre décorateur : ce sont ces mêmes artistes qui ont travaillé à la redoute chinoise.

L'entrée du wauxhall d'été est sans noblesse ; elle est mesquine, étroite & triste. Le salon est en baignoir dans le goût de celui de la foire Saint-Germain, mais plus en grand & avec des ornemens plus sévères. On n'y a point trouvé assez de sieges ni de commodités pour le public. L'emplacement, du reste, en est bien ménagé & pas une fenêtre d'où l'on n'ait un point de vue. Au dessus est un café vaste & d'une tournure pittoresque. Le jardin n'est pas assez étendu ; le terrain est ménagé avec goût, & l'on en a tiré tout le parti possible.

Les directeurs comptant sans doute sur la curiosité du public, ne se sont point mis en frais d'aucune fête. Tout le spectacle consistoit dans l'illumination du salon & du jardin ; l'une & l'autre n'avoient rien de brillant. Du reste, des contredanses exécutées par des enfants choisis de l'un & l'autre sexe, destinés à cet usage & propres à amuser un moment par un talent qui seroit admiré, si les théâtres de toute espece n'en offroient journellement de plus agréables & de plus savants.

L'abord de ce nouveau wauxhall placé dans une espece de cul-de-sac est incommode & embarrassant. A moins que les directeurs n'imaginent des fêtes propres à leur amener la foule, cet essai ne leur promet pas un succès considérable.

7 *Juillet.* Les craintes des bons citoyens se réalisent, & il est constant aujourd'hui que M. *le Noir* quitte l'administration de la police ; depuis un mois, le gouvernement est occupé à lui choisir un successeur ; de tous ceux mis sur les rangs aucun n'a cette place ; les uns ont refusé, les autres ont été éconduits ; enfin l'on dit ce soir que c'est M. *Thiroux de Crosne*, intendant de Rouen, qui accepte.

8 *Juillet.* Il paroît que les représentations de *Pizare* sont totalement suspendues ; on reproche sur-tout à cet opéra un défaut d'intérêt ; ce qui

a donné lieu au calembour suivant; on prétend que l'auteur du poëme, qu'on appelle le chevalier *Duplessis*, est de race juive : en conséquence on dit : *voilà la premiere fois peut-être qu'un Juif fait quelque chose sans intérêt.*

Ce même chevalier *Duplessis* est fort tranchant, fort dénigrant des poëtes ses confreres; un jour que dans le foyer des actrices il s'écrioit qu'il ne connoissoit pas de plus mauvais auteur lyrique que M. *Guillard* : « Ah ! » lui dit le sieur *Cheron*, acteur plein d'esprit, de gaieté & de finesse : « ah ! monsieur le chevalier vous vous oubliez. »

8 *Juillet.* On assure que la brochure de M. le comte *de Mirabeau* contre les actions de la banque de Saint-Charles, a produit l'effet qu'en désiroit le gouvernement de France ; savoir, de dégoûter les sujets d'en acquérir & de les préférer aux papiers royaux. La fureur étoit telle, que ces actions de cinq cents livres de France étoient déjà montées à 750 livres. Elles sont réduites de beaucoup & se décréditent journellement.

8 *Juillet.* Extrait d'une lettre de Pau, du 30 juin. L'état des membres du parlement réclamants est toujours le même, & non-seulement on ne leur donne point les places vacantes, à mesure qu'il y en a comme le porte l'édit ; mais on ne les dédommage en rien : un seul a eu l'agrément de passer à la cour des aides de Montauban. On semble leur contester jusqu'à la qualité d'anciens officiers de la cour, & vouloir les empêcher de jouir des exemptions, honneurs, prérogatives qui y sont attachés, & ce suivant encore les termes de l'édit ; c'est pour prévenir ces difficultés qu'ils viennent de faire un nouvel effort & d'envoyer un député à Paris, pour demander des lettres

d'honoraires. Peut-être réussiront-ils auprès de M. le garde-des-sceaux ; mais dans le cas même, à quoi leur serviront ces lettres sans enrégistrement ? Or je suis convaincu, de la maniere dont les têtes de nos magistrats sont montées, qu'ils s'y refuseront.

Du reste, notre parlement n'est ni aimé, ni estimé dans la province ; il fait tous les jours des sottises : vous en avez un échantillon dans l'interdiction qu'ils ont prononcée contre un de leurs présidents, M. *d'Abbadie*, absent, & sans qu'il ait été interrogé en aucune maniere.

Par une contradiction révoltante, dès la premiere année ils n'ont pu se refuser à députer vers le premier président actuel M. *de la Caze*, le fils, pour le féliciter sur son début dans cette place, où il développoit toutes les qualités du cœur & de l'esprit qu'on pouvoit désirer : & malgré cela, ils continuent à faire schisme avec lui, à ne le point visiter & à le laisser absolument seul. Il n'en est pas de même du reste de la province ; toute la noblesse & tous les gens faits pour cela sont journellement à sa table & l'aiment infiniment........

9 *Juillet*. Il n'est que trop vrai que M. *Maréchal* a perdu sa place de sous-bibliothécaire pour son ouvrage. Dans un *Précis* qu'il donne de la vie d'*Arlamech*, qu'on sent être l'anagramme de son nom, il dit : « On lui confia la garde d'une vaste » bibliotheque..... il devint le commensal des » auteurs & des fauteurs du mensonge.... Il » daigna hanter les hypocrites & les charlatans » pour apprendre à les démasquer...... » Ce qui portoit à-plomb sur les prêtres & docteurs du college Mazarin, & ne pouvoit que les lui alié-

ser. C'est donc avec un grand empressement que, se fondant sur deux extraits de sa production pieuse insérés dans l'année littéraire, le Sanhedrin résolut de l'expulser.

Un professeur particulier dénonça le *livre échappé au déluge*, comme une parodie burlesque des pseaumes, comme, sous une forme & des expressions religieuses, insinuant l'impiété & l'athéisme. Il dit qu'il avoit d'autant mieux cru devoir requérir la vigilance des sages maîtres, que l'auteur ne craignoit pas de rendre en quelque sorte tout le college complice de son attentat, en y récelant son ouvrage & l'annonçant comme le lieu de la vente.

Sur cette dénonciation, il fut arrêté que le docteur *Hook*, bibliothécaire du college & supérieur immédiat de M. *Maréchal*, l'interrogeroit. Ce qu'il fit en présence du crucifix. Cet acte vraiment dérisoire de la magistrature n'étoit pas propre à ébranler l'accusé. Il n'avoit garde de désavouer ou de rétracter un ouvrage auquel il avoit mis son nom, & qu'il avoit soumis à l'autorité. En conséquence il lui fut déclaré que les sages maîtres ne pouvoient plus garder parmi eux un faux-frere aussi dangereux.

En outre, le grand-maître *Riballier* s'étant plaint à M. le garde-des-sceaux qu'il eût accordé un privilege pour ce livre scandaleux; le chef de la justice manda le censeur, l'abbé *Roy*, qui se disculpa & dit qu'il étoit prêt à soutenir par des passages de l'écriture sainte toute la doctrine du patriache *Arlamech* : cela n'eut pas d'autres suites pour lors.

M. *Maréchal*, devenu libre, s'est permis une petite vengeance contre ses critiques & ses persécuteurs.

Il leur a répondu par un dernier pseaume inséré au journal des Deux-Ponts; il les y tourne parfaitement en ridicule, & toujours dans le style doucereux & mystique des dévots. Les prêtres ont jeté feu & flammes; ils ont eu de nouveau recours à M. *de Miromesnil*, qui a remis la production patriarchale entre les mains du grand-maître du college de Navarre, afin qu'il l'examine & lui en rende compte. Du reste, le journal de Deux-Ponts est arrêté, il n'en a paru depuis aucune feuille, & l'on ne veut plus en permettre l'introduction que sous la garantie d'un censeur.

9 Juillet. Non-seulement le pere *Hervier* reste toujours interdit des fonctions du saint ministere; mais M. l'archevêque le persécute dans le traitement médical qu'il exerce en sa qualité d'apôtre du mesmérisme: il lui étoit enjoint de ne point visiter de femmes malades; depuis quelque temps il s'étoit institué professeur de la nouvelle doctrine dans son couvent des grands augustins, & y avoit établi un baquet. Le prélat a invité le prieur de ne point souffrir cette innovation scandaleuse dans sa maison, & le pere *Hervier* a été obligé de transporter son école chez M. *d'Harveley*, garde du trésor royal, enthousiasmé du mesmérisme. Ce moine est le chef de la société de l'harmonie le plus accrédité aujourd'hui; il a fait des découvertes aussi dans le somnambulisme qu'il a perfectionné, & le docteur *Mesmer* lui-même se fait un plaisir de l'avouer pour son maître & d'assister à ses leçons.

10 Juillet. On dit que M. *Cabarrus*, Baïonnois qui a donné au Roi d'Espagne le plan de la banque de Saint-Charles, est maltraité étrangement dans l'ouvrage de M. le comte *de Mirabeau* contre le nouvel établissement. Il paroît déjà une brochure en faveur de M. *Cabarrus*, où, sans entrer dans le fond de la question, on venge sa réputation attaquée, & l'on qualifie de libelle le pamphlet du comte. Ces deux ouvrages ne sont pas communs & l'on n'en fait mention encore que sur parole.

10 *Juillet.* Extrait d'une lettre de la Haye, du 27 juin..... M. *Blanchard* est arrivé ici le vendredi 24 ; il se propose d'y faire son douzieme voyage aérien avec deux ou trois personnes ; si la souscription qu'il a ouverte à un ducat le billet, se trouve remplie avant le 10 juillet, il partira peu après.

10 *Juillet.* Extrait d'une lettre de Lyon, du 25 juin.... Avant-hier, veille de la saint Jean, le consulat fit tirer, selon l'usage annuel, le feu d'artifice de la ville sur le pont de pierre. L'édifice représentoit un portique décoré d'un ordre d'architecture, au milieu duquel on voyoit la France personnifiée & assise, s'appuyant sur des instruments d'astronomie, & donnant ordre à un vaisseau prêt à mettre à la voile : près d'elle étoit un coq, emblême de la France & de la vigilance. On lisoit sur la flamme du vaisseau : *voyage autour du monde, commandé par le Roi* ; & au bas ces deux vers :

Au zele de *Louis* que l'univers réponde,
Son but est d'éclairer, non d'envahir le monde.

10 *Juillet.* Extrait d'une lettre de Cherbourg, du 6 juillet..... Il y a un mois en effet que le troisieme cône a été lancé & l'opération a été finie

en sept heures de temps. La caisse a quatre cents cinquante pieds de circonférence, cent cinquante pieds de diametre & soixante de hauteur : dès qu'elle a été en place, la corvette *la Cérès* a tiré sept coups de canon. Le ciel a été serein, l'air doux & la mer tranquille durant toute la manœuvre.

Ce cône a été bientôt suivi de deux autres qui ont eu le même succès. On commence à prendre confiance au projet & la ville se peuple à vue d'œil; elle n'est pas reconnoissable depuis l'été dernier.

1 *Juillet*. Les Anglois évaluent le commerce de l'imprimerie de Paris à près de deux millions sterlings; c'est-à-dire, à quarante-cinq millions de livres tournois environ, & ils confessent que celui de Londres ne monte guere qu'au quart.

11 *Juillet*. Il y a plus de dix-huit mois qu'on annonçoit un journal qui nous feroit connoître toutes les productions Angloises & autres objets intéressants de ce royaume. Enfin ce plan s'effectue sous une forme encore plus étendue. Il a pour titre *le Censeur universel Anglois, ou Revue générale, critique & impartiale de toutes les productions angloises sur les Sciences, la Littérature, les Beaux-Arts, les Manufactures, le commerce, &c.*

Cet ouvrage peut se regarder comme un journal de Londres, propre à faire pendant de celui de Paris; il y en a aussi un numéro par jour: mais ces numéros ne se distribuent qu'une fois par semaine. La premiere livraison a eu lieu le samedi 9 de ce mois.

C'est M. le chevalier *de Sauseuil* qui est en nom & à la tête d'une société de gens de lettres ses coopérateurs du travail & de la rédaction de ce journal : on l'annonce comme dédié & présenté à

Madame; on conçoit qu'il peut être très-intéressant & très-curieux, s'il est fait avec soin, avec goût & sur-tout avec liberté.

12 Juillet. M. *Duries*, professeur de physique & de chymie à Boulogne, chargé de l'examen des bois de la machine Carlo-montgolfiere si funeste aux deux voyageurs, après un procès-verbal très-détaillé, attribue la catastrophe à une cause dont on n'avoit pas encore parlé. Il prétend que l'inflammation du gaz a été l'effet de quelque phénomene électrique ; il ajoute que des spectateurs lui ont dit avoir remarqué à l'instant même du désastre, un petit nuage blanc, de la nature de ceux que les marins redoutent tant, très-voisin de la partie supérieure du ballon : il ne doute pas que l'ignition ne soit provenue du contact de ce météore, au moment où le gaz s'est échappé de la soupape ouverte.

13 Juillet. L'étranger trouvé l'année derniere en Normandie occupe toujours l'attention du gouvernement. M. le chevalier *de Keralio* n'ayant pu en effet en rien tirer, a renoncé à son éducation, & M. *Haüy*, interprete du Roi & l'instituteur des aveugles-nés, s'en est chargé depuis le 14 mars de cette année. Il rend compte de ce qu'il a découvert dans une lettre du 8 de ce mois, en réponse à celle du 6 juin sur le *jeune inconnu*. Toutes deux sont insérées au *journal de Paris*.

M. *Haüy* a commencé par composer un vocabulaire sous la dictée de son éleve, c'est-à-dire, en l'entendant jaser ; ce qui lui arrive fréquemment, car il est bavard.

Il a découvert par ce procédé, 1°. qu'à une fort petite quantité de mots près, l'idiome du jeune homme est une collection assez pauvre de mots françois, très-mal articulés & encore plus mal prononcés.

2°. Que *Tom Tetia* (c'est ainsi que l'étranger se nomme lui-même) est sourd, & son maître craint en outre qu'il n'ait encore un vice naturel dans la conformation de l'organe de sa parole.

En conséquence la société royale de médecine & l'académie royale de chirurgie, ont nommé des commissaires pour examiner ce singulier enfant.

Du reste, *Tom Tetia* commence à écrire clairement ses idées en françois, & M. *Haüy* espere se mettre en état de fournir lui-même des mémoires instructifs sur son origine.

Il pense au surplus avec M. *de Keralio*, que les discours & les manieres du jeune inconnu annoncent une naissance relevée ; & que s'il n'est pas né dans l'Amérique méridionale, il y a du moins fait un long séjour.

Enfin loin d'être imbécille ou un imposteur, comme le supposent des gens peu crédules, *Tom Tetia*, suivant son maître, est au contraire plein de candeur, d'intelligence & même de génie. Il invite les savants linguistes, les physiciens, les marins, les voyageurs, & tous les curieux à venir chez lui pour voir cet être singulier, & communiquer ensemble leurs lumieres à son sujet.

13 *Juillet.* M. le comte *de Villefranche*, de la branche de *Savoie de Carignan*, colonel propriétaire du régiment *de Savoie*, infanterie, au service de France, vient de mourir. C'est lui qui avoit épousé à Saint-Malo Mlle. *Magon de Boisgazin*, dont le mariage avoit été cassé par le

parlement de Paris, & qui persistant dans sa résolution l'avoit fait réhabiliter depuis sans nouvelle contradiction. Comme il y a de cet hyménée un garçon, on est fort embarrassé de ce qu'on en fera.

14 *Juillet*. La défense de M. *Cabarrus* est une *lettre à M. le comte de Mirabeau*, datée du 17 juin 1785. C'est un ami qui l'entreprend & s'en tire en effet parfaitement bien. Il paroît que madame *cabarrus* qui est en ce moment à Paris, s'est trouvée comprise dans les sarcasmes & les calomnies dont on accuse leur détracteur, & l'auteur de la lettre ne lui rend pas moins de justice qu'à son mari, ne la venge pas avec moins d'éclat. On ne peut guere entrer dans le fond de ce petit ouvrage, qu'on n'ait rendu d'abord un compte détaillé de celui auquel il sert de réponse.

14 *Juillet*. Les amis de M. *de Crosne* assurent qu'il ne songeoit point à la place de lieutenant-général de police; que c'est le Roi qui, de son propre mouvement, l'a nommé, & a dit que sur sa liste il ne voyoit que *de Crosne* qui lui convînt. Ce qu'il y a de positif, c'est que cet intendant étoit absent, & n'est arrivé à Paris que plusieurs jours après sa nomination.

15 *Juillet*. Dans sa diatribe contre la banque de Saint-Charles, M. le comte *de Mirabeau* avoue assez ingénument qu'il prête sa plume, c'est-à-dire, qu'il la vend; conséquemment que ce ne sont pas ses propres opinions qu'il va énoncer, mais celles de ceux qui le soudoient. Ce rôle n'est point beau, & donne lieu au lecteur de se défier étrangement de ce que va dire le dissertateur. Il paroît avoir encore plus en vue de

décrier la nouvelle caisse d'escompte en Espagne que son auteur. Il la compare au système de *Law*; il trouve une analogie toute semblable entre les aventures, le caractere, les talents des fondateurs de ces deux banques. Suivant M. *de Mirabeau*, comme *Law*, M. *Cabarrus* a des passions fortes: d'abord, ainsi que son modele, entraîné par les passions qui tiennent à la premiere jeunesse, il semble les avoir toutes concentrées dans l'ambition. Malheureux également par sa famille, il a été obligé de chercher un asyle & des secours dans une terre étrangere. L'Espagne lui a paru le théâtre le plus convenable pour ses talents: il a commencé dans ce pays romanesque à briller par ses amours; il y a séduit une jeune personne & ne l'a obtenue que d'elle-même: il s'est montré bientôt à la cour, & quoiqu'il n'ait d'autres talents que de bien chiffrer, il a étonné les ministres par ses calculs: ils se sont livrés à son impulsion, & plutôt en agioteur rusé qu'en homme d'état, il a fait éclore une banque à l'Espagne. La compagnie des Philippines n'a encore été imaginée que par le même esprit: on apperçoit uniquement dans ces deux établissements les combinaisons de l'intérêt personnel, qui veut à tout prix atteindre à une grande fortune; enfin il est démontré, rigoureusement démontré, que leur fondateur a fait illusion tout à la fois au gouvernement, au public & aux actionnaires étrangers & nationaux.

Telles sont les principales assertions de M. le comte *de Mirabeau*, qui énoncées avec ce style pittoresque, chaud & énergique dont il anime ses écrits, sont très-propres à lui donner la confiance des lecteurs, tant qu'on ne l'aura pas réfuté.

15 *Juillet*. La délibération prise dans l'assemblée générale des actionnaires tenue le quatorze de ce mois, a été de porter le dividende des bénéfices de la caisse d'escompte pour les six premiers mois de l'année, à 190 livres.

15 *Juillet*. Depuis quelque temps, on assuroit que les trois nouveaux prix institués par le Roi, pour l'encouragement du théâtre lyrique, en vertu de l'arrêt du conseil d'état du 3 janvier 1784, étoient décernés; on nommoit même les *Lauréat*, du nombre desquels on comptoit deux membres de l'académie françoise; ce qui indignoit, en ce que les juges étant tirés du sein de cette compagnie, ce sembloit devoir être une raison d'exclusion pour eux.

Il n'est que trop constaté aujourd'hui que s'il n'y a pas deux membres de l'académie françoise, il y en a du moins un, M. *de Chabanon*, dont le poëme a pour titre *la Toison d'or*. Les autres ouvrages couronnés sont l'*Œdipe à Colonne* de M. *Guillard*, & *Cora* d'un M. *Valadier*.

Les examinateurs donnent pour raison de leur retard à publier leur jugement, la difficulté qu'ils ont eue de l'arranger. Les trois poëmes si différents pour le genre & le mérite, ne leur ont permis ni d'en faire une comparaison exacte & rigoureuse, ni de donner à aucun une préférence absolue; ils ont donc été obligés d'en référer au ministre, & de lui proposer un *mezzo termine*.

Le premier prix est une médaille de la valeur de 1500 livres pour la tragédie lyrique qui sera reconnue la meilleure: le second, une médaille de la valeur de 500 livres pour la tragédie lyrique qui obtiendra rang, & le troisieme une médaille de 600 livres pour le meilleur opéra-ballet, pastorale,

torale, ou comédie lyrique : les juges ont estimé qu'il falloit partager la somme totale destinée aux trois prix, en trois médailles de valeur égale, pour être décernées sans distinction, & M. le baron *de Breteuil* a fait agréer au Roi cette décision.

16 *Juillet*. L'officier commandant la gendarmerie étant à chasser avec sa maîtresse aux environs de Lunéville où est ce corps, la demoiselle fâchée de ne pouvoir exercer ses talents par la rareté du gibier, dit à son amant : « Vous auriez bien dû prendre pour *Gnares* (polissons avec lesquels on ramasse le gibier) quelques-uns de vos gendarmes. » Ce propos rendu à quelques membres du corps a bientôt été su de tous. Ils en ont été offensés, & sur-tout que leur commandant n'en eût pas imposé à la courtisane impudente. Plusieurs ont été chez elle & l'ont maltraitée de paroles & d'effet. Le commandant ayant voulu punir les auteurs du délit, leurs camarades ont pris fait & cause pour eux : l'insubordination est montée à son comble ; il a fallu écrire en cour, & l'on annonce une punition rigoureuse dont on ne sait pas bien encore les détails.

16 *Juillet*. L'ouverture de l'école de natation s'est faite avec beaucoup d'appareil. Plusieurs membres du corps municipal, de l'académie royale des sciences & de la société royale de médecine, y ont assisté. Ils en ont suivi les premieres leçons les 7 & 9 de ce mois, & ont approuvé unanimement la méthode du sieur *Turquin*.

16 *Juillet*. M. *Caron*, payeur des rentes, vient de mourir subitement. On prétend qu'il a accéléré sa fin en s'empoisonnant ; ce que confirme la promptitude avec laquelle on l'a enterré : il n'a

pas été exposé devant sa porte suivant l'usage; ce qui annonce une putréfaction soudaine qui ne peut compatir avec son genre de mort, s'il n'avoit été de cette nature. On saura, en constatant l'état de ses affaires, s'il étoit dans le cas de prendre un parti aussi violent.

17 Juillet. On a vu par l'impression de la comédie *du Jaloux*, de M. *Rochon de Chabannes*, que le Roi de Suede avoit bien voulu accepter la dédicace de cette piece ; mais on ignoroit la réponse de ce souverain. Il en transpire aujourd'hui des copies. Elle est datée de Stockholm le 12 avril 1785 : la voici.

« M. *Rochon de Chabannes*, j'ai lu avec un véritable plaisir votre comédie du *Jaloux* : elle ajoute encore à l'opinion qu'on s'est formée des talents distingués de l'auteur du *Seigneur bienfaisant*. Il seroit à souhaiter que la scene françoise s'enrichît souvent de pareilles pieces ; elle conserveroit par-là son empire sur les mœurs, & ne cesseroit de transmettre au public les sentiments du goût & du comique épuré. »

» La dédicace que vous m'en faites, est donc un hommage qui ne peut que me plaire ; & ce sera pour moi un délassement agréable de voir votre piece jouée sur le théâtre de Stockholm. Sur ce je prie Dieu qu'il vous ait, Monsieur *Rochon de Chabannes*, en sa sainte garde.

» Votre affectionné GUSTAVE. »

On ne dit point que cette lettre ait été accompagnée d'un présent, suivant l'usage. Ce monarque sait qu'il faut mettre ses sujets à l'aise avant d'être magnifique envers les étrangers.

17 *Juillet.* Il y a eu cinquante-huit poëmes envoyés au concours des prix institués pour l'encouragement du théâtre lyrique. Les examinateurs flattés de cette déférence des auteurs, préviennent ceux qui se proposent de concourir, que l'objet de l'administration, *étant d'exciter les écrivains d'un talent distingué à se livrer à la composition des poëmes lyriques*, l'invention dans le plan & dans la conduite, l'élégance & la correction du style sont deux mérites indispensables, sans lesquels aucun ouvrage ne peut prétendre aux prix. Ainsi un poëme dont le sujet & la conduite seroient visiblement imités d'un ouvrage dramatique déjà mis au théâtre, seroit rejeté sans autre examen, & celui qui réuniroit à la forme du poëme lyrique un dialogue ingénieux & vrai, & une poésie élégante & harmonieuse, obtiendroit la préférence sur le poëme qui, par sa coupe & par l'intérêt même de l'action, seroit susceptible de produire de plus grands effets dramatiques & de plus grandes beautés musicales, si le style en étoit incorrect & commun.

17 *Juillet.* M. *Thiroux de Crosne*, le nouveau lieutenant de police, déjà intendant de Rouen en 1771, s'est trouvé par les circonstances obligé d'être président du conseil supérieur institué en cette ville: depuis le rétablissement du parlement de Rouen, on a craint que cette compagnie ne le vît pas de bon œil, & on l'avoit nommé intendant à Metz; mais toute la noblesse, & les magistrats mêmes, contents de son administration, ont désiré le conserver, & ont député vers lui pour le féliciter quand ils ont appris qu'il restoit. Tout cela annonce un esprit doux & conciliant, le meilleur dans la place qu'il va rem-

plir. On ajoute qu'il est fort regretté à Rouen ; que c'est un homme austere, d'un très-bon exemple & de mœurs incorruptibles.

17 *Juillet*. Ce qui prouve de plus en plus le dépérissement des mœurs, c'est l'augmentation sensible de causes en séparation. Le nombre qu'on en compte est effrayant ; le châtelet, les requêtes du palais en retentissent aujourd'hui, & la grand'chambre en doit bientôt avoir une d'éclat. C'est celle des requêtes du Palais qui attire dans ce moment-ci la foule. Une demoiselle *Giambonne*, fille de madame *Giambonne*, renommée entre les maîtresses de *Louis XV*, intéresse singuliérement le public. Son mari est un M. *Bellanger*, riche Américain, dont les sévices envers elle sont de l'espece la plus révoltante. C'est Me. *Gerbier* qui plaide pour la femme, & Me. *de Bonnieres* pour le mari ; tous deux ont déjà parlé & se sont fait écouter avec de vifs applaudissements. Beaucoup de femmes suivent ces audiences & viennent apprendre les moyens qu'elles doivent employer pour occuper à leur tour la scene avec succès.

18 *Juillet*. M. *Cabarrus* est très-bien né ; il est fils d'un négociant de Baïonne ; ses ancêtres paternels étoient capitaines dans la marine marchande ; & c'est de l'un d'eux qu'a pris son nom la baye de *Cabarrus* dans l'isle Royale. Après avoir fait ses études en France, il fut envoyé par son pere à Valence en Espagne, pour y apprendre la langue & le commerce. Il y est devenu amoureux d'une demoiselle très-honnête, fille du négociant auquel on l'avoit adressé, & & quelque chose qui se soit passé entre eux, *l'hymen a verni l'aventure*. Les parents de la de-

moiselle en furent mécontents d'abord, chasserent les nouveaux époux; ils se réfugierent à Madrid, ou aux environs, chez le grand-pere de madame *Cabarrus*; ce qui fut le principe de la fortune du mari, qui s'établit dans cette capitale, s'évertua, déploya ses talents, donna des projets au gouvernement, & se trouve aujourd'hui l'auteur de la révolution qui s'opere dans le régime d'Espagne, & dans son administration des finances sur-tout. Il étoit banquier de la cour, & au lieu de concentrer en lui seul la manutention d'opérations qui l'auroient rendu plus opulent que nos *Montmartel*, nos *Laborde*, nos *Beaujon*, il a préféré les honneurs d'une place dans le conseil des finances de sa majesté Catholique; il y a associé tous les sujets de ce monarque, & même les étrangers par la création de la banque de Saint-Charles & de la compagnie des Philippines. Tel est M. *Cabarrus*, telles sont ses œuvres, & il ne compte encore que trente-trois ans.

C'est par cet historique que l'auteur de la lettre annoncée réfute celui de M. le comte *de Mirabeau*, qu'il traite de faux & calomnieux dans tous les points. Du reste, il lui reproche assez justement de prêter sa plume pour servir les passions d'autrui en décriant un homme qu'il ne connoît point, & un établissement auquel il convient ne rien entendre. Quoique l'écrivain affecte de se contenir, il dit des choses très-fortes à son adversaire, il lui en dit de très-adroites, de très-malignes, & ce pamphlet doit d'autant plus affecter M. le comte *de Mirabeau*, qu'il y a prêté le flanc & ne peut guere riposter avec avantage.

18 *Juillet*. M. *de la Chalotais* est mort à Ren-

nes le 2 juillet âgé de 84 ans. Il a fini sa carriere tranquillement & sans souffrance. Aux vertus du magistrat il joignoit les talents de l'homme de lettres; mais ses longues infortunes l'ont sur-tout rendu célebre; liées aux malheurs de l'état, elles ont fait retentir son nom, non-seulement en France, mais dans l'Europe entiere & dans tout le monde connu.

18 *Juillet.* Extrait d'une lettre de Besançon, du 8 juillet...... J'ai pris, pour vous satisfaire, les informations que vous désiriez & en voici le résultat.

Il a effectivement passé ici un prisonnier distingué nommé le comte *de Sanois*, qu'on avoit arrêté à Lausane. Il étoit sous l'escorte d'un officier de la maréchaussée, & sous la garde d'un exempt de police fort insolent, nommé *Desbruguieres*. Arrivé le 7 mai dans cette ville, avec sa proie, celui-ci a été obligé d'y faire reposer pendant trois jours son captif, à cause du malheureux état de sa santé. On dit que M. *de Sanois* a profité de ce répit pour composer de gros mémoires, avec le secours de deux bas-officiers, prisonniers comme lui, qui écrivoient sous sa dictée, & que M. le marquis *de Saint-Simon*, commandant de la province, lui avoit accordés pour secretaires. Ces écrivains ont déclaré depuis avoir été étonnés de la présence d'esprit, du courage & de l'énergie d'un vieillard infirme, dont le travail est effrayant durant un aussi court espace de temps, & dans une situation aussi pénible de corps & d'âme.

L'exempt de police publioit que c'étoit un escroc qui avoit emporté 400,000 livres à sa femme & à ses créanciers; mais les égards qu'a eûs pour lui notre commandant, les amitiés que lui ont faites trois officiers, ses anciens camarades, qui vivent dans cette ville, tous trois gens distingués & très-estimés, ne peuvent pas le laisser soupçonner d'un crime aussi bas. D'ailleurs un suppôt de police est accoutumé à mentir.

Nous soupçonnons qu'il est plutôt question d'affaire d'état. En effet, le gouvernement de Lausane auroit-il souffert qu'on eût violé son asyle pour une affaire particuliere?

Ce qui confirme notre idée, c'est que les trois officiers avec lesquels il avoit permission de se promener ici, n'ont reçu aucune nouvelle de ce prisonnier, sans doute enfermé.

18 *Juillet*. On écrit de Boulogne sur Mer que le corps municipal de cette ville, non content d'avoir ordonné un service pour les infortunés aéronautes qui ont péri dans les environs, où tous les corps ont assisté, a demandé encore la permission d'élever dans le cimetiere de Wimille, où ils sont enterrés, une colonne qui sera surmontée de deux urnes funéraires. Le Roi a approuvé ce projet. Ce monument sera l'on ne peut mieux placé, en ce que le cimetiere se trouve sur la route de Calais à Paris.

19 *Juillet*. Entre les ouvrages d'auteurs allemands qui se livrent à la science que les économistes de cette partie de l'Europe appellent *statistique*, il faut placer celui de M. *P. F. Kœrber*. Il l'a publié à Revel, sous le titre de *Pensées patriotiques & projets sur la culture de l'histoire naturelle en Esthonie, dans ses rapports avec les arts & le commerce*. Il est ennuyeux, mais de la plus grande exactitude.

19 Juillet. On écrit d'Espagne que l'inquisition toujours en vigueur à Madrid, ainsi que dans les autres villes du royaume, mais moins cruelle que ci-devant, s'est contentée de condamner à une prison d'un an & à un bannissement perpétuel, un vieillard françois, nommé *Pierre Couteau*, maître de langues, accusé de quelques erreurs dans le dogme & d'indiscrétion dans des leçons publiques.

20 Juillet. M. *de Beaumarchais* enrageant de la retraite volontaire qu'il s'est imposée, ce qui le laisse dans une nullité tout-à-fait contraire à sa façon d'être; afin de réveiller le public sur son compte, a fait distribuer par ses émissaires une estampe; où il est représenté comme un *Philosophe Bienfaisant*. On y désigne sur-tout son projet d'institution en faveur des meres nourrices.

20 Juillet. Extrait d'une lettre de Rennes, du 14 juillet 1785.... Vous ne serez pas content des remontrances de notre parlement au Roi à l'occasion du tabac. Il a eu la gaucherie de les diriger plutôt contre le ministre des finances, que contre la ferme-générale; c'est une suite de la mésintelligence qui regne entre cette cour & les états. M. *de Calonne*, ayant le vœu de ceux-ci, s'est peu embarrassé des magistrats, auxquels l'évêque de Rennes, ennemi du contrôleur-général, s'est réuni. C'est ce qui a fait manquer aussi la dénonciation de l'ouvrage de M. *Necker*, dénonciation trop agréable au ministre pour que le parlement ait voulu s'y prêter. Tout cela est affaire de parti & de cabale; il seroit merveilleux qu'il en résultât quelque bien.....

21 Juillet. La caisse d'escompte. Tel est le titre de

la brochure de M. le comte *de Mirabeau*, sur cette matiere, de 120 pages in-8°. sans les pieces justificatives.

C'est dans une espece de préface sans titre, datée de Paris le 8 mai 1785, que l'auteur commence par nous apprendre où & comment il a conçu son ouvrage. Il y prétend qu'un philosophe peut & doit écrire sur divers sujets, à mesure qu'ils intéressent la société. Un motif aussi puissant les rend dignes de lui, & un homme de sens peut tout entendre, tout analyser, tout juger.

Du reste, l'on n'y découvre que trop sous quelle influence M. *de Mirabeau* a pris la plume, & l'on est fâché de lui voir ainsi prostituer ses talents. Quelque grands qu'ils soient, quelque philosophie qu'il ait répandue dans cet écrit, il n'a pu qu'en diminuer la sécheresse & l'ennui, sans les faire disparoître tout-à-fait; & quant au fond il y a plus de sophismes que de raisonnements victorieux.

Le chapitre VIII contenant l'examen des motifs sur lesquels l'arrêt du 24 janvier 1785 a été rendu, est piquant & hardi; c'est du *Panchault* tout pur.

Une petite anecdote concernant M. *de Bourgade* est gaie & mérite d'être retenue. Lors de la crise de la caisse d'escompte en 1783, provenant sur-tout de la disette du numéraire, on proposa au ministere de donner cours, pendant un temps limité, aux piastres, dont il se trouvoit une grande quantité, soit à la caisse d'escompte, soit aux hôtels des monnoies. Le directeur du trésor royal ne voulut pas consentir à cette opération, vu la forme des piastres qui, étant carrées, ne lui sembloient pas propres à servir de monnoie courante.

Viennent à la suite de la brochure du comte, les pieces justificatives, qui embrassent jusques à la page 207; puis un *Postscriptum* de l'auteur en date du 17 mai 1785, où il réfute un *Prospectus d'association* à une spéculation assez bizarre sur les actions de la caisse d'escompte de Paris.

Tout ce qu'on peut tirer de ce plan très-obscur, c'est que son objet est de prévenir ingénieusement la baisse de ces papiers au-dessous de 6,700 livres; que l'association durera trois ans; que les intéressés jouiront de l'intérêt de leurs fonds à cinq pour cent, trouveront l'assurance complete de leur capital, & participeront à des bénéfices certains.

M. le comte *de Mirabeau* n'a pas de peine à démasquer ces agioteurs travaillant plus pour eux que pour la compagnie. Les réflexions par lesquelles il les réfute, vont peut-être plus loin que ne voudroit l'auteur, car on en induit assez naturellement que la caisse d'escompte non-seulement est inutile, mais est un établissement fâcheux. Il s'en apperçoit & veut revenir sur les conséquences. Malheureusement elles sont justes, & peut-être plus vraies que tous ses paradoxes pour défendre la caisse.

22 *Juillet*. Extrait d'une lettre de Pau, du 12 juillet....M. *Lesparda*, dont vous me demandez des nouvelles, s'est en effet réfugié ici depuis sa catastr... e. Il vit à la campagne gros & gras, tient ... re table, bon carrosse, du jeu, de la chasse; il est heureux comme un Roi : il voit même bonne compagnie, parce qu'il avoit obligé toute la province, & qu'on ne pourroit sans in-

gratitude l'humilier par une proscription absolue. D'ailleurs il vit en homme riche & en seigneur; ce qui aide beaucoup à la reconnoissance....

22 *Juillet.* Depuis l'ouverture de la salle des comédiens de bois attachés à M. le comte *de Beaujolois*, elle étoit devenue déserte, & ils étoient à la veille de faire banqueroute. Les directeurs pour derniere ressource ont imaginé de donner de petits opéra-comiques dans un genre nouveau. Afin de ne point transgresser les défenses, les acteurs qui paroissent en scene, ne parlent ni ne chantent; ils ne font que la pantomime; les voix sont dans les coulisses. Ils sont parvenus à si bien marier ensemble les deux genres, que l'illusion est complete, & que, quoique prévenu de ce double jeu, on est fréquemment tenté de croire que c'est le même personnage, & que le chanteur & le mime ne font qu'un. Tout Paris raffole de cette nouveauté; la comédie italienne est furieuse, & chaque jour l'on craint que ce théâtre ne se ferme; ce qui augmente l'ardeur d'y aller.

23 *Juillet.* Dans son ouvrage *de la Banque dite de Saint-Charles*, M. le comte *Mirabeau*, quoique parlant d'un ton assuré & tranchant, aux yeux du lecteur intelligent se trahit de temps en temps; il laisse percer son ignorance sur des matieres qu'il n'a jamais étudiées, sur des faits dont il n'a pas été témoin, & dont il n'a que des renseignements infideles sur un pays & sur un peuple qu'il n'a pas visités, enfin sur un gouvernement concentré, qui n'en est que plus difficile à pénétrer & à approfondir. Aussi la cour de Madrid a été très-mécontente & l'on assure que M. le comte d'Aranda, s'il n'étoit aux eaux de Spa, auroit déjà demandé la suppression de l'ou-

vrage. On annonce même un arrêt du conseil qui prévient sa réquisition : soufflet d'autant plus cruel pour l'auteur, qu'il a mis son nom à cette diatribe politique.

23 *Juillet.* L'administration de la police est devenue une magistrature si compliquée, si variée, si difficile, que M. *de Crosne* a supplié le Roi de lui permettre de faire un apprentissage sous M. *le Noir.* Celui-ci fait tous ses travaux, ses opérations en la présence de son futur successeur, donne ses audiences, & l'initie insensiblement aux mysteres de sa place : on n'avoit point encore vu pareille chose : on ne peut qu'admirer la modestie de l'éleve & la complaisance de l'instituteur.

23 *Juillet.* Si l'administration ne se perfectionne pas, ce ne sera point manque de leçons : chaque jour il éclot des ouvrages sur cette matiere intéressante, & qu'on ne sauroit trop approfondir. De ce nombre est le *Citoyen françois,* ou *Mémoires historiques, politiques, physiques, &c.* Il est dédié à M. *le Noir,* ce qui ne peut qu'en donner un augure favorable : l'auteur s'annonce ensuite pour un magistrat qui, joignant à l'étude de ses devoirs, celle des sciences & des lettres, en outre a puisé des instructions dans les voyages, dans les plus habiles écrivains, dans le commerce de la société. Il donne aujourd'hui au public le résidu de ses observations & de ses loisirs.

L'ouvrage embrasse soixante-six chapitres ou titres, dont la plupart sont fort courts ; il en est de très-intéressants, de très-bien vus, & en général il contient des réformes sollicitées & praticables : l'objet des banqueroutes est le plus étendu & semble ne rien laisser à désirer.

Point de déclamation, point de chaleur dans ce traité : l'auteur déclare qu'il a sacrifié la parure imposante de la diction à la valeur & au sens des expressions techniques ; qu'il n'a employé qu'un style naïf & simple, afin d'être entendu de tous les lecteurs.

24 *Juillet.* Il passe pour constant que l'on devoit jouer sur le théâtre de Bordeaux, *la Folle journée*, & que les magistrats s'y sont opposés. Il est bien étonnant que le journal de Guienne ait omis cette anecdote.

24 *Juillet.* Un ouvrage de M. le comte *de Mirabeau*, annoncé depuis long-temps, a percé enfin dans cette capitale, & se lit avec plus d'intérêt que ceux dont on a parlé récemment. Il s'agit de *considérations sur l'ordre de Cincinnatus*.

On ne pourroit le croire, si ce n'étoit un fait passé sous nos yeux, qu'à l'instant de la naissance de la république Américaine, il se fût élevé dans son sein des membres assez audacieux pour y former une aristocratie en quelque sorte, un corps militaire subsistant héréditaire, perpétuel, & cela sans l'autorisation du corps législatif, & même contre les principes constitutifs de l'état.

Un M. *Adams Burke*, écuyer, l'un des chefs de justice de l'état de la Caroline du Sud, a pris la plume & a composé un pamphlet en anglois sur cette innovation, sur cet ordre de patriciens, dont l'érection menace la liberté & le bonheur de la république.

M. le comte *de Mirabeau* s'est approprié cet écrit, en le traduisant, en l'élaguant, en le généralisant, en y ajoutant ses idées & certainement en l'améliorant. C'est là qu'on retrouve tout entier son génie mâle & indépendant. On ne sauroit démontrer avec plus de logique le vice d'institution qu'il combat, peindre avec plus de vérité les suites funestes qu'il peut entraîner, exhorter avec plus d'onction les *Cincinnati* à détruire eux-mêmes ce monument d'orgueil révoltant, ou de vanité puerile, ou ranimer avec plus de feu le zele patriotique contre des usurpateurs ambitieux, qui préparent d'avance des fers à leurs concitoyens & sappent la république jusques dans ses fondements.

On apprend par un *Postscriptum* que plusieurs états se sont réveillés sur les dangers de l'ordre des *Cincinnati*, comme inconstitutionnel. Les états de *Rhode-Island*, de *Massachuset*, de *Pensylvanie* se sont déjà expliqués, ainsi que le gouvernement de la Caroline méridionale.

Les *Cincinnati* ont été effrayés : dans une assemblée du 3 mai 1785, ils ont modifié les statuts de l'ordre. La lettre circulaire du président *Washington* en contient les détails, non assez satisfaisants pour avoir échappé aux observations critiques & vraiment lumineuses du comte *de Mirabeau*; il prouve que la république ne peut être rassurée que par l'extinction absolue de l'ordre.

A cet ouvrage M. *de Mirabeau* a joint une lettre de feu M. *Turgot* au docteur *Price*, datée de Paris le 22 mars 1778, sur les vices de la constitution Américaine ; écrit, suivant l'éditeur, rempli d'observations judicieuses, de vues sages, de conseils utiles, & respirant l'amour de la liberté & de l'humanité.

Par un avis daté de Londres le 20 septembre 1784, on voit que l'ouvrage en question a déjà près d'un an d'ancienneté.

25 *Juillet.* Extrait d'une lettre écrite de *Nevvhaven* dans la Nouvelle-Yorck en Amérique, en date du 11 mai.... Vous avez trouvé très-contraire aux principes d'une république naissante, la création de l'ordre de *Cincinnatus*, & vous avez eu raison ; peut-être critiquerez-vous encore ce qui vient de se passer ici, qui est plutôt une affaire d'intrigue, que d'enthousiasme réel.

Hier, dans une assemblée-générale des maires, aldermans & citoyens, tenue à l'hôtel-de-ville, on a proposé d'admettre au rang de citoyens onze personnes de France.

M. le maréchal prince *de Beauveau*, capitaine des gardes de S. M. très-chrétienne, gouverneur de Provence, de l'académie françoise.

Mad. la maréchale princesse *de Beauveau*.

M. le duc *d'Harcourt*, gouverneur de Normandie.

M. le duc *de la Rochefoucault*, honoraire de l'académie des sciences.

M. le duc *de Liancourt*, grand-maître de la garde-robe de sa majesté très-chrétienne.

Madame la comtesse *de Houdetot*.

M. le comte *de Jarnac*, maréchal-de-camp & beau-frere du prince *de Beauveau*.

M. le marquis *de Condorcet*, secrétaire perpétuel de l'académie des sciences, de l'académie françoise.

M. *de Saint-Lambert*, de l'académie françoise.

Me. *Target*, avocat au parlement de Paris, de l'académie françoise.

M. *de la Cretelle*, avocat au parlement de Paris.

La raison d'adoption est que ces personnes

sont non-seulement distinguées par leur rang, leurs lumieres ou leurs talents, mais encore recommandables par leur philantropie & leur zele pour la liberté & le bonheur des Etats-Unis en général, & pour la prospérité de cette ville en particulier.

Le ridicule de cette agrégation, c'est qu'il n'y a aucune de ces personnes qui nous soit connue autrement que de nom, & que tous ces titres de maréchal, de prince, de duc, de marquis, de comte, loin d'être des titres d'adoption, en devroient l'être d'exclusion, à moins que les personnages n'y joignissent des services bien réels.

Mais ce qui est d'une ingratitude énorme, c'est d'avoir préféré ces titres fastueux à nos vrais bienfaiteurs, à MM. *de Chaumont*, *de Monthion*, *de Beaumarchais*, & autres principaux négociants de Bordeaux, de Nantes & autres ports de France, qui ont été les premiers & vrais auteurs de notre gloire & de notre liberté, en nous fournissant des secours & des armes pour combattre les Anglois & nous arracher à leur tyrannie.

Parmi les hommes de lettres, il falloit au moins placer M. *Hilliard d'Auberteuil*, qui a fait notre histoire; M. *de Sauvigny*, qui nous a célébré dans un drame, & plusieurs autres du même genre....

26 *Juillet*. Extrait d'une lettre de la Haye, du 13 juillet 1785..... M. *Blanchard* a tenu parole, & s'est en effet élevé hier 12 dans cette ville à l'aide de son ballon, qui, construit trop à la hâte, n'a pas rempli son attente & celle des souscripteurs. Il n'a pu prendre qu'un seul compagnon de voyage, M. *d'Honincthum*, officier

de la légion de Maillebois ; il a pensé se briser dès son ascension en s'accrochant à une cheminée, dont il a fallu le dégager : les aéronautes pour s'élever furent obligés de jeter tout leur lest, ainsi que les choses les plus nécessaires & jusqu'à leurs chapeaux : à la veille de tomber dans un grand lac, à six lieues de cette ville, M. *Blanchard* ouvrit la soupape, & le ballon ne s'abattit qu'à cent pas du bord de l'eau sur une prairie dont le propriétaire a exigé dix ducats de dommages-intérêts.

Nos paysans, bien loin d'admirer M. *Blanchard*, ont trouvé très-mauvais qu'il gâtât l'herbe & l'ont accueilli avec des bâtons & des fourches ; ils ont brisé le char, emporté la gaze d'or & jusqu'à la toile qui l'entouroit.... Il a eu bien de la peine à se tirer des mains de ces rustres......

27 Juillet. Extrait d'une lettre de Londres, du 2 juillet 1785..... Ne soyez pas surpris de l'empressement de vos musiciens, peintres, acteurs, danseurs & autres artistes pour passer dans cette capitale ; ils gagnent autant en un mois ici qu'en un an en France : jugez-en par deux exemples.

Madame *Siddon* du théâtre de Drury-lane touche vingt-cinq guinées par semaine, sans compter deux bénéfices qui, avec les présents, montent au moins à 500 livres sterling. Son dernier voyage à Manchester, Liverpool, Edimbourg & Betford, lui a valu plus de 3,200 livres, les présents à part ; & tout cela est le produit d'une année.

Madame *Mara* est au moins aussi bien traitée. Le panthéon lui vaut 600 guinées, l'ancienne musique autant, les concerts du lord *Exeter* & *Wetkins*, 200 livres. Son premier bénéfice, au panthéon, a été de 800 livres sterling ; le second de 100. Ce qui forme ensemble plus 2,000 guinées en un an, sans compter les présents particuliers.

27 *Juillet*. Extrait d'une lettre de Canton, du 25 janvier dernier.... D'après les présents envoyés à l'Empereur, pour lui donner le spectacle des nouvelles machines aérostatiques, les missionnaires arrivés à Pékin cette année devoient lancer un ballon ; mais à l'instant de l'expérience, ils ont dit que ce ballon étoit percé & qu'il avoit perdu l'air inflammable.

Quant à ces missionnaires, l'utilité de leurs travaux apostoliques est en proportion de l'argent qu'ils apportent ; car à mesure que les fonds diminuent, le nombre des nouveaux convertis diminue aussi, & à la fin, quand il n'y a plus rien, les néophytes s'en retournent & disent dans leur langue : *point d'argent, point de chrétien*.

Ces missionnaires ont aussi leur vanité ; ils se qualifient fastueusement *le Tribunal de Mathématiques de Pékin*, & par contre les Chinois les appellent *les ouvriers Européens, au service de l'Empereur*......

27 *Juillet*. Les directeurs des *variétés amusantes* se trouvant attaqués, dans le mémoire des comédiens françois & *nominatim*, ont été les premiers à leur répondre. On assure qu'il contient des assertions très-fortes & très-précises.

27 *Juillet*. Dans la gazette de France d'hier mardi 26, après un détail d'un voyage particulier fait par madame *Adélaïde* de France, qui prend les eaux de Vichy avec madame *Victoire* sa sœur, pour voir l'école militaire d'Effiat qu'elle a honorée de sa présence le 13 juillet, & la descrip-

tion d'une fête champêtre, expression des vœux & de la reconnoissance des éleves, on lit : *Le 18 Mesdames Adélaïde & Victoire de France ont bien voulu envoyer de Vichy une collation pour tous les éleves de cette école.*.... Sans doute les princes impriment à toutes leurs actions un caractere de noblesse.... néanmoins on a trouvé l'insertion de circonstances aussi minutieuses, pitoyable, & il ne faut qu'une phrase semblable pour faire juger & apprécier cette gazette & son rédacteur, qui est aujourd'hui M. *de Fontanelle*......

28 *Juillet.* M. *Bottineau*, dont on a annoncé dans le temps la prétendue découverte intéressante pour la navigation, qui consiste à connoître l'approche des terres ou des vaisseaux à la distance de deux cents cinquante lieues, s'explique aujourd'hui lui-même. Dans une lettre adressée aux journalistes de Paris & insérée au numéro 206, il invite les nomenclateurs à lui fabriquer un seul mot simple ou composé pour désigner le genre & la nature de la science.

Il paroît que M. *Bottineau* est une espece de fou : il s'est rendu, il n'y a pas long-temps, à une école de magnétisme animal ; il s'est adressé au comte *Maxime* (*Ségur*) ; il lui a dit qu'en Asie où il avoit résidé long-temps, il se trouvoit des Indiens malfaisants qui avoient le secret *de nouer l'aiguillette* ; que tout robuste & vigoureux qu'il paroissoit, lui *Bottineau* avoit éprouvé ce malheur & se trouvoit hors d'état de produire son semblable ; qu'en conséquence il venoit implorer les secours de la société de l'harmonie. M. *de Ségur* lui a répondu très-sérieusement qu'on examineroit son cas : puis on s'est mis à rire de M. *Bottineau*, qui, en s'en allant, pouvoit rire aussi des magnétisants, peut-être avec autant de raison....

28 *Juillet*. Entre cette multitude de boutiques bordant le jardin du Palais-Royal, beaucoup s'étoient intitulées : *Magasin de Marchandises d'Angleterre*; plusieurs même avec des inscriptions en langue angloise. Les bons François voyoient avec douleur cette manie ; enfin, graces à l'arrêt du conseil qui sur les plaintes des marchands & fabriquants du royaume, prohibe ces marchandises étrangeres & defend jusqu'à ce ridicule intitulé, leurs yeux ne seront plus affligés d'un tel spectacle. Au bout de huit jours toutes ces inscriptions ont dû disparoître sous des peines très-fortes, portées à l'article VII. de l'arrêt. Il en pourra résulter quelque banqueroute pour l'auguste propriétaire ; mais qu'on plaint peu à raison de sa prédilection trop forte pour tout ce qui est Anglois & pour le mauvais exemple qu'il donnoit à cet égard.

28 *Juillet*. Le *Mémoire en réponse & consultation pour les Entrepreneurs du spectacle des Variétés, contre les comédiens françois*, roule sur deux points.

1°. Qu'aucune loi n'accorde aux comédiens françois le droit exclusif qu'ils prétendent avoir.

2°. Que l'effet nécessaire de la concurrence est d'entretenir l'émulation, de donner plus d'énergie aux talents & par conséquent d'augmenter les progrès de l'art.

La consultation qui suit, datée du 14 juillet 1785 par Me. *Vermeil* établit :

1°. Que l'ordonnance de *Louis XIV*, de 1680, ne peut être envisagée comme une loi, en vertu de laquelle les comédiens françois puissent prétendre le droit exclusif de jouer la comédie dans cette capitale; soit parce qu'elle n'est due qu'aux circonstances du moment; soit parce que *Louis XIV*, en défendant par cette ordonnance à tous autres comédiens françois de s'établir dans Paris sans son ordre exprès, s'est par-là réservé la faculté d'accorder ou de refuser cet ordre, suivant les raisons de convenance ou de disconvenance qui pouvoient s'offrir.

2°. Que le spectacle *des Variétés* est établi dans cette capitale par l'autorisation même du souverain, puisque par l'arrêt du conseil du mois de juillet 1784, le privilege en a été accordé à l'académie royale de musique, avec la faculté de l'affermer, & que les sieurs *Gaillard & d'Orfeuille* s'en sont rendus adjudicataires pour quinze années.

3°. Que les motifs par lesquels la comédie françoise prétend justifier le droit exclusif qu'elle réclame, sont inadmissibles, parce qu'il est évident que dans le genre de la comédie, comme dans tout autre, la concurrence ne peut qu'exciter l'émulation & par conséquent contribuer au progrès de l'art.

29 Juillet. La chambre de la maçonnerie, le 15 de ce mois, avoit rendu une sentence qui réduisoit & fixoit pour le reste de l'année le prix des ouvriers de son ressort. Il s'en est suivi lundi une émeute considérable dans Paris, de la part de ces ouvriers qui ont refusé de travailler.

La contestation a été portée au parlement, & le mardi 26 est intervenu un arrêt provisoire, qui suspend l'exécution de la sentence de la chambre de la maçonnerie, & remet les choses dans l'état où elles étoient avant.

29 Juillet. On a parlé au mois de mai 1784 d'une affaire naissante contre le prince *de Salm-*

Kirnbourg, qui lui feroit grand tort s'il ne l'affoupissoit : non-seulement il n'y a pas travaillé, mais il l'a aggravée au point d'obliger ses adversaires de lui donner la plus grande publicité. Ce qu'on voit dans un *mémoire* pour les sieurs *Firmin de Tastet & Thomas Squire*, négociants à *Londres*; contre le *prince de Salm-Kirnbourg, grand d'Espagne de la premiere classe*; le sieur *Joseph-George-André Cavalcado, soi-disant marquis, & ancien ministre plénipotentiaire de Russie*; le sieur *Faulconnier de la Varenne, ci-devant conseiller à la cour des aides*; & le sieur *Coste d'Arnobat, soi-disant lieutenant-colonel*.

Le jurisconsulte, dont le mémoire est avoué, est un Me. *Bonhomme de Comeyras* : d'abord il rend compte d'une visite du prince de Salm, qui, le mardi 29 mars dernier, vint le trouver au lit & chercher à l'effrayer, soit par la crainte d'un ordre du Roi, soit par celle des mauvais traitements dont il le menaçoit. Cet avocat intrépide n'en a pris que plus chaudement la défense de ses clients.

Ce mémoire trop long pour qu'on entre dans les détails qu'il contient, est sur-tout curieux par le développement des combinaisons rares qu'ont imaginées le prince & ses agents pour faire tomber dans leurs pieges les dupes qu'ils vouloient enlacer. Les portraits du principal personnage de la scene & des autres acteurs, nécessaires à tracer pour la meilleure intelligence de l'intrigue, ornent le commencement du *factum*, & le rendent extrêmement piquant.

Au reste, l'affaire qui n'étoit qu'au Châtelet, est fort avancée & a pris une excellente tournure pour les clients de Me. *Comeyras*: par un arrêt provisoire le prince *de Salm* a été condamné à leur payer ou rembourser environ pour 500,000 l. d'effets. Il y a un reliquat assez considérable dont il s'agit, sur lequel le parlement n'a pas prononcé, & la question du fond en outre, c'est-à-dire, les dommages-intérêts; l'affaire est appointée à cet égard.

Le point de vue philosophique sous lequel un lecteur impartial peut envisager ce *factum*, c'est le puissant attrait de l'or qui, d'un côté, pousse un prince à se dégrader, jusqu'à mériter un rang parmi les plus fameux escrocs de Paris, & de l'autre excite des négociants honnêtes & bien établis à compromettre leur fortune pour des chimeres, & les aveugle au point de ne pas s'appercevoir des pieges les plus grossiers, & de s'y précipiter follement, ou plutôt stupidement.

30 Juillet. L'arrêt du conseil qui supprime l'ouvrage de M. le comte *de Mirabeau*, contre la banque de Saint-Charles, paroît: il est du 17 juillet; il y est dit que sa majesté voit avec mécontentement que des auteurs s'ingerent d'écrire sur les matieres politiques, dont ils ne sont pas assez instruits pour en donner au public des connoissances utiles; que d'ailleurs ils se permettent des personnalités souvent injustes; que pour répandre ces productions de leur malignité, ils ont recours à des imprimeries clandestines, bien persuadés de ne point trouver en France l'autorisation suffisante. Après ce préambule vague, sa majesté supprime l'ouvrage intitulé: *de la Banque d'Espagne, dite de Saint-Charles*, comme imprimé en contravention des réglements de la librairie, comme contenant des faits hasardés & des personnalités toujours répréhensibles. Du reste, rien contre l'auteur, quoiqu'il soit nommé dans le préambule ; ce qui confirme qu'il n'écrivoit que sous les auspices du contrôleur-général ; en sorte que ce ministre a arrêté toute poursuite envers le comte *de Mirabeau*.

30 *Juillet*. Le gouvernement, non content d'avoir donné les instructions les plus amples sur les différentes manieres de suppléer à la disette des fourrages, prend en outre les précautions les plus sages & les plus efficaces pour en empêcher ou en diminuer les suites funestes. On imagine du moins que c'est à son instigation que le parlement a rendu le 19 de ce mois un arrêt qui défend tout emmagasinement au-delà du besoin, tout accaparement, tout monopole ; qui ordonne un recensement dans chaque paroisse de la quantité existante ; une assemblée des propriétaires, fermiers, cultivateurs, &c. devant les juges des lieux, afin d'en fixer le prix respectivement, & veut que le fourrage ne soit vendu aux étrangers qu'à défaut des demandes sur le lieu même.

Toute la gente économique frémit d'un arrêt si contraire à ses principes, mais si impérieusement nécessité par les circonstances.

30 *Juillet*. On annonce depuis long-temps au théâtre lyrique un opéra intitulé *le premier Navigateur*, tiré du poëme allemand de *Gessner*, portant le même titre, ou *Daphnis* ; on ne sait si cet ouvrage sera joué ou non. En attendant le sieur *Gardel* l'aîné, maître des ballets de l'opéra, se l'est approprié, & en a fait une pantomime en trois actes, exécutée pour la premiere fois le mardi

mardi 26. On conçoit qu'il faudroit beaucoup de génie de la part du chorégraphe, ainsi que des danseurs, pour rendre parfaitement un pareil sujet. Aussi a-t-on trouvé qu'il y manquoit beaucoup de choses, que beaucoup d'autres n'expriment rien, & qu'en général ce spectacle devenoit fatigant & ennuyeux par sa longueur.

30 *Juillet.* On croyoit qu'on auroit profité de la circonstance pour supprimer la gendarmerie, toujours indisciplinée, & encore plus depuis que M. le comte *de Saint-Germain* a fixé l'état douteux des membres de ce corps, en les faisant tous officiers. C'étoit le premier mot du Roi, lorsque le maréchal *de Castries* lui a rendu compte de l'affaire dont on a parlé; mais ce chef trop intéressé à la conservation de la gendarmerie, a calmé le courroux du monarque. Il paroît que la cassation des plus mutins, la détention des autres dans des châteaux-forts pendant un temps assez long, seront tout ce qui en résultera.

D'ailleurs on est mécontent du commandant, M. le comte *d'Herculais*, qui, pour venger sa maîtresse, & n'osant ou ne pouvant le faire par une punition prompte & caractérisée des coupables qu'il ne connoissoit pas, a pris la tournure de vexer tout le corps par des exercices forcés & extraordinaires, qui l'ont révolté & ont amené une catastrophe sanglante.

30 *Juillet.* Extrait d'une lettre de Lausane, du 10 juillet 1785....Nous avons été mieux instruits que vous, qui êtes sur les lieux, du sort du comte *de Sanois*, arrêté dans cette ville, sur lequel nous attendions quelque éclaircissement, lorsqu'un Fran-

çois étranger, voyageant par ici, nous en a donné des nouvelles circonstanciées.

Le comte *de Sanois*, arrivé à Paris, malgré toutes ses réclamations, a été conduit à Charenton, où il est au secret. Il ne voit personne, il ne peut recevoir des nouvelles de personne; il écrit tous les jours des lettres à ses amis, à ses parents; aucune ne parvient.

On présume que c'est sa femme, sa fille & son gendre qui l'ont fait arrêter, par la nature des personnes qui ont sollicité la lettre de cachet: d'une part, le maréchal *de Broglio*, le duc *de Charost*, parents & protecteurs du gendre; de l'autre, le procureur-général *de Fleury*, l'ex-ministre *de Fleury*, le président *de Fleury*, parents de la femme & de la fille. D'ailleurs l'inaction de madame *de Sanois*, de madame & M. *de Courcy*, sa fille & son gendre, prouvent qu'ils sont participants au moins d'une détention dont ils devroient tenter l'impossible pour le faire sortir; enfin l'embarras où ils sont, lorsqu'on leur en demande des nouvelles, fortifient ce soupçon, & le tournent même en certitude: autrement ils devroient être les premiers à donner de l'éclat à son enlèvement, genre de despotisme toujours propre à révolter les esprits.

On assure positivement que c'est pour découvrir les trésors qu'il peut avoir enlevés, qu'on a apporté cette diligence, ce mystere & cette dureté dont je vous ai rendu compte.

M. le comte *de Sanois* est bien accusé d'avoir fait réimprimer un ouvrage intitulé: l'*Ami de la Concorde*, dans lequel il a inséré des détails & des notes satiriques contre des magistrats qui venoient de lui faire perdre un procès; & entre autres contre M. *le Fevre d'Amécourt*, conseiller de grand'chambre : celui-ci même avoit dénoncé ce livre au procureur-général. Mais 1°. M. *de Sanois* n'a jamais avoué cette production ; 2°. il n'en a transpiré que peu d'exemplaires ; 3°. jamais elle ne s'est vendue ; 4°. la dénonciation n'a point eu de suite ; 5°. elle remonte à plusieurs années ; 6°. elle n'intéresse le gouvernement en rien.

Ainsi l'accusation qu'il a écrit contre le gouvernement est une nouvelle horreur de ses ennemis...... Reste à expliquer comment le ministre des affaires étrangeres si estimé & si estimable ; comment le ministre de Paris qui a consigné lui-même à son avénement en place, dans une lettre aux intendants, sa façon de penser sur les lettres de cachet, & son désir d'apporter la plus scrupuleuse attention dans la discussion des demandes de cette nature ; comment enfin le lieutenant-général de police, si ennemi de l'injustice & de l'oppression, si doux de mœurs, si conciliant de caractere, si attentif à éviter tout ce qui pourroit le compromettre, ont été trompés au point de se prêter à un acte d'autorité de cette barbarie : c'est ce qu'on ne peut concevoir qu'à raison des noms imposants de ceux qui ont sollicité la lettre de cachet. Tout cela prouve combien les gens en place sont à plaindre ; combien les gens humains & les plus vertueux peuvent être séduits par des apparences ; combien ils peuvent, faute d'examen suffisant, faire de mal, en croyant ne faire que du bien....... Telles furent ses réflexions, par où notre étranger termina sa narration......

Quant à nos concitoyens de Lausane, ils ont

d'abord été effarouchés que notre lieutenant de police se fût prêté si facilement à ce coup d'autorité ; ils sembloient vouloir réclamer.....; mais ils n'y pensent plus.....

31 *Juillet.* Dans une assemblée générale des actionnaires de la caisse d'escompte, tenue au commencement de ce mois, il avoit été proposé de réduire le taux de l'escompte de quatre & demi à quatre pour cent, ainsi que le porte l'arrêt de création pour le temps de paix : mais cette proposition fut rejetée presque à l'unanimité, attendu que cette réduction étoit contraire à l'intérêt des actionnaires, & indifférente à l'administrateur des finances.

31 *Juillet.* Le vendredi 14 juin, M. *le Coulteux de la Novaye* a dit chez un secretaire d'état en présence de vingt-cinq personnes, & à un homme d'ailleurs très-digne de foi, *qu'on pouvoit opposer un grand nombre de raisons & de faits à l'ouvrage de M. le comte de Mirabeau, sur la banque de Saint-Charles, & que les gens du métier n'en seroient pas les dupes.* En outre, à l'apparition du livre du même auteur sur la caisse d'escompte, ce chef de l'administration de cette banque se hâta d'aller avec les confreres solliciter sa punition. Tels sont les griefs principaux qu'a M. le comte *de Mirabeau* contre ce banquier, & qui lui ont mis la plume à la main : sa fécondité ordinaire s'est répandue en une *lettre* volumineuse à M. *le Coulteux de la Novaye*, *sur la banque de Saint-Charles & sur la caisse d'escompte*, très-récente, puisqu'elle n'est datée que du 13 juillet, & qu'elle est suivie d'un *post-scriptum* du 15.

Cet écrit ennuyeux n'est point susceptible

d'analyse, & ne peut, quant au fond, intéresser que les agioteurs de ces deux espèces d'effets. Le comte *de Mirabeau* persiste à décrier le premier établissement, & à fronder les spéculations gigantesques des prôneurs du second. Il paroît qu'il en veut fort à M. *le Coulteux*, & pour son propre compte & pour celui de M. *Panchault*; car, malgré le ton négatif du premier, celui-ci est pour beaucoup dans toute cette discussion. Un parallele qu'on trouve dans une note entre la supériorité des avantages à retirer de l'emprunt de 125 millions, & ceux des actions de la banque de Saint-Charles, entièrement en faveur du premier, décele le motif secret de toutes ces diatribes, qui seroit de décréditer les autres effets pour fournir un véhicule à cet emprunt, dont le peu de succès désole son inventeur. On ne peut qu'être de plus en plus fâché de voir un philosophe austere & patriote comme M. le comte *de Mirabeau*, engagé dans une pareille querelle, & se démenant au milieu de cette tourbe de banquiers, de courtiers, d'agioteurs, où l'on n'auroit jamais dû s'attendre à le rencontrer.

31 *Juillet*. Une dame ayant marchandé deux coquetiers de porcelaine de Seve, & les ayant laissés comme trop chers, M. le chevalier *de Boufflers* les lui a envoyés avec le quatrain suivant :

De ces deux petits coquetiers

Pour vous l'amour a fait emplette :

Ah ! qui n'y joindroit volontiers

Et les deux œufs & la mouillette !

31 *Juillet*. Le jardin du Palais-Royal devient par sa nouvelle constitution, comme on l'avoit

prévu, le réceptacle de tous les mauvais sujets de Paris, & il en résulte journellement, sur-tout dans la nuit, des scenes scandaleuses & même des catastrophes sanglantes. Il y a quelques jours qu'un inconnu ayant attaqué une femme, & celle-ci ne répondant pas aux désirs de l'impudique, il lui assena un coup de canne à dard & lui fit une blessure grave. Elle crie: la garde arrive, & l'on veut arrêter le *quidam*. Il refuse de se laisser emmener: on lui représente le danger de la résistance; on le menace du mécontentement de M. le duc *de Chartres*, auquel il manque essentiellement. Il s'écrie qu'il se moque de M. le duc *de Chartres*; qu'il est le marquis *de Nesle*. Arrive un inspecteur qui dit: *Oui, c'est M. le marquis de Nesle; qu'on le laisse aller*. Sur le compte rendu du fait au prince, il a choisi le seul parti convenable, en déclarant que ce ne pouvoit être M. le marquis *de Nesle*; que c'étoit surement un polisson qui avoit pris son nom.

Ce qui confirme que c'est bien ce seigneur, déjà décrié par plusieurs aventures de cette espece, c'est que s'étant depuis présenté deux fois à Versailles pour y faire son service auprès de Madame, dont il a l'honneur d'être le premier écuyer, il a été prié deux fois de se retirer.

1 *Août* 1785. Il y a peut-être trois mois qu'on parle de lettres-patentes du Roi adressées au parlement, concernant une nouvelle augmentation du bois. Cette cour ne s'en étoit point occupée, & s'étoit flattée que S. M. retireroit ses lettres-patentes. Depuis quelques jours la cour a pressé pour l'enrégistrement. Le parlement, les chambres assemblées, a arrêté des représentations, qui ont

dû être portées hier au Roi, & il y a assemblée de chambres indiquée à aujourd'hui, vraisemblablement pour entendre la réponse.

1 *Août*. Depuis mardi dernier on parle d'une plainte criminelle présentée ce jour-là aux chambres assemblées contre M. *de Maupeou*, le maître des requêtes, suivant laquelle un sieur *Desrocher*, bourgeois de Paris, demeurant rue Grange-bateliere, N°. 10, se plaint que, durant un voyage qu'il a fait en Franche-Comté, sa fille a disparu, & qu'à son retour, ayant appris qu'elle avoit été séduite & enlevée par M. *de Maupeou*, qui la tenoit en chartre privée à la chancellerie, il avoit trouvé le moyen de lui faire parvenir secrétement une lettre, qui avoit déterminé sa fille à s'évader & à revenir dans la maison paternelle, mais grosse de plus de six mois; grossesse qu'elle lui avoit déclaré provenir de son séducteur & ravisseur : que depuis ayant fait des démarches auprès de ce magistrat pour éclaircir cette aventure, il n'avoit pu avoir aucune explication avec lui; que M. *de Maupeou* s'obstinoit même à retenir les hardes de sa fille.

Sur cette dénonciation, il a été ordonné une information & nommé deux rapporteurs; monsieur *le Fevre d'Ammecourt*, rapporteur de la plainte, auquel on avoit joint M. *Dupuis de Marcé*.

Précédemment les magistrats avoient fait tout ce qu'ils avoient pu pour arranger l'affaire : M. *de Maupeou* en plaisante quand on lui en parle; il dit qu'il ne demande pas mieux que de comparoir devant le parlement; que cette affaire prouvera ses facultés physiques qu'on révoquoit en doute, &c.

1 Août. M. *Francklin* est parti pour le Havre, il y a une quinzaine de jours. Le Roi lui ayant fait donner une des litieres des petites écuries, il a préféré cette voiture à la route par eau.

2 Août. Mémoire pour le sieur Bottineau, *ancien employé du Roi & de la compagnie des Indes aux isles de France & de Bourbon, sur une découverte importante à la navigation.*

On apprend par cet écrit, sans date & sans signature, que M. Bottineau, de pilotin devenu conducteur des travaux du génie au Port-Louis, ayant fait des réclamations contre un ingénieur nommé *Duparc*, qui avoit envahi ses propriétés, au lieu d'avoir justice fut exilé à Madagascar, d'où revenu mourant, après trois mois, il n'eut d'autre asyle que l'hôpital. Le gouverneur qui l'avoit persécuté, étant mort, ainsi que le sieur *Duparc*, son instigateur, M. Bottineau obtint, sous une nouvelle administration, un petit emploi de contrôleur aux boissons, pour subsister.

C'est au milieu de toutes ces traverses que M. Bottineau a perfectionné l'art dont il offre aujourd'hui la découverte au gouvernement. Il paroît que ses essais ont fait assez de bruit pour en mériter l'attention, puisque le ministre de la marine, par une lettre du 6 avril 1782, a recommandé aux administrateurs de l'Isle-de-France de tenir un journal des annonces que feroit le sieur Bottineau des navires devant arriver ; ce qu'il a fait exactement pendant huit mois à la fin de la guerre.

Suit un examen de la lettre du gouverneur & de l'intendant de l'Isle-de-France au maréchal *de Castries*, où ceux-ci, sans lui être aussi favorables qu'il le désireroit, ne peuvent s'empêcher de lui rendre justice, & de lui reconnoître quelque talent en ce genre.

2 Août. Extrait d'une lettre de Saint-Claude, du 25 juillet.... Puisque vous vous intéressez à notre Saint & qu'il fait bruit, j'entrerai volontiers dans les détails de la translation de son corps.

Il y avoit près de six cents ans que cette précieuse relique reposoit dans une ancienne châsse, d'un goût gothique & fermée de toutes parts, à l'exception d'une petite porte, par où l'on donnoit à baiser les pieds du Saint, & d'une autre qui ne s'ouvroit que dans les occasions extraordinaires pour découvrir le corps en entier. Il a été résolu de le transférer dans une châsse d'argent ornée de cryftaux. Elle a été exécutée par MM. Thiébaud, artistes de Salins, très-estimés. Le jour arrêté pour la translation, c'est-à-dire, le 25 mai dernier, on nomma des gens de l'art pour constater l'état du corps de *saint claude*, dont la conservation est un miracle continuel, qu'on fait remonter à plus de mille ans. Au moins, dès 1447 fut-il attesté ainsi par des commissaires que le pape *Nicolas V*, envoya pour visiter l'abbaye. Dans ce siecle d'incrédulité il étoit bien essentiel de ne lui donner aucune prise. On a donc convoqué six médecins & quatre chirurgiens, attestant qu'ils ont trouvé « le corps d'un homme
» de grandeur ordinaire ; que la charpente osseuse est entiere, à l'exception des petits doigts
» de chaque main, qui ont paru être arrachés ;
» que les ligaments, les tendons, les capsules,
» les muscles, & tout ce qui fait la liaison de cette
» charpente, est conservé au point que ce corps
» ne fait aujourd'hui qu'un tout, qu'on a pu

« manier, soulever & retourner facilement,
» sans avoir à craindre aucune désunion ; que
» cet assemblage osseux & tendineux est recouvert
» de tous ses ligaments, sauf que l'on voit à
» nu les os cassés du nez; que le globe de l'œil
» gauche n'existe plus; que les oreilles sont bien
» conservées, sur-tout la droite; que les mamelons ne sont point effacés ; que l'on voit
» encore dans le menton les bulbes de la
» barbe, &c.

Du reste, ces officiers de santé conviennent n'avoir trouvé aucune odeur de parfum qui indiquât un embaumement ou soins recherchés pour la conservation du corps, d'autant plus merveilleuse, que le bois de la châsse qui le renfermoit, étoit vermoulu & que la châsse elle-même, par vétusté, fermoit si peu exactement qu'elle étoit remplie de poussiere.

Le corps de *saint Claude*, bien visité, a été déposé dans la nouvelle châsse, du poids de cent soixante marcs deux onces, & placé sur un autel de marbre que MM. du chapitre ont fait élever exprès.

2 *Août*. Depuis quelque temps une nouvelle courtisane étoit ici sur les rangs, faisoit parler d'elle & attiroit la foule des aimables roués. Elle prétendoit avoir quelques talents pour la comédie & se disposoit à jouer les soubrettes. Un M. *Beccard*, fils d'un négociant de Saint-Malo, en est devenu amoureux, & n'ayant point de fonds suffisants, a fait ce qu'on appelle des affaires pour se rendre digne des bontés de Mlle. *Raymond* (c'est le nom de guerre de cette fille.) On prétend qu'il a pris à crédit pour près de 50,000 liv. de bijoux, & quand il n'a plus eu de crédit,

& n'a pu lui rien apporter, Mlle. *Raymond*, suivant l'usage, lui a fermé sa porte. Cependant la famille de M. *Beccard*, instruite des désordres du jeune homme & de la malhonnêteté de l'objet de sa passion, a porté au lieutenant de police ses plaintes de l'escroquerie de Mlle. *Raymond*. Citée devant le magistrat, & invitée à rendre au moins les bijoux qu'elle avoit encore en sa possession, elle a répondu qu'elle les avoit bien gagnés. Sur quoi la nuit de samedi à dimanche, elle a été enlevée & conduite à Sainte-Pélagie. On dit le jeune homme à Saint-Lazare.

3 *Août* Extrait d'une lettre de Bordeaux, du 29 juillet.... « Il est certain que dans le temps où l'on faisoit courir le bruit que la *Folle journée* avoit été jouée & huée sur notre théâtre, il n'y avoit rien de plus faux, & il n'en étoit pas question ; mais il est très-vrai que depuis nos comédiens s'étant mis en devoir de donner cette piece, l'ayant même fait afficher, le parlement a mandé les jurats & leur a dit qu'il s'opposoit à ce que le *Mariage de Figaro* fût représenté, comme une comédie contraire aux mœurs, aux loix, à la religion, & comme devant être proscrite de tout théâtre policé. Les jurats ont répondu qu'ils obéiroient aux ordres de la cour, & l'annonce a été supprimée. »

3 *Août*. Extrait d'une lettre de Madrid, du 23 juillet..... M. *Cabarrus*, le *Law* de l'Espagne, comme l'appelle son critique, a représenté à S. M. catholique qu'on avoit imprimé & vendu publiquement à Paris, un ouvrage ayant pour titre : *De la banque d'Espagne*, dite de *Saint-Charles*, par le comte *de Mirabeau*. Le Roi ayant pris en considération son contenu, &

ne pouvant regarder avec indifférence les calomnies & les faussetés dont l'auteur & ses adhérents se sont servis pour dénigrer l'honneur & la réputation d'un sujet qui s'est attiré sa bienveillance, & a obtenu un rang distingué à la cour par sa probité, ses grands talents & les services qu'il a rendus à l'état, a ordonné que le conseil fasse défenses, sous les peines les plus grieves, d'introduire ledit ouvrage dans son royaume; qu'on fasse les plus fortes recherches pour retirer les exemplaires qui s'y seroient introduits, & qu'on veille à n'en laisser courir aucun dans le public.

3 *Août*. Extrait d'une lettre de Guines, du 25 juillet..... M. *Blanchard* est venu ici le 23 de ce mois. On l'a conduit au lieu nommé par le Roi, *Canton Blanchard*. Il étoit accompagné de M. le vicomte *des Androuins*, chambellan de l'Empereur, & suivi d'une superbe cavalcade. Il a vu sur le bord du grand chemin, dans la forêt qu'on va percer de toutes parts, une majestueuse colonne de marbre, élevée sur la place même, où il est descendu venant d'Angleterre en France dans son aérostat. Après en avoir admiré la construction, la force & la beauté, il a pris son crayon, il a fait un calcul sur ses proportions, & son volume, & s'est écrié avec le plus vif enthousiasme de reconnoissance : *Je ne crains plus le persifflage ni la calomnie, graces à Dieu & à vous, Messieurs ; il faudroit cinquante mille rames de libelles entassées pour masquer cette colonne sur toutes ses faces !* .... Et chacun de rire de cette singuliere saillie.

4 *Août*. Les comédiens italiens, dont la fécondité en nouveautés s'étoit tarie depuis quel-

que temps, ont recommencé mardi d'en donner une ayant pour titre: *les Aveux imprévus*, comédie nouvelle en trois actes & en prose. Cette piece froide & accueillie de même, est très-compliquée & mérite peu l'analyse. Si, comme on le dit, c'est le coup d'essai de l'auteur, il ne doit point se décourager, & peut quelque jour obtenir des succès plus marqués.

4. *Août*. Hier, la foule a été plus grande que de coutume pour entendre le substitut de M. le procureur-général, qui devoit porter la parole aux requêtes, dans l'affaire de Mad. *Bellanger des Boulais*. Cet orateur, M. *Perroneau*, quoique lourd & diffus, a été écouté avec la plus grande attention. Il a conclu en faveur de la dame, & ses conclusions ont été suivies. Elle a été admise à la preuve.

On ne doute pas que le mari n'en appelle sur le champ à la grand'chambre.

5. *Août*. M. *de Flesselles*, le président du musée de *Pilâtre*, étant avant-hier occupé à lire un mémoire sur la meilleure maniere de conserver cet établissement, très-endetté & ruiné par le défunt, M. le comte *d'Estaing* s'est levé & a déclaré qu'il étoit autorisé de dire que *Monsieur* vouloit être le protecteur du musée à perpétuité; qu'en conséquence il se chargeoit de payer les héritiers, les créanciers, & prenoit pour son compte le cabinet de physique, &c.

M. *de Flesselles* a su très-mauvais gré à M. le comte *d'Estaing*, avec lequel il étoit venu à la séance, de ne l'avoir pas prévenu de cette bonne nouvelle, & de l'avoir laissé se constituer en frais de lecture mal-à-propos.

Du reste, toute l'assemblée a été enchantée &

l'on doit députer vers *Monsieur* pour le remercier, & savoir ses intentions plus positivement.

6 Août. On peut se ressouvenir d'une réclamation faite à l'occasion d'une comédie de M. *André de Murville*, dont le sujet avoit été traité par deux auteurs. Celle de M. *de Murville* doit se donner incessamment aux François sous le titre vague de *Melcour & Verneuil*. Elle est en un acte & en vers. On assure que les quatre personnages principaux de ce petit drame sont Mlle. *Arnoux*, sa belle-mere, un sieur *Bellanger*, architecte, qui a voulu long-temps l'épouser; enfin le comédien *Florance* qui a supplanté le premier, & vit actuellement avec la courtisane. On conçoit que ceux qui seront instruits de cette anecdote, pourront trouver l'ouvrage plus piquant & plus vrai. On en dit du bien d'avance.

6 Août. On annonce depuis long-temps un *suétone moderne*, c'est-à-dire, la vie des douze Empereurs de cet historien, & celle des Impératrices, élaguée de tout ce qui concerne la politique ou appartient à l'histoire, réduite uniquement aux détails de leurs amours, de leurs impudicités & de leurs débauches. Cet ouvrage est horriblement cher, comme tous ceux de ce genre, & l'on sait que l'ambassadeur de Naples en a acheté pour son maître un exemplaire qui lui a coûté dix-huit pistoles. Il vaut aujourd'hui trois louis seulement. Pour le mettre plus à la portée des amateurs, on a réduit l'ouvrage de moitié, c'est-à-dire, aux douze Césars, & celui-là ne coûtera qu'un louis, à ce qu'annoncent les colporteurs.

7 Août. Depuis sa sortie de Saint-Lazare, le sieur *de Beaumarchais* n'a point paru à la comédie françoise, & n'a eu aucune relation avec les comédiens. Seulement il y a quelques jours, il a prié le sieur *Dazincourt* de venir le voir & dîner avec lui. Ce camarade n'a rien rapporté à sa troupe de leur entretien. On parle cependant de jouer la *Folle journée* incessamment. On dit même que la reprise aura lieu le vendredi 12 de ce mois.

7 Août. Mlle. *Raymond* n'a rien rendu des bijoux & effets, parce que c'étoit un don. Mais elle a été mise à Sainte-Pélagie pour la maniere insolente dont elle s'est conduite chez M. le lieutenant de police, qui l'a fait raser sur le champ & conduire à cette maison de force.

8 Août. M. l'abbé *de Lille* durant son séjour à Constantinople, a écrit une lettre à Mad. *de Vaines* où, en rendant compte d'un voyage qu'il a fait à Malte, pour remerciement de l'accueil charmant qu'il y a trouvé, plaisante sur l'ordre & le traite fort mal. Cette dame a eu l'imprudence de livrer copie de cette lettre insérée dans tous les papiers publics. Les chevaliers en ont été furieux. Le grand-maître, se possédant mieux, s'est contenté de dire avec mépris, que si cet académicien n'étoit pas meilleur observateur à Constantinople qu'à Malte, la philosophie & la politique de sa nation tireroient peu de profit de ses mémoires.

M. le bailli *de Freslon*, colonel du régiment de Malte, a pris la plume, & dans une lettre datée de Malte le 25 mai 1785, a vengé l'ordre & relevé la légéreté avec laquelle M. l'abbé *de Lille* avoit écrit. Cette lettre a été adressée par M. le bailli *de Freslon*, le 28 mai, à M. l'abbé *Matagrin*, agent-général de S. A. éminentissime monseigneur le grand-maître de Malte à Paris, avec invitation de la publier.

L'abbé *Matagrin* s'étant adreſſé au journal de Paris, M. *Suard*, en ſa qualité de reviſeur général, a rejeté la lettre & a prétendu qu'on ne pouvoit rien inſérer contre un membre de l'académie françoiſe. Cet agent a été obligé d'avoir recours à M. l'ambaſſadeur de la religion, qui a fait agir l'autorité du miniſtre de Paris, & enfin la lettre a paru.

Depuis ce temps un chevalier jugeant la réponſe de M. le bailli *de Breſſon* trop douce, en a compoſé une autre plus vigoureuſe. Nouveau refus, nouvelle interpoſition de l'autorité, & l'ordre de Malte & l'académie françoiſe, dont M. *Suard* a ameuté les membres, ſont aux priſes. On verra qui l'emportera.

9 *Août*. Ce ne ſont que muſées, que clubs de tous côtés, & de ces agrégations d'hommes il réſulte ſouvent des incidents, des querelles, qui intéreſſent tous les membres, acquierent de la publicité & deviennent la matiere des converſations.

On raconte qu'au club des artiſtes, M. le comte *de Tollendal*, un des membres, a mis ſur le bureau tous les *Factums* dans l'affaire du comte *de Lally*. M. *de la Guillaumie*, conſeiller honoraire de grand'-chambre, ayant trouvé ces mémoires, s'eſt cru autoriſé à apporter ceux de M. *d'Eprémeſnil*. Les dignitaires du club s'y ſont oppoſés en vertu d'un ſtatut, ſuivant lequel tout mémoire dirigé contre aucun membre de l'aſſociation, doit en être retiré. M. *de la Guillaumie* a prétendu que, ſuivant le même ſtatut, il falloit auſſi que M. *de Tollendal* retirât les ſiens, attendu qu'ils outrageoient les juges du comte *de Lally*, entre lesquels siégeoit son pere. Il en a résulté une grande fermentation, & l'on en a référé à l'assemblée générale.

M. *de Tollendal* y a plaidé sa cause avec une éloquence digne de ses mémoires & qui entraînoit tous les suffrages, lorsque tirant lui-même de sa poche les mémoires de son adversaire, il les a produits & a déclaré qu'il consentoit que chacun pût en prendre lecture. A quoi M. *de la Guillaumie* n'a eu d'autre chose à dire, que, *nous sommes d'accord*. Et les deux contendants de s'embrasser, & tout le monde d'admirer la générosité de M. *de Tollendal*.

9 Août. Hier, un M. *Arnoux*, ingénieur méchanicien du Roi, a fait dans l'ancien enclos des capucins du temple, rue du fauxbourg Saint-Jacques, l'expérience d'un cabestan, qui, servi par deux hommes & appliqué à toute espece de charrue, procure les moyens de labourer sans chevaux & dans tel terrain que ce soit. Il falloit, pour voir ce spectacle, être muni d'un *Prospectus*, coûtant trois livres. Tous les agriculteurs se sont empressés d'y assister, mais n'en ont pas été contents.

9 Août. La petite piece de M. *André de Murville*, jouée hier aux François, n'est qu'une esquisse extraite du *Jaloux* de M. *Rochon*. Comme ce sont précisément les mêmes principaux acteurs, Mlle. *Contat*, les sieurs *Molé* & *Fleuri*, la ressemblance a été encore plus frappante. Quant à l'intrigue, elle est triviale & forcée tout à la fois, sur-tout infiniment trop prolongée. Elle consiste dans une lettre, dont la suscription est changée par une soubrette que gagne le rival congédié,

Des vers heureux, un dialogue leste, & sur-tout le jeu des acteurs, ont fait applaudir avec transport jusqu'aux deux tiers de la représentation, cette bagatelle, meilleure, si l'auteur n'avoit pas voulu y mettre trop d'importance & trop tirer d'un sujet aussi mince; ce qui en a rendu la fin languissante & ennuyeuse.

10 *Août*. La difficulté des approvisionnements de Paris par la riviere de Seine, se fait sentir presque chaque année, sur-tout par rapport au bois, depuis qu'il est devenu une denrée si rare & si chere. Un M. *Defer de la Noverre*, ancien capitaine d'artillerie, a imaginé des écluses pour rehausser les eaux de la Seine dans le temps qu'elles sont trop basses & faire disparoître les entraves qu'éprouve alors la navigation.

M. le prévôt des marchands a goûté le projet; il a été mis sous les yeux de M. le contrôleur-général & ce ministre a chargé M. le marquis *de Condorcet*, l'abbé *Rochon* & l'abbé *le Bossut*, trois commissaires de l'académie royale des sciences, d'en faire l'examen.

10 *Août*. Des lettres du Cap, très-fraîches & datées du mois de juin, ne parlent point de la prétendue révolte des negres; ce qui fait présumer qu'elle a été peu de chose ou rien. On dit seulement que les procureurs gérants se retireront, si l'on ne retire pas les ordonnances; mais il n'y a rien à craindre. C'est, comme de bonnes gens disoient, que les fermiers-généraux ne vouloient pas l'être, depuis qu'on a diminué leurs profits énormes.

11 *Août*. M. *le Noir* quitte décidément la police aujourd'hui. M. *de Crosne* s'est fait recevoir au parlement ce matin, &, suivant l'usage, M. le

doyen de la grand'chambre a été l'installer au châtelet.

11 *Août.* L'académie françoise ne distribuera point de prix d'éloquence cette année dans sa séance de la Saint-Louis. Elle n'a trouvé aucun discours digne d'être couronné. Le sujet étoit *l'Eloge de Louis XII.* Un auteur, qui de son aveu n'a pas concouru, l'a traité ; il a fait imprimer le sien sous un titre imposant : *Morale des Rois puisée dans l'Eloge du Pere du Peuple, pour servir de suite à la Collection des Moralistes, par le rédacteur de la Morale de Moyse.* Cet ouvrage, qui paroît depuis peu, fait bruit, & on le dit supprimé. On croit pourtant qu'il n'en est rien. L'auteur est un homme de qualité, M. *Toustaing de Richebourg.*

12 *Août.* Ce n'est que depuis peu qu'on parle de la mort de M. *de Pechmeja*, arrivée en mai dernier. Outre que c'étoit un homme de lettres recommandable par divers ouvrages, tels qu'un *Eloge de Colbert* qui, en 1773, obtint le second *Accessit*, & *Telephe*, roman moral en douze livres, qui a paru en 1784 & a fait bruit ; il l'étoit encore plus par les qualités de son cœur & par une amitié rare qui l'a conduit au tombeau. Né à Villefranche en Rouergue, il s'étoit lié très-étroitement avec un M. *Dubrueil*, son compatriote, médecin qui, en 1776, vola de la province à Paris, au secours de son ami malade. Cette circonstance le détermina à s'y fixer, en achetant une charge de médecin du Roi & des hôpitaux de cette ville. Mort le 17 avril dernier, il avoit institué M. *de Pechmeja* son légataire universel. Celui-ci ayant succombé vingt jours après à la douleur de la perte de son ami, a or-

donné que les biens qui lui avoient été légués par M. Dubreuil, retournassent aux parents du testateur.

12 *Août*. M. Peyre, architecte du Roi & de son académie royale d'architecture, inspecteur des bâtiments de sa majesté, vint de mourir. Il est auteur, avec M. *de Wailly*, de la nouvelle salle de comédie françoise, monument qui fera le plus d'honneur à sa mémoire.

12 *Août*. Il y a dans le bois de Boulogne, près la porte de Passy, une salle en verdure, que des particuliers du voisinage ont fait construire, à laquelle ils ont donné le nom de *Renelagh*, & où l'on danse régulièrement tous les samedis. Elle subsiste depuis plusieurs années. Elle est soumise à certaine police, à certaines loix, que les associés se sont établies entre eux & auxquelles ils s'astreignent avec sévérité; de maniere que la compagnie est toujours choisie, & qu'il ne s'y glisse aucune fille : chose d'autant plus merveilleuse qu'elles pullulent dans tous les lieux publics de cette espece, & qu'on les y recherche même, pour en faire l'ornement.

Le sieur *Audinot* avoit fixé son petit spectacle dans le voisinage, & ces deux établissements se procuroient du monde réciproquement. Comme il est question depuis long-temps d'un arrangement, suivant lequel la duché-pairie de Saint-Cloud doit être transférée sur la seigneurie de Passy, ce qui engloberoit ce terrain sous la directe de l'archevêque de Paris, le directeur du spectacle a eu peur d'être expulsé par le prélat & a profité de l'occasion de se transférer ailleurs.

C'est dans ces entrefaites que la Reine se promenant samedi 6 de ce mois dans le bois de Boulogne, est venue jusqu'à cet endroit pour voir le spectacle *d'Audinot*. Sa majesté a trouvé la troupe dispersée & a daigné, pour remplir le reste du temps consacré à cette partie de plaisir, entrer dans le Renelagh. Les associés ne s'attendoient point à cet honneur & en ont été comblés. Sa majesté étoit sans aucun appareil de cérémonie & s'est montrée dans toute son affabilité. Les associés craignant leur suppression, comme le sieur *Audinot*, si l'archevêque de Paris devenoit leur voisin, ont eu l'adresse de faire pressentir leurs frayeurs à sa majesté qui, pour les rassurer, a pris des billets d'association. En sorte que les voilà sous la protection immédiate du trône.

13 *Août*. L'arrêt du conseil du 24 janvier dernier semble avoir eu un effet tout contraire à celui que le gouvernement se proposoit. La fureur de l'agiotage, qui alors n'avoit lieu que relativement aux dividendes de la caisse d'escompte, s'est étendue à toutes les natures d'effets, même étrangers. Les actions de la banque de Saint-Charles en ont sur-tout été l'objet & un café du Palais-Royal, nommé le *caveau*, étoit le lieu du rendez-vous de ces joueurs effrénés. Il faut se rappeller que ce genre de marchés ou de compromis, aussi dangereux pour les vendeurs que pour les acheteurs, consiste dans l'engagement que l'un prend de fournir, à des termes éloignés, des effets qu'il n'a pas, & l'autre de les payer sans en avoir les fonds, avec la réserve de pouvoir exiger le paiement avant l'échéance, moyennant l'escompte.

Ces engagements, dépourvus de cause & de réalité, n'ont, suivant la loi, aucune valeur; ils occasionnent une infinité de manœuvres infidieuses, tendantes à dénaturer momentanément le cours des effets publics, à donner aux uns une valeur exagérée & à faire des autres un emploi capable de les décrier. De là l'agiotage désordonné, qui met au hasard les fortunes de ceux qui ont l'imprudence de s'y livrer, détourne les capitaux de placements plus solides & plus favorables à l'industrie nationale, excite la cupidité à poursuivre des gains immodérés & suspects, substitue un trafic illicite aux négociations permises, & pourroit compromettre le crédit de la place de Paris.

C'est par ces considérations, & pour remédier à tous ces désordres naissants, qu'il a été rendu le 7 de ce mois un arrêt du conseil, qui renouvelle les ordonnances & réglements concernant la bourse, & proscrit ces négociations abusives.

13 Août. Les petits comédiens de Beaujolois n'ont pu échapper à la persécution des Italiens. Il leur est défendu depuis quelques jours d'exécuter des pantomimes mêlées de chant avec acteurs sur la scene, autres que des marionnettes. On parle d'un mémoire qu'ils doivent distribuer incessamment pour leur défense.

13 Août. Les différents propriétaires des maisons qui dépendent de Saint-Cloud, ou conviennent à la Reine, ont dû se rendre à Versailles le dimanche 7, pour exposer leurs prétentions au conseil de sa majesté.

On ajoute que la Reine vient d'acheter un lieu qu'on appelle la Marche, entre Saint-Cloud & Ville Davré, d'où l'on peut tirer des eaux propres à augmenter celles de Saint-Cloud que sa majesté désire rendre les plus belles possibles.

14. *Août*. Les directeurs ou entrtepreneurs du spectacle des *Variétés*, se sont d'autant plus empressés de répondre aux comédiens françois, qu'ils ont su que c'est à eux spécialement qu'en vouloient ces tyrans dramatiques. On a raconté dans le temps comment ceux-ci ont cherché à étouffer, pour ainsi dire, dès son berceau, cette troupe foraine transplantée au Palais-Royal, & les efforts inutiles qu'ils ont tentés à cet effet auprès du baron *de Breteuil*. Les Variétés ne dissimulent pas aujourd'hui leurs prétentions, & suggerent hardiment au ministere de les ériger en seconde troupe, si désirée par les auteurs & par tous les amateurs qui s'intéressent véritablement aux progrès de l'art. De là une digression qu'on trouve dans le mémoire, très-bien faite, sur l'utilité, la nécessité même des deux troupes, & sur l'impossibilité que les comédiens italiens puissent être regardés comme tels. Un autre avantage, suivant l'auteur du mémoire, c'est d'étendre par l'émulation des deux troupes le talent du comédien, & d'en multiplier l'espece. De là encore un portrait de cet artiste formant un morceau précieux.

Un autre endroit du mémoire piquant, c'est celui où les *Variétés* se défendent du reproche d'obscénité, & citent vingt pieces des François plus licencieuses qu'aucune des farces jouées sur leur théâtre. « Ils annoncent tous les jours, » s'écrie le défenseur des sieurs *Gaillard* & *d'Orfeuille* : « Ils annoncent pour la soixante-qua-
» torzieme représentation une comédie, remar-
» quable sans doute par son originalité, par la
» hardiesse de ses sarcasmes contre tous les états,
» quoiqu'elle ne présente que des exemples dan-

» gereux, & qu'on n'y trouve pas un seul mot
» pour la vertu. »

L'article du quart des pauvres est un épisode qui n'est point oublié. Les sieurs *Gaillard* & *d'Orfeuille* annoncent qu'ils paient aux hôpitaux 60,000 livres pour les *Variétés* seulement, & qu'il s'en faut beaucoup que les comédiens françois aient augmenté le leur dans la proportion de leur recette.

Enfin la derniere anecdote à recueillir du mémoire, c'est la gradation de la fortune de la troupe plaignante. Tandis que leur théâtre étoit rue des fossés Saint-Germain, la part entiere ne montoit qu'à 8 ou 9,000 livres; au château des Tuileries, elle a été portée jusqu'à 15 ou 16,000 livres; aujourd'hui ils ont un revenu fixe de 300,000 livres pour les loges louées à l'année, & l'on confirme que leur part a excédé la somme de 30,000 livres.

14 *Août.* Le nœud gordien, dit-on, de la séparation de madame *Desboulais* d'avec son mari, & du projet de celui-ci de l'emmener promptement en Amérique, c'est la passion du prince *de Conti* pour elle; passion fomentée par la mere de sa femme, ce qui a rendu madame *Giambonne* odieuse à son gendre, lorsqu'il a découvert cette intrigue, dont aucun des deux avocats n'a eu garde de parler. Elle est aujourd'hui malheureusement trop publique, & diminue étrangement l'intérêt pour madame *Desboulais*. Elle fait connoître pourquoi elle a gagné une cause que tout le monde, en la plaignant, regardoit comme perdue; car, quoique le prince *de Conti* ne puisse être fort agréable au parlement depuis la révolution arrivée dans la magistrature, on conçoit

çoit qu'un prince du sang est toujours d'un grand poids dans la balance.

14 Août. Il y a quelque temps que deux dames comme il faut, sortant de l'opéra, alloient chercher leur voiture à pied, rue de Bondy. Elles étoient folâtres & mises très-coquettement. Le sieur *Quidor*, inspecteur de police, chargé du département des filles, les prend pour telles & les arrête. Ces dames, qui veulent s'amuser, ne le détrompent point, & se laissent conduire chez le commissaire, où elles se font connoître; ce qui rend fort sot l'officier de police. Le commissaire lui déclare qu'il ne peut s'empêcher de le punir d'une telle étourderie, de l'envoyer en prison & d'en rendre compte au lieutenant-général de police. On croit que le sieur *Quidor* pourroit bien de l'aventure perdre sa place, ou du moins éprouver une interdiction passagere. Cette nouvelle s'est bientôt répandue parmi les filles, qui en rient. Elles n'aiment pas le sieur *Quidor*; elles se plaignent de ses *vexations & concussions*: elles seroient enchantées d'en être débarrassées.

15 Août. Un M. *Hoffman* qui se plaît à dire du mal du sexe, sans doute persuadé que c'est le meilleur moyen de s'en faire aimer, vient encore de lancer un nouveau sarcasme, qui met toutes les femmes en fureur. C'est une *rétractation* dérisoire:

Eh! quoi, toujours je médirai des femmes!
Eh! quoi, toujours contre un sexe enchanteur
J'aiguiserai de plates épigrammes!
Non, j'en rougis. Rassurez-vous, Mesdames,
Vos mille attraits ont converti l'auteur.

Bien corrigé d'un profane délire,
A vous chanter il consacre sa lyre,
Et vos hauts faits vont orner son discours.
O *fiction !* viens, vole à mon secours :
Inspire-moi ; c'est du bien qu'il faut dire.

16 *Août*. Les marchands de bois instruits de l'augmentation demandée par la ville en leur faveur, pour ne point perdre ce bénéfice ont affecté de n'en point faire venir jusqu'à ce que le parlement eût enregistré la nouvelle loi. De son côté, la ville a négligé de les y forcer, & les eaux basses sont arrivées, qui en empêchent le transport. On s'est prévalu de la crainte de la disette pour réveiller la demande formée au parlement.

Cette cour, sentant l'urgence du cas, n'a pu se refuser aux volontés du Roi, dont la réponse a été que S. M. entendoit que son parlement n'apportât plus d'obstacle à ses volontés. S. M. en conséquence a chargé le premier président de lui rendre compte de l'exécution de ses ordres, qui a eu lieu le mardi 9 par un enregistrement fait aux chambres assemblées.

Dans une assemblée précédente on avoit ouvert l'avis de mander le prévôt des marchands, afin de lui faire rendre compte de la négligence de la ville à veiller à ce que les chantiers soient garnis. Mais le parlement n'a plus aucune vigueur, & l'avis n'a pas été suivi. Cependant c'étoit la suite naturelle du préambule. Il porte : « Les » prévôt des marchands & échevins de notre » bonne ville de Paris, nous ont représenté que » depuis notre déclaration du 8 juillet 1784, &

» malgré l'augmentation proportionnelle dans les
» prix du bois qui s'en est ensuivie, les appro-
» visionnements ont éprouvé une lenteur qu'ils
» ne peuvent attribuer aux seules contrariétés de
» la saison ; que par le compte qu'ils se sont fait
» rendre de l'état des bois destinés à la consom-
» mation de notre bonne ville de Paris, tant
» pour l'année prochaine que pour les années
» subséquentes, ils ont reconnu que, pour assu-
» rer les approvisionnements de maniere à faire
» cesser toutes inquiétudes pour l'avenir, il leur
» paroissoit indispensable de former à l'égard des
» deux especes de bois, nommées bois neuf &
» bois blanc, un nouveau tarif qui, en augmen-
» tant le prix du bois de la premiere qualité,
» autant qu'il est nécessaire pour en étendre l'ap-
» provisionnement, diminuera dans une propor-
» tion raisonnable celui de l'espece destinée tant
» à l'usage des boulangers, qu'à la consommation
» des habitants moins aisés. »

16 *Août*. Le bruit court que M. le cardinal *de Rohan*, grand-aumônier, a été arrêté hier à Versailles.

16 *Août*. Lundi sur les dix heures & demie, la Reine est venue chez le Roi, où ont été appellés le garde-des-sceaux & M. le baron *de Breteuil*. Dans ce comité l'on a résolu d'arrêter M. le cardinal *de Rohan*, pour causes que l'on ignore. On sait seulement que le Roi a dit qu'il étoit juste de l'entendre avant de le condamner. En conséquence S. M. l'a fait venir : il est arrivé en rochet & tout habillé pour ses fonctions. L'on ignore également ce qui s'est passé dans cet interrogatoire, qui a duré environ dix minutes. Après quoi, M. le baron *de Breteuil*, suivant ses

instructions, a suivi le cardinal, a pris avec lui, de la part du Roi, M. *de Jouffroy*, sous-lieutenant des gardes-du-corps de la compagnie de *Villeroy*, & à quelque distance l'a chargé d'arrêter le cardinal. Bientôt est arrivé le duc *de Villeroy* & le major des gardes, M. *d'Aguesseau*. Deux gardes-du-corps ont été mis à la porte de son éminence, & deux officiers des gardes-du-corps près de sa personne. Puis M. le baron *de Breteuil* est venu mettre sur ses papiers le scellé qui, suivant la regle, a été aussi apposé par le capitaine des gardes.

Dès que le cardinal est sorti de chez le Roi, S. M. a écrit de sa main à madame *de Marsan* & au prince *de Soubise* un billet, pour les prévenir de l'acte de rigueur qu'elle étoit forcée d'exercer, en les assurant cependant qu'il ne s'agissoit d'aucun crime contre l'état ou sa personne.

L'après-midi, M. le cardinal a été amené à Paris. M. *d'Agoult*, chef de brigade, a reçu de M. *de Villeroy* l'ordre de ne pas le quitter, de coucher même dans sa chambre (1).

M. *de Crosne* averti, est venu mettre le scellé sur ses papiers au Palais-cardinal.

Enfin l'on est allé mettre aussi les scellés à sa maison de Couvray.

Le cardinal *de Rohan* a fait demander au Roi la permission de voir M. le prince *de Soubise* & madame *de Marsan*, & l'a obtenue.

17 *Août*. Un M. *de la Roque*, valet de chambre de la Reine, a formé un projet d'assurance,

―――――――――

(1) On a vu pendant la route deux gardes-du-corps sur le devant du carrosse.

afin de procurer au journalier pour ſes années d'infirmité une exiſtence plus certaine & plus commode que ne l'eſt celle de ſes années de vigueur. On en voit une eſquiſſe dans une lettre qu'il a écrite le 28 juillet dernier aux rédacteurs du mercure, & inſérée au n°. 33 de ce journal. On ne peut qu'admirer le zele de cet ami de l'humanité, & la profondeur des calculs de ce ſavant algébriſte. Il ſeroit bien à ſouhaiter que ſon plan, très-beau en ſpéculation, n'offrît pas des difficultés inſurmontables dans la pratique.

17 *Août.* Le cardinal *de Rohan* a couché chez lui la nuit du lundi au mardi. Dans l'après-dînée il a affecté de ſe montrer à ſes fenêtres donnant ſur le jardin de Soubiſe, & de jouer avec ſon ſinge. Le ſoir M. le marquis *de Launay*, capitaine & gouverneur de la Baſtille, eſt venu prendre ſon éminence pour la conſtituer priſonniere. Elle a déſiré s'y rendre à pied, ce qui a eu lieu la nuit : on veut que M. *de Croſne* l'ait auſſi accompagné, ce qui n'eſt pas également ſûr.

Il paſſe pour conſtant qu'il a été envoyé à l'intendant de Strasbourg ordre de mettre auſſi les ſcellés ſur les papiers du cardinal, ſoit dans ſon palais épiſcopal, ſoit dans ſon château de Saverne.

18 *Août.* Une brochure intitulée : *Lettre à un ami ſur un monument public*, par M. *Dulin*, architecte, eſt ſupprimée par un arrêt du conſeil du 10 juillet, comme contenant des faits faux & injurieux à la réputation du ſieur *Couture*, architecte, & excédant les bornes d'une critique honnête & légitime.

Cet arrêt a été rendu d'après le jugement de

l'académie d'architecture. Elle avoit nommé des commissaires pour examiner ladite brochure. Ils en ont rendu compte le 6 juin, & la compagnie a adopté leur rapport, servant de base à l'arrêt.

18 *Août*. Le mercredi 17, M. le cardinal *de Rohan* a été transféré à son Palais-cardinal pour y assister à la levée des scellés, où se sont trouvés tous les ministres, excepté le maréchal *de Ségur*. Le cardinal regardant M. le baron *de Breteuil* comme son ennemi personnel, a requis cette formalité, & M. le baron *de Breteuil* a déclaré que sa propre délicatesse ne lui auroit pas permis de remplir ce ministere, que publiquement & en présence de témoins respectables.

18 *Août*. M. *de la Peyrouse* a appareillé de Brest le 1 de ce mois pour son voyage autour du monde. Bien des gens révoquent en doute sa capacité, & prétendent que M. *de l'Angle*, capitaine du second bâtiment, seroit plus propre pour l'expédition.

18 *Août*. L'on commence déjà à s'adoucir en faveur du cardinal. Il a eu permission de voir sa famille, qui s'est rendue aujourd'hui à la Bastille. M. le maréchal prince *de Soubise* n'avoit pas manqué d'envoyer à M. le prince *de Condé* un exprès pour l'instruire de l'événement, & ce prince, après avoir demandé l'agrément du Roi, s'est joint aux autres parents. On prétend que l'objet de cette visite, outre les consolations à donner au prisonnier, est de le bien confesser, afin de savoir au juste quelle démarche à faire pour le justifier, ou obtenir son pardon.

M. le cardinal, outre deux valets de chambre,

à un secretaire ; ce qui annonce la faculté d'écrire.

On persiste à donner pour motif de sa détention, l'escroquerie d'un collier, sous le nom de la Reine. Il faut que cette anecdote soit mieux constatée avant d'entrer dans aucun détail.

Du reste, le cardinal fait bonne contenance ; loin de s'affliger, il console ses gens : personne de sa maison ne semble impliqué dans cette aventure. On parle seulement d'une madame *de la Motte*, une des maîtresses de cette éminence, qui est absente.

L'abbé *Georgel*, grand-vicaire de la grande-aumônerie, qui avoit autrefois la confiance la plus intime du cardinal, qui ne l'a plus tant, mais comme l'on voit, lui tient encore de très-près, chez lequel on a mis aussi les scellés, n'affecte pas plus de tristesse que son éminence. Il dit : *Il faut respecter l'autorité, mais il faut l'éclairer, & c'est ce qu'on fera certainement.*

19 *Août*. On juge, sans avoir vu la brochure de feu M. *Dulin*, devenue difficile à avoir depuis sa suppression, que M. *Couture*, chargé de la construction de l'église de la Magdelaine, s'est trouvé vivement inculpé par quelque envieux qui a pris le nom du mort, & ne s'est pas contenté d'attaquer ses talents, mais a formé aussi des imputations injurieuses à la probité de cet artiste. Celui-ci en a référé à l'académie d'architecture, & sa compagnie le voyant pleinement justifié par l'examen des commissaires, a provoqué l'arrêt du conseil du 19 juillet.

20 *Août*. Le parlement voulant se justifier aux yeux de cette capitale, qui lui reproche de n'avoir

pas assez vivement défendu ses intérêts à l'occasion de l'augmentation du bois, comme denrée de premiere nécessité, non content d'avoir inséré dans son enrégistrement : *Du très-exprès commandement du Roi*, a fait imprimer les représentations qu'on dit très-fortes de choses, quoique modérées dans la tournure & l'expression.

20 *Août*. Extrait d'une lettre du Bordeaux, du 16 août...... « Il court ici deux libelles affreux contre notre archevêque actuel, M. *de Cicé* & son clergé. La dénonciation en a été faite au parlement, & l'on informe. »

21 *Août*. Il s'agit en effet d'un collier de diamants dans l'affaire du cardinal *de Rohan*. Ceux qui l'ont vu, n'en ont jamais admiré de plus beaux, pour leur eau, leur grosseur, leur égalité. On le dit de 1,600,000 livres. C'est ce collier qu'on veut que le cardinal, à l'aide de madame *de la Motte*, qui s'étoit annoncée comme faufilée chez la Reine, ait escroqué des joailliers, *Bohmer & Bassanges*, sous prétexte que S. M. enjouée de ce bijou, vouloit l'acquérir secrétement & à crédit. Quoique cette anecdote entraîne beaucoup d'invraisemblances, elle est si généralement répandue, elle est attestée par tant de gens faits, ce semble, pour en être instruits & si dignes de foi, qu'on ne peut guere se refuser d'y croire. On persiste à dire que cette madame *de la Motte* est en fuite, parce qu'elle est absente.

21 *Août*. M. le marquis *de Louvois* vient de mourir. C'étoit un *Roué* de la premiere espece, mais homme d'esprit, fertile en calembours & méchancetés, dont on a rapporté des échantillons.

21 *Août*. Depuis long-temps on n'avoit vu

le parterre de la comédie italienne exercer une censure aussi sévere que celle du jeudi 18 de ce mois. On jouoit la premiere représentation de *Lucette*, comédie nouvelle en trois actes & en prose, mêlée d'ariettes, paroles de M. *Lantier*, musique de M. *Frizieri*. Dès la fin du second acte, les murmures & les huées ont été si forts & si soutenus, que les acteurs ont été obligés de se retirer.

Pour remplacer le troisieme acte, ils ont proposé de donner l'*Amant Statue*; ce qui a été adopté avec beaucoup d'applaudissements.

Cet opéra-comique, ci-devant en vaudevilles, a été mis en musique par M. *d'Aleyrac*, & joué pour la premiere fois le jeudi 4 août, avec un grand succès. La grace, la fraîcheur, la légéreté qui caractérisent le genre du compositeur, & conviennent parfaitement au ton de l'ouvrage, l'ont rendu tout nouveau.

Mlle. *Renaut*, dont on a annoncé le brillant début, excelle sur-tout dans cet opéra-comique. Sa voix flexible, douce, flûtée y convient merveilleusement, & son goût exquis en fait valoir les nuances les plus délicates. C'est une cantatrice charmante.

22 *Août*. Le gouvernement s'annonce enfin comme décidé à effectuer le projet de démolir les maisons sur les ponts.

Un arrêt du conseil, du 14 de ce mois, autorise les prévôt des marchands & échevins de la ville de Paris à donner, dès ce moment, congé à tous les locataires des maisons appartenantes à la ville sur le pont Notre-Dame & sur le pont au Change; leur ordonne de faire démolir lesdites maisons dès le mois de janvier de l'année prochaine ; & pour indemniser la ville du sacrifice des loyers desdites maisons, ne formant actuellement, déduction faite des frais de réparations, qu'un produit de 50,000 livres par an ; S. M. à l'avenir & pour toujours, la décharge de tous les frais relatifs à l'entretien des jurisdictions & prisons, dont la dépense sera payée par le domaine de S. M. comme elle l'étoit ci-devant.

Malheureusement toutes ces maisons n'appartiennent point à la ville : mais il sera difficile, en démolissant les siennes, que celles des particuliers ne soient pas entraînées dans cette subversion commune, sauf à les indemniser tellement quellement.

22 *Août*. La foire Saint-Laurent tombe absolument : il y va si peu de monde que les spectacles des boulevards ont obtenu du lieutenant-général de police d'y revenir. Il est bien à craindre pour la redoute chinoise qu'elle ne se trouve enveloppée dans cet abandon du public, sur-tout depuis que le wauxhall d'été a ouvert : on s'imaginoit que c'étoient les directeurs de la redoute qui avoient fait ériger celui-ci. On assure que non aujourd'hui.

On prétend que les marchands de la foire, depuis le départ des spectacles, veulent aussi quitter & ne plus payer leur location, attendu le vuide plus grand qui va résulter de la clôture de ces salles.

22 *Août*. Depuis deux ans qu'on n'a parlé du nouveau palais de cette capitale, il s'est encore plus développé, & quoiqu'il ne soit pas fini, à beaucoup près, les connoisseurs peuvent l'apprécier. Les partisans de ce monument admirent les

proportions légeres de la façade, l'élégante simplicité de la grille, la grandeur imposante de la cour, l'immensité de l'escalier. Les critiques trouvent, au contraire, celui-ci roide, vaste, sans noblesse; ils blâment ces deux especes de puits ou de cavernes dont il est accompagné : les ailes du bâtiment leur semblent mesquines, relativement au corps du milieu, lourd & point majestueux; la cour trop petite pour la masse du bâtiment; la grille infiniment trop chere si elle coûte 100,000 livres, comme l'assurent les gens du métier. Quoi qu'il en soit, les faiseurs d'inscriptions sont actuellement occupés à en chercher quelqu'une digne d'un pareil édifice. Un M. *Troncy*, avocat au parlement de Bordeaux, regarde comme plein de justesse l'impromptu d'un sieur *de Beausiere*, s'écriant: *Accipit hic meritis præmia quisque suis.* Ce pentametre conviendroit tout au plus à la salle de distribution des prix de quelque college. Un jurisconsulte propose une épigraphe tirée de Justinien : *suum cuique tribuere*; mais elle sent furieusement les écoles de droit. Il en faudroit une qui équivalût à celle du cadran: *Sacra Themis mores dum Pendula dirigit horas.*

22 *Août.* Il y a peut-être un mois qu'on citoit une lettre adressée par le contrôleur-général au sieur *de Beaumarchais*, telle que celui-ci la désiroit, où le ministre lui témoigne de la part du Roi, que S. M. agrée sa justification, en est satisfaite & est disposée à lui en donner des marques. On révoquoit en doute cette prétendue lettre, d'autant mieux qu'elle ne recevoit point & n'a pas même encore reçu la publicité à laquelle elle sembloit destinée. Cependant on ne peut guere ne

pas la regarder comme authentique d'après tout ce qui se passe.

Vendredi 19, on a joué au petit Trianon la piece du *Barbier de séville*. La Reine a fait le rôle de *Rosine*; M. le comte *d'Artois* celui de *Figaro*; M. le marquis *de Vaudreuil* étoit le *comte Almaviva*; le duc *de Guiche*, *Bazile*, & le bailli de *Crussol*, le *Docteur*. On assuroit même que le sieur *de Beaumarchais* avoit été admis en conséquence dans cette illustre société qui a désiré prendre de ses leçons; mais il passe pour constant à la comédie que c'est le sieur *d'Azincourt* qu'on a mandé & consulté.

On veut enfin que pour satisfaction complete, le sieur *de Beaumarchais* ait sur la cassette du Roi une pension de 100 livres. Il n'en a pas voulu de plus forte.

22 *Août*. On n'a pas manqué de faire un calembour sur l'aventure de M. le cardinal *de Rohan*. Comme c'est un collier qui en est le principal ressort, on dit que *c'est le dernier coup de collier que donnera la maison de* Rohan; *que le cardinal n'est pas franc du collier*.

22 *Août*. On a parlé, il n'y a pas long-temps, d'un M. *Quatremere d'Isjonval*, connu par des prix remportés à l'académie des sciences, dont il étoit membre depuis peu. Il sembloit tout occupé d'expériences relatives à la meilleure maniere d'éduquer les moutons & de rafiner leur laine. On a été très-surpris d'apprendre qu'il étoit en fuite, de voir le scellé mis chez lui par *ordonnance*, en vertu d'une banqueroute frauduleuse qu'on évalue à près de deux millions; chose d'autant plus étonnante, qu'il étoit jeune encore, & sort d'une famille riche & très-connue dans le commerce.

22 *Août*. La suite de la querelle de M. l'abbé *de l'Epée*, comme instituteur des sourds & muets, avec un M. *Nicolaï*, dont le jugement avoit été déféré par le premier à l'académie de Berlin, a été que cette compagnie n'a point voulu s'en mêler. Son secrétaire perpétuel a répondu qu'elle ne portoit son jugement que sur les pieces envoyées au concours pour les questions proposées par elle. Il convient en même temps que M. *Nicolaï* auroit dû mettre plus de politesse dans sa critique, & il reproche à M. l'abbé *de l'Epée* de répandre trop de chaleur dans la poursuite de ce prétendu procès.

23 *Août*. M. *Loir*, peintre du Roi & conseiller en son académie royale de peinture & de sculpture, vient de mourir. Il avoit quelque talent pour le portrait. Il a exposé une seule fois au sallon en 1779, le portrait de M. *Belle*, son confrere, peint en pastel sur cuivre. C'étoit son morceau de réception.

23 *Août*. Extrait d'une lettre du Cap-François, du 10 juin.... M. *François de Neuf-Château*, procureur-général au conseil supérieur de cette ville, homme de lettres, long-temps dans l'indigence, devient aujourd'hui protecteur & rémunérateur des talents. Il propose un prix extraordinaire de 25 portugaises (1650 livres argent de la colonie) pour le meilleur mémoire qui sera remis jusqu'au premier mai 1787, sur les moyens de fabriquer pour Saint-Domingue, une espece de papiers & de cartons qui aient la propriété de résister aux insectes qui dévorent les papiers publics & les bibliotheques. On ne dit point encore à quel tribunal sera portée la décision. Peut-être, comme membre de plusieurs académies & asso-

cié honoraire du cercle des Philadelphes, M. *de Neuf-Château* se réserve-t-il cette décision, qui, au reste, est plus une chose d'expérience que de raisonnement.

23 *Août*. Il paroît un ouvrage précieux & fort rare destiné comme suite aux mémoires pour servir à la vie de *Voltaire*, écrits par lui-même. Il a pour titre: *Frédéric le Grand*. Il contient des anecdotes curieuses sur la vie du Roi de Prusse régnant, d'autres sur ses amis & ennemis, ainsi que les caracteres de la famille de sa majesté. Il est précédé de son portrait physique.

C'est une compilation de différentes mains, mais rangée avec ordre par un seul rédacteur, & contenant beaucoup de choses neuves ou peu connues. Ce qui semble devoir donner plus de confiance à ce recueil, c'est qu'on le juge le résultat d'observations faites en grande partie par des membres du corps diplomatique, qui souvent different dans leur façon de voir & de rapporter. De-là, des contradictions sensibles que, faute d'attention, le lecteur pourroit mettre sur le compte du rédacteur.

Quoique tout l'ouvrage ne soit pas, à beaucoup près, à la louange du Roi de Prusse, on ne doit pas le regarder non plus comme un libelle. Le rédacteur montre l'impartialité de l'historien, & le dernier paragraphe qui termine, est consacré à réfuter les paragraphes les plus sanglants & les plus odieux des mémoires *de Voltaire*.

23 *Août*. M. le cardinal continue à jouir d'une liberté fort extraordinaire à la Bastille, sur-tout dans les commencements. Il y voit beaucoup de monde. Me. *de Bonnieres*, son avocat, a eu permission de conférer avec lui, & l'on veut qu'il

soit question de la part de cette éminence de présenter requête au parlement pour y être jugé. On assure que le Roi lui ayant demandé sa démission de la grande-aumônerie, il a répondu: " Sire, vous ne l'aurez qu'avec ma tête. Ma „ charge n'est point une charge domestique, mais „ une charge de l'état. „ On ajoute, qu'interrogé par M. le lieutenant-général de police, il a refusé de lui répondre, disant qu'il ne le regardoit pas comme partie compétente pour semblables fonctions.

Cette affaire devient de jour en jour plus grave & se complique par le nombre des accusés & des détenus. Mad. *de la Motte* a été arrêtée à Bar-sur-Aube, ou auprès, dans une terre, & amenée à la Bastille, le samedi 20. On nomme un baron *de Planta*, comme arrêté aussi. On apprend à l'instant que le comte & la comtesse *de Cagliostro*, dont la maison étoit entourée d'espions, ont été pareillement emprisonnés.

24 *Août*. La petite troupe des comédiens de *Beaujolois*, a trouvé grace auprès du ministere, & depuis lundi a obtenu la liberté de reprendre ses pantomimes.

24 *Août*. On ne cesse de converser sur l'aventure du cardinal, & principalement sur le motif de sa détention. On ne peut concevoir qu'il se soit permis une escroquerie aussi bête: & voici comme on l'explique. Le comte *de Cagliostro*, dont il est question depuis plusieurs années, & qui d'abord s'étoit établi à Strasbourg, a eu occasion d'y voir le cardinal, de s'en faire connoître & gagner sa confiance. Ce prélat est fort dérangé & auroit grand besoin d'argent. Le comte, qui est alchymiste, lui a persuadé qu'il lui feroit

trouver la pierre philosophale. Son éminence a donné dans cette chimere, & s'est flattée qu'elle auroit le temps de payer le collier avant que le faux fût découvert. Ce qu'il y a de sûr, c'est que le cardinal vivoit en grande intimité avec le charlatan, montroit même une sorte de vénération pour lui. Et si l'on s'étonne qu'un homme d'esprit comme le cardinal ait été dupe d'un pareil charlatan, la folie du mesmérisme qui a pris avec tant de fureur auprès de gens instruits, de savants, d'académiciens, donne la solution de ce problême.

On va plus loin aujourd'hui, & l'on veut que le comte *de Cagliostro*, qui vivoit magnifiquement, sans vouloir recevoir d'argent de personne, fût entretenu par le cardinal.

24 *Août*. Le grand procès concernant les immunités du clergé, à commencer par la foi & hommage, qui devoit se juger définitivement durant cette séance, ne le sera que l'année prochaine, où l'assemblée doit être continuée. Elle a seulement produit ses défenses dans des mémoires imprimés, mais qui percent difficilement : la chambre des comptes est intervenue, a composé aussi un mémoire imprimé, mais également rare quant à présent.

25 *Août*. Le sieur *Pigalle* vient de mourir. Ce qui peut consoler de la perte de ce grand artiste, c'est qu'il vieillissoit beaucoup & auroit été forcé incessamment de se livrer au repos. Mais ses conseils auroient toujours pu être fort utiles aux confreres courant la même carriere. Au reste, il est mort investi de titres & de dignités. Il étoit écuyer, sculpteur du Roi, chevalier de l'ordre de Saint-Michel, chancelier de son aca-

démie royale de peinture & sculpture, l'un de ses quatre recteurs, membre de l'académie royale des sciences & belles-lettres de Rouen, & citoyen de la ville de Strasbourg.

25 *Août*. Extrait d'une lettre de Marseille, du 15 août.... On ne vous a rien exagéré en vous rendant compte des honneurs prodigués à Mad. *Saint-Huberty* : nous approchons des folies des Anglois pour leurs acteurs. Mad. *de Saint-Huberty* a donné ici vingt-trois représentations, toutes courues avec une fureur extrême. Les vers, les couronnes lui pleuvoient de toutes parts. Elle a remporté de celles-ci sur l'impériale de sa voiture plus de cent, parmi lesquelles plusieurs de très-grand prix. On lui a donné des fêtes sans fin; mais celle sur l'eau étoit digne d'une souveraine, & mérite d'être détaillée.

Mad. *Saint-Huberty*, vêtue ce jour-là à la grecque, est arrivée par mer sur une très-belle gondole, portant le pavillon de Marseille, armée de huit rameurs & marchant à la voile. Près du lieu du rendez-vous, elle s'est trouvée enveloppée d'environ deux cents chaloupes chargées de monde accouru pour voir la fête & encore plus celle qui en étoit l'objet. Elle a débarqué au bruit d'une décharge de boëtes & des acclamations du peuple. Un moment après elle a remis en mer pour jouir du spectacle d'une joûte. Le vainqueur lui a apporté la couronne & l'a reçue de nouveau de ses mains, avec le prix de son triomphe. On a voulu donner à Mad. *Saint-Huberty* le spectacle d'une pêche dans un immense filet, qu'on n'a jamais pu tirer à cause de l'affluence.

A la sortie de la gondole, Mad. *Saint-Huberty*

a été saluée d'une seconde *salve* ; le peuple a dansé autour d'elle, au son des tambourins & des galoubets, tandis que, couchée à la turque sur une espece de *divan*, elle recevoit en reine les hommages des spectateurs des deux sexes. On l'a conduite ensuite à travers une haie de pavillons illuminés dans une maison de plaisance voisine. On l'a fait entrer sous une tente, où l'on avoit élevé un petit théâtre champêtre.

L'on y joua une petite piece allégorique, composée, en l'honneur de cette divinité d'opéra, par un poëte Provençal, très-bien versifiée & remplie, malgré le sujet trivial, de traits heureux & de pensées ingénieuses.

Pendant le bal qui suivit, Mad. *Saint-Huberty* fut placée sur une estrade entre *Melpomene* & *Polymnie*, deux muses de la piece. Ensuite illumination au dedans & au dehors: enfin un souper splendide de soixante couverts, dressé dans une salle ouverte de tous côtés ou plutôt fermée uniquement, suivant l'usage du pays, par une grille en bois, à travers laquelle le peuple s'empressoit d'admirer l'héroïne. Sur la fin du repas on a chanté, la galerie a fait *chorus* : vous pensez bien que Mad. *Saint-Huberty* n'a pas été oubliée dans ces couplets. Elle a répondu par quelques couplets en patois provençal. On a porté sa santé ; les *vivat* répétés, & une salve générale ont terminé la fête.

15 *Août*. Relation de la séance publique de l'académie françoise, tenue aujourd'hui pour la distribution des prix.

Deux incidents ont occupé le public avant que messieurs arrivassent pour prendre leurs places & ouvrir la séance. Le premier a été le spectacle d'un groupe de douze ou quinze personnes auxquelles on avoit réservé un rang particulier, & qui sont venues l'occuper, précédées d'un Suisse & avec tout l'appareil de la distinction. On a jugé que ce n'étoit qu'une seule famille, parce que hommes, femmes & enfants, tous étoient également vêtus de noir; ce qui caractérisoit plutôt un enterrement qu'un triomphe & a désorienté sur le véritable objet de leur présence. Après bien des recherches, on a appris que c'étoit la famille de celui qui avoit mérité le prix de vertu.

L'annonce du prédicateur du matin a formé le second incident. Messieurs les académiciens avoient sans doute chargé le Suisse de cette proclamation, & tandis qu'il se plaçoit dans le banc du gouvernement, elle a été suivie de vifs & longs applaudissements. Il se nomme *de la Boissiere*; il est grand & leste; sa figure est à la fois, vive, spirituelle & modeste. Il paroît extrêmement jeune : il est le premier qui ait profité de la liberté donnée par l'académie de substituer un sujet de morale à l'éloge de Saint Louis. Le sien étoit la *Charité*; il a obtenu un succès universel, & d'autant plus flatteur, que c'est le début de l'orateur dans la carriere évangélique.

M. *de Saint Lambert*, chancelier de l'académie, qu'il présidoit en l'absence de M. *de Buffon*, directeur, a annoncé que *le prix d'encouragement*, fondé par M. *de Valbelle*, avoit été adjugé à M. *de Murville*, ce qui est ancien, & ce qu'on a consigné dans le temps, avec la fâcheuse anecdote qui en a été la suite. Il a dit encore que le prix destiné à l'ouvrage le plus utile & dont le donateur est anonyme, avoit été remis & seroit double l'année prochaine.

A l'égard du prix consacré à l'action la plus vertueuse, c'est au sieur *Poultier*, huissier-priseur, qu'il a été décerné pour le désintéressement noble & simple avec lequel il a refusé un legs de près de 100,000 livres, en exhortant le testateur de laisser son bien à ses héritiers naturels. Le sieur *Poultier* a accepté la médaille d'or, mais il en a remis la valeur, qui est de 1,080 livres, au secretaire de l'académie, comme un don qu'il fait de son propre mouvement au nommé *Chassin, portier* de M. *de Villiers*, administrateur des domaines, pour une action du même genre que la sienne, mais qui n'ayant pas été faite dans l'année, ainsi que l'exige la fondation de ce prix, n'a pu concourir.

Le sieur *Poultier* n'étant point dans cette assemblée, où il avoit déclaré à M. *de Marmontel* que son extrême sensibilité ne lui permettroit pas de se trouver, le secretaire a remis la médaille à madame *Poultier*, dont la jeunesse, la figure intéressante & pudique, ont excité les battements de mains de toute l'assemblée.

M. *de Saint-Lambert* a continué ses annonces, en avertissant que le prix de l'éloquence, dont le sujet étoit *l'Eloge de Louis XII, Pere du peuple*, étoit remis à l'année prochaine. Il a gémi sur le petit nombre de concurrents pour un éloge aussi beau, d'un aussi bon Roi, aussi propre à exciter le zele des orateurs françois. Encore dans le petit nombre de discours envoyés à l'académie, un seul s'est-il rencontré digne de quelque attention. Les juges l'ont trouvé bien écrit, bien pensé ; mais la forme de dialogue que l'auteur avoit pris leur a répugné. Ils ont présumé qu'elle n'avoit pas permis à l'auteur de donner à son sujet tout le développement nécessaire.

M. *de Saint-Lambert* a lu quelques réflexions sur la maniere de nos jeunes orateurs qui n'offrent que leurs pensées à écouter au spectateur, & ne le laissent point penser lui-même.

Il a lu à cette occasion des réflexions excellentes sur l'utilité & le but véritable des éloges des grands hommes, proposés aux jeunes littérateurs: il a esquissé un croquis du regne & du caractere de *Louis XII*, afin de leur indiquer la route à suivre, & les points sur lesquels l'académie désiroit qu'ils s'arrêtassent principalement. La réforme de l'administration de la justice, dégénérée en vrai brigandage, est un des morceaux sur lesquels il a insisté.

M. *de Saint-Lambert* ayant fini, M. *Séguier* s'est levé & a dit : « Messieurs, je réclame pour » ma compagnie contre une assertion de M. le » chancelier ; il me semble qu'il a reproché au » parlement de vexer les parties, de s'approprier » les dépouilles des plaideurs. Jamais cela n'est » arrivé. Dans tous les temps de la monarchie, » le parlement a été integre & pur. M. *de Saint-* » *Lambert* à voulu parler apparemment *des Com-* » *missions*. »

M. *de Saint-Lambert* a répondu tranquillement à M. l'avocat-général : " Monsieur, j'ai rendu ,, au parlement la justice qu'il mérite ,, : parce qu'en effet, en même temps qu'il l'avoit inculpé à l'égard des plaideurs, il l'avoit loué de son zele à raffermir l'autorité royale contre les entreprises des grands vassaux de la couronne.

Le secretaire a lu à son tour le programme d'un prix extraordinaire, proposé par une personne du plus haut rang, qui ne veut pas être nommée, pour l'ouvrage en vers, dans lequel on aura célébré le plus dignement, au jugement de l'académie françoise, le dévouement héroïque du prince *Maximilien-Jules-Léopold de Brunswick*, qui a péri dans l'Oder en allant au secours de deux paysans entraînés par les eaux. Ce prix à décerner le 25 août 1786, sera une médaille d'or de la valeur de 3,000 livres. Cette somme, que le secrétaire a effecté de faire sonner plus haut que le reste du discours, a fait croire avec raison que M. *Marmontel* en sentoit toute la valeur.

Il s'est répandu en même temps dans l'assemblée que M. le comte *d'Artois* étoit l'auteur du prix.

M. *Gaillard* ayant encore sur le cœur l'affront qu'il avoit essuyé dans la cruelle séance du 27 janvier dernier, a voulu profiter de la tranquillité & du vuide de la séance actuelle pour prendre sa revanche. Il a eu la force de lire une digression sur la *Pucelle d'Orléans*, qu'il regarde comme un des sujets les plus favorables à l'épopée, entre tous ceux de l'histoire moderne. Il a poussé la hardiesse jusqu'à critiquer *Voltaire*, jusqu'à blâmer l'indécence avec laquelle il avoit dégradé une héroïne, martelée par *Chapelain* dans les vers froids & barbares : quoiqu'il n'ait rien dit de neuf sur tout cela, quoiqu'il ne se fût pas défait de son ton pédantesque & guindé, les auditeurs l'ont écouté sans murmure, & l'ont même applaudi quelquefois.

C'est M. *Marmontel*, dont l'article destiné à l'encyclopédie *sur les Etudes relatives à l'Eloquence*, qui a continué d'emporter les suffrages & de ravir l'assemblée. Ce dissertateur systématique proscrit les diverses méthodes de *Quintilien*, de *Rollin*, & de tous ses prédécesseurs qui ont écrit sur cette matiere. Il prétend que la seule façon de former les jeunes gens à la rhétorique, c'est de leur lire quelque morceau d'un livre classique en ce genre, & de les obliger ensuite de rendre ce morceau, de mémoire, dans une autre langue. A cette discussion assez seche, il a fait succéder un mouvement oratoire, où se faisant l'objection tant de fois répétée : *A quoi sert l'Eloquence dans un Etat Monarchique, visant même au despotisme ?* Il a fait une énumération pathétique de tous les objets qui restoient encore à traiter aux orateurs, & y a fait venir adroitement les anecdotes du jour, qui ont ajouté plus de force & d'intérêt à ses exemples.

La séance a été terminée par la lecture qu'a fait M. Bailly d'un *Eloge de Marivaux*, ouvrage posthume de M. *d'Alembert*, où le confrere est encore plus satirisé que loué ; le tout, à la maniere du défunt, très-souvent bouffonne. Ce morceau auroit pu passer pour la petite piece destinée à faire rire l'assemblée, si la longueur d'une heure entiere de lecture, n'eût au contraire contribué à la faire bâiller.

26 *Août*. La Reine vient décidément lundi prochain 29 à Saint-Cloud, & le Roi, mardi, avec toute leur cour ; ce qui fait une suite d'environ mille personnes à loger en un aussi petit lieu. En conséquence les maréchaux-des-logis marquent impitoyablement à la craie les maisons & les appartements qui paroissent leur convenir, & par préférence ce qui est loué par les habitants de Paris, s'ils en sont absents.

27 *Août*. Comme madame *de la Motte* joue un grand rôle dans l'aventure du collier, l'on s'en entretient beaucoup, & son histoire d'ailleurs

est singuliere. Elle est *Valois* eu son nom, & descend de cette maison de France par un bâtard de *Henri II*. Elle étoit dans la plus grande misere & demandoit l'aumône. Elle intéressa madame *de Boulainvillers*, la femme du prévôt de Paris. Elle excita sur-tout sa curiosité par ce nom de *Valois*, au point que cette dame demanda à voir ses titres : elle les fit examiner : ils furent trouvés en bon état, & si bons que le gouvernement ne pût s'empêcher de la reconnoître pour telle, elle, une sœur & un frere qui étoit matelot, & de leur donner du secours. Le frere fut fait enseigne dans la marine & est aujourd'hui lieutenant de vaisseau, sous le nom de *Baron de Saint-Remy de Valois*. Elle a épousé un M. *de la Motte*, qui est garde-du-corps d'un des freres du Roi. On ne dit point ce qu'est devenue l'autre sœur. Quant à celle-là, elle s'est trouvée très-disposée à la dépense, à la galanterie & à l'intrigue ; elle est jolie, toute jeune encore, & vivoit avec un très-grand faste.

Un joaillier a déposé que peut-être un mois avant la catastrophe du cardinal, elle étoit venue lui proposer d'acheter des diamants, qu'elle dit lui avoir été donnés en présent par un Américain, auquel elle avoit rendu des services importants. Ce joaillier la pria de lui confier ces diamants, faisant un objet trop considérable pour qu'il en fît seul l'acquisition. Madame *de la Motte* les lui laissa. Revenue, elle trouva l'offre qu'il lui faisoit trop foible. Et cependant il a su qu'elle les avoit vendus à un autre joaillier pour le même prix.

M. *de la Motte* étoit aussi fastueux que sa femme : il portoit des diamants à tous les doigts. La veille de sa détention, cette dame avoit été dîner à

Clairvaux

Clairvaux en carrosse à six chevaux : l'abbé avoit reçu ses lettres pendant le repas, & sachant l'intétêt qu'elle prenoit au cardinal, avoit hésité long-temps à lui parler de la nouvelle du jour qu'on lui apprenoit. Comme elle le pressoit cependant, il ne la lui dissimula pas : elle n'en sembla point fort émue.

M. *de la Motte* n'a point été arrêté.

27 *Août.* Cette année ci sembloit devoir être très-favorable au bled ; cependant il y en a une grande quantité de moucheté, c'est-à-dire de taché de noir. M. l'intendant de la généralité de Paris, désirant remédier à cet accident & à ses suites, a engagé la société royale d'agriculture de s'occuper d'une instruction capable de remplir ses vues. MM. *Parmentier* & *Cadet de Vaux*, les grands faiseurs, ont été chargés de la rédaction. L'objet de leur travail est d'augmenter la valeur du bled moucheté dans le commerce, & d'en préparer un pain de bonne qualité.

28 *Août.* Il passe pour constant qu'hier les trois ministres, c'est-à-dire, MM. le baron *de Breteuil*, le comte *de Vergennes* & le maréchal *de Castries* se sont rendus à la Bastille, & ont signifié de la part du Roi au cardinal, que sous un délai de quatre jours il eût à opter d'être jugé, soit par le parlement, soit par une commission, soit de recourir à la clémennce du monarque. Ils lui ont ajouté que S. M. afin de lui procurer toutes les facilités de se déterminer en connoissance de cause, lui permettoit durant cet intervalle de voir sa famille & les divers jurisconsultes propres à l'éclairer sur le parti à prendre.

Ceci est relatif à la conduite de son éminence

envers M. *de Crofne*, & confirme fon refus de répondre à ce lieutenant de police.

28 *Août*. Le même événement qui fait s'entretenir de madame *de la Motte*, donne auffi occafion de s'entretenir du comte *de Cagliostro*, dont cependant on a déjà parlé. On le préfente aujourd'hui fous un nouveau point de vue. C'eft un des chefs de la fecte qui s'appelle les *Illuminés* en Allemagne, les *Martiniftes* à Lyon, & les *Théofophes* à Paris. Il feroit difficile de rendre compte du fond de la doctrine de ces enthoufiaftes, qui eft un grand galimatias, comme on a pu juger par quelques livres qu'ils ont publiés, entr'autres un, intitulé: *De la Vérité*. On veut auffi que les affemblées d'Ermenonville euffent quelque rapport avec ces folies. Quoi qu'il en foit, le cardinal crédule y donnoit, & ceux qui le défendent, reprochent au comte *de Cagliostro* de l'avoir abufé & conduit où il eft.

29 *Août*. On a rendu dans le temps à Mlle. *Théodore* la juftice qu'elle mérite, en la plaçant beaucoup au-deffus des danfeufes ordinaires, non-feulement par fes talents, mais par fa philofophie & par fes connoiffances en littérature. On voit dans le mercure du 27 de ce mois une lettre d'elle très-piquante, fous le nom de femme *d'Auberval* qu'elle eft aujourd'hui. Après avoir capté d'abord la bienveillance des journaliftes par des louanges qui doivent les flatter, mais à travers lefquelles on reconnoît qu'elle fait au fond apprécier tout ce que vaut ce journal, elle venge fon mari des plagiats du fieur *Gardel*. Elle fe fert de l'ironie avec beaucoup de gaieté & de fineffe. On y apprend ce que l'on ignoroit, que le fieur *d'Auberval* eft aujourd'hui maître des ballets de

Bordeaux, & il paroît que c'est sur les compositions qu'il imagine pour le théâtre de la capitale de la Guienne, que le sieur *Gardel* a calqué depuis quelque temps ses plans de pantomimes à l'opéra. Il faut entendre la défense de celui-ci.

29 *Août*. Mardi dernier 24, M. le président *de Corberon*, président de la premiere chambre des enquêtes, d'après un dire de M. *d'Eprémesnil*, a dénoncé aux chambres assemblées l'enlevement du cardinal & de plusieurs autres personnes; ce qui devoit intéresser la compagnie, comme chargée de la haute police & de veiller à la sûreté des citoyens. Il a dit qu'après avoir été, au nom de la chambre, le premier à exciter le zele du parlement à l'occasion des désordres & des déprédations de l'hôpital des Quinze-Vingts, où le prince *Louis*, comme chef & supérieur, se trouvoit compromis, il croyoit devoir oublier en ce moment cette accusation pour venir au secours d'un prince de l'église, du grand-aumônier accablé sous un coup d'autorité.

Cette dénonciation n'a pas produit d'effet; il n'y a eu que 34 voix pour l'admettre. Le reste de la compagnie, au nombre de 45 voix, qui ont suivi le président *d'Ormesson*, a été d'avis de renvoyer la délibération à un temps plus opportun, ce qui signifie véritablement qu'elle ne veut pas s'en occuper, & est une véritable reconnoissance tacite qu'elle fait de la légitimité des lettres de cachet, contre lesquelles le parlement s'élevoit autrefois avec tant de force.

On ajoute que plusieurs membres avoient eu recours à la chambre des comptes, en avoient consulté les registres, avoient lu les titres d'érection de la charge de grand-aumônier, & avoient reconnu qu'il n'étoit point inamovible ; que les Rois s'étoient toujours réservé la faculté de les changer & les renvoyer, & que nommément les provisions du cardinal *de Rohan* étoient précises là-dessus.

30 *Août*. Extrait d'une lettre de Strasbourg, du 14 août...... « M. *Weulerffe*, ingénieur-méchanicien de la marine du Roi, inventeur d'une machine propre à servir de ventilateur dans les hôpitaux, conformément aux ordres du ministre, en est venu établir une dans l'hôpital militaire de cette ville. Il l'a posée & l'a fait jouer lui-même en présence de plusieurs officiers généraux & des officiers de santé. On a reconnu unanimement qu'elle remplissoit parfaitement son objet, en chassant avec rapidité le mauvais air qui circule dans les salles. Cette machine est d'autant plus utile qu'elle est simple..... »

30 *Août*. C'est M. *Vidault de la Tour* qui est à la tête de la librairie, quoique cette place n'ait été guere occupée jusqu'à présent que par un maître des requêtes. Le nouveau chef est conseiller d'état.

31 *Août*. M. *le Coulteux de la Noraye* trouvant plus facile & plus commode de faire arrêter la lettre du comte *de Mirabeau* que d'y répondre, a obtenu un arrêt du conseil, en date du 24 de ce mois, qui la supprime, non-seulement comme contraire au bon ordre, mais comme contenant des expressions injurieuses à l'honneur d'un citoyen, jouissant d'une réputation méritée & héréditaire dans sa famille, ainsi qu'à celui des administrateurs d'un établissement protégé par sa majesté, & que leurs fonctions & leur conduite auroient dû mettre à l'abri des inculpations dirigées contre

eux dans l'ouvrage proscrit. On conçoit que cette phrase concerne messieurs les directeurs de la caisse d'escompte.

Du reste, quoique M. le comte *de Mirabeau* soit nommé en toutes lettres dans l'arrêt du conseil, & reconnu pour l'auteur de l'écrit, rien de direct contre lui, & il y est ménagé avec le plus grand soin. Ce qui confirme de plus en plus l'affection dont l'honore le ministre des finances.

31 *Août*. Extrait d'une lettre de Lille, du 17 août 1785..... « M. *Blanchard*, que nous avons eu le bonheur de posséder ici, nous a d'abord amusés avec diverses épreuves d'une machine qu'il appelle *parachûte*, avec laquelle un corps lancé d'en haut, tombe très-doucement & sans éprouver ni contusion, ni commotion, ni froissement. M. le prince *de Robecq*, commandant de la province, lui a fait l'honneur d'y assister une fois, & a été très-satisfait de cette invention. Ce jour même il faisoit du vent & de la pluie, qui n'ont en rien empêché l'expérience. Tout cela n'étoit que le prélude du quatorzieme voyage que cet infatigable aéronaute devoit entreprendre avec un chevalier *de l'Epinard*. Le jour de la Saint-Louis étoit indiqué à cet effet, & cependant le sieur *Blanchard* ne s'étant pas mis en devoir de remplir sa promesse, les magistrats de cette ville, qui ne sont pas plaisants, l'obligerent de comparoir le soir pour leur rendre compte des motifs de son retard ; & ils jugerent à propos de le faire garder à vue jusqu'au lendemain, qu'il s'éleva sur les onze heures avec son camarade, très-majestueusement. Ils saluerent le public de leurs drapeaux, sur lesquels étoient peintes les armes

de la ville. Dans le cours de fon afcenfion, M. *Blanchard* lâcha de nouveau fon parachûte, auquel étoit attaché un chien qui defcendit fans fe faire aucun mal. On apperçut le ballon pendant trois quarts-d'heure fuivant la direction du vent, & l'on ne fait encore où il eft allé. »

1 *Septembre* 1785. M. le garde-des-fceaux vient de faire renouveller, en faveur du fieur *Lallemant*, imprimeur à Rouen, qui jouit de la nobleffe, le privilege d'exercer fon art & le commerce de la librairie fans y déroger. Tout gentilhomme a droit aux avantages de ce privilege.

1 *Septembre*. Aujourd'hui, M. le Dauphin a été inoculé par ordre du Roi dans le château de Saint-Cloud, en préfence de toute la famille royale, de madame la gouvernante des enfants de France, & des premiers officiers de fanté qui doivent fuivre cette inoculation. C'eft M. *Jauberthou*, médecin confultant de M. le comte *d'Artois*, le grand faifeur en ce genre, & qui a déjà inoculé le Roi & la famille royale, qui a été chargé de cette opération.

Il a pratiqué, fuivant la méthode des piqûres fur les deux bras du prince, l'infertion du levain variolique pris fur les boutons varioleux & en pleine fuppuration d'un enfant de deux ans & demi. M. *de Laffone*, premier médecin du Roi & de la Reine, M. *Brunyer*, médecin des enfants de France & l'inoculateur, avoient eu ordre d'examiner & de conftater d'avance l'état actuel de l'enfant, dont ils ont été fatisfaits. Ils ont pareillement reconnu & certifié la bonne fanté du pere & de la mere, dont les mœurs régulieres & la bonne conduite ont été auffi atteftées de la maniere la plus authentique par M. *de Crofne*, lieutenant-général de police, qui avoit été chargé de cet examen particulier.

1 *Septembre.* Une anecdote dont on a parlé depuis la détention du cardinal, mais trop invraisemblable pour ne pas en exiger la confirmation, étant aujourd'hui constatée de façon à ne pouvoir se refuser de la croire, mérite d'être rapportée. Dans le court intervalle où le cardinal resta à la garde de M. *de Jouffroy*, lorsque le baron *de Breteuil* retourna vers le Roi, S. E. ne perdit point la tête. Sous prétexte de prescrire quelque arrangement domestique chez elle, elle emprunta un crayon de cet officier, & sur une carte écrivit quelques mots en allemand. Elle la donna sur le champ à un heyduque, qui fit seller promptement un cheval & le rendit à Paris.

Par la levée du scellé on a découvert que ce billet portoit de brûler les papiers contenus au carton N°. G. Ce que l'abbé *Georgel* a avoué avoir fait, & sur les reproches du ministre il lui a répondu avec fermeté: « Monsieur, je n'ai rempli » que mon devoir, comme vous envers le Roi, » lorsque S. M. vous donne des ordres. »

M. *de Jouffroy* réprimandé de son côté d'avoir laissé écrire le cardinal, a répondu que ses ordres ne lui prescrivoient pas de l'en empêcher; que d'ailleurs il avoit été si troublé de l'apostrophe inusitée de M. le baron *de Breteuil*: *Monsieur, de la part du Roi, suivez-moi,* qu'il n'en étoit pas encore revenu & ne savoit trop ce qu'il faisoit. En effet, comme cet officier est dérangé & a des dettes, il a avoué qu'il a craint que l'ordre ne le regardât personnellement.

2 *Septembre.* Les divers arrêts du conseil qu'on vient de publier, dont l'objet est de donner une

nouvelle activité aux manufactures nationales & de faire jouir le royaume de tous les avantages que son sol, ses productions, son industrie & sa position doivent lui procurer, ont déjà réveillé l'émulation générale. Afin de mieux l'exciter, M. le contrôleur-général visite successivement les plus essentielles de cette capitale.

Ce ministre, qui avoit déjà été voir les machines à carder & à filer le coton, que les sieurs *Milner* ont portées au plus haut point de perfection, & celles non moins utiles que les sieurs *Martin* & *Flesselles* ont exécutées, s'est transporté récemment à la manufacture royale des papiers peints du sieur *Réveillon*; établissement le plus considérable & le plus complet qu'il y ait en ce genre.

Le même jour, après avoir été aux prisons de l'hôtel de la Force, M. *de Calonne* a examiné dans le plus grand détail l'attelier de filature en soie du sieur *Villers*, ainsi que la maison d'association, dont l'objet est de perfectionner les gazes.

Cette branche capitale de notre commerce a commencé de fleurir en France sous *Henri IV*. Elle avoit été négligée & reprend une nouvelle vie par les encouragements qu'elle reçoit. Nous avons des soies parfaites en France; notre apprêt est supérieur, aucune nation ne l'emporte sur nous pour l'élégance des desseins. La finesse & l'égalité du filé destiné aux gazes nous manquoient : c'est à quoi s'occupe la maison d'association. Les moulins du sieur *Villers* y ont été adoptés & ont produit une soie plus belle, plus éclatante en blancheur, plus fine & aussi forte que la soie venue de la Chine. Cette soie en outre provenoit de cocons de vers élevés à Paris. M. *de Ca-*

lonne. les a présentés au Roi, & la Reine a déclaré que désormais elle ne porteroit plus que des gazes françoises.

M. le contrôleur est allé voir encore à Clignancourt, chez le sieur *Grancher*, les ouvrages qui s'y font en acier poli, & il a reconnu qu'ils égaloient les plus finis de l'Angleterre. Il en a choisi une épée qu'il a présentée au Roi. Sa majesté a reçu aussi & porte une épée en plaqué d'or de la nouvelle manufacture du sieur *Daaty*.

De son côté la Reine semble prendre à cœur de faire prospérer la nouvelle manufacture de verres & cristaux, établie à Saint-Cloud sous sa protection.

Enfin le sieur *Argand*, véritable inventeur des lampes les plus parfaites, vient d'obtenir un privilege pour former en France un établissement dont l'objet est de procurer une maniere agréable d'éclairer sans la moindre fumée.

2 *Septembre*. Les arts viennent de perdre le sieur *le Roi*, horloger du Roi & pensionnaire de sa majesté, mort le 25 août, âgé de soixante-huit ans, fils du fameux *Julien*. Il avoit hérité de ses talents & soutenu sa gloire. Il est auteur des montres marines qui lui mériterent le prix de l'académie des sciences. Il n'étoit pas simplement artiste ; il avoit l'esprit cultivé par l'étude des belles-lettres. Il étoit particulièrement versé dans la physique & l'astronomie ; ce que prouvent ses *Etrennes Chrométriques*, qu'il ne faut pas confondre avec les almanachs, quoiqu'elles en aient la forme.

2 *Septembre*. Le résumé des opérations principales de la police durant environ dix ans, que M. *le Noir* en a été chargé à deux reprises, est

sans doute le plus bel éloge qu'on puisse en faire. Et c'est à M. *Suard* qu'on est redevable de cette esquisse rapide.

Ce magistrat, pendant toute son administration, a entretenu dans Paris la sureté, la tranquillité, la salubrité, l'ordre & l'abondance. Jamais il n'y eut moins d'assassinats, de vols & de désordres.

Paris, qui n'étoit éclairé la nuit que dans les jours où il n'y avoit point de lune, l'est aujourd'hui durant toute l'année. On doit aussi à M. *le Noir* l'illumination du chemin de Paris à Versailles.

Sous lui, les corps-de-garde pour la sureté publique ont été multipliés, les marchés ont été agrandis & augmentés. Une nouvelle halle a été ouverte : on a retrouvé, pour couvrir celle au bled, un procédé oublié ou perdu.

La pompe à feu a pris naissance & doit procurer l'arrosement des rues, aussi utile à la salubrité qu'à la propreté.

Plusieurs cimetieres ont été transportés hors de la ville : les secours proposés par la physique & la chymie pour prévenir les effets de méphitisme, & pour rappeller à la vie les noyés & les asphixiés ont été multipliés & employés avec le plus grand succès.

On doit à M. *le Noir* l'institution du mont-de-piété ; il a prévenu les désordres du château de Bicêtre, en occupant plus de quatre mille prisonniers.

Les vaisseaux de cuivre pour le transport du lait, d'un usage si dangereux, ont été réformés, ainsi que les balances de ce métal pour le débit du tabac, du sel & des fruits. M. *le Noir* a fadéfendre aussi les comptoirs de plomb chez les marchands de vin.

Ce magistrat a fait établir dans tous les corps-de-garde, des *civieres* ou *brancards* commodes, garnis d'un matelas, à la disposition du public, pour transporter les malheureux frappés d'apoplexie dans les rues, blessés par une chûte, écrasés par une voiture, &c.

Il seroit sans doute difficile de trouver une administration plus pleine & plus utilement remplie dans une période de temps aussi courte.

Enfin, pour dernier trait à ce tableau, M. *Suard* a oublié d'ajouter que c'est par le concours de M. *le Noir*, que le donjon de Vincennes, vuidé de ses prisonniers, ouvert au public, a cessé d'être un monument de l'autorité despotique.

3 *Septembre.* On sait aujourd'hui que M. le cardinal *de Rohan* a écrit en réponse des ordres que les ministres lui ont intimés, une réponse au Roi, où il déclare ne vouloir point recourir à la clémence de sa majesté dont il reconnoît toute l'étendue, mais dont heureusement, n'étant pas coupable, il n'a nul besoin. Il rejette aussi la commission, comme un tribunal illégal, par lequel il ne se croiroit pas justifié pleinement. Il choisit enfin le parlement.

En conséquence, il a été tenu un grand conseil à Saint-Cloud, il y a quelques jours, & il a été décidé d'envoyer des lettres-patentes d'attribution à cette cour, mais elles ne sont pas encore expédiées.

3 *Septembre.* Le prince *de Nassau-Saarbruck* a ratifié & confirmé le 2 août, au château de Saarbruck, en présence du prince régnant son pere, & des princes ses beau-pere & beau-frere, son

mariage avec la princesse *Maximilienne de Montbarrey*, célébré les 6 & 9 octobre 1779, à Saarbruck & à Reishoven en Alsace.

4 Septembre. La discorde s'est mise dans la société de l'harmonie. Des membres se sont plaints de la conduite du sieur *Mesmer* qui ne remplissoit pas les conditions du marché & ne leur révéloit point son secret. M. *d'Eprémesnil* est à la tête. Le docteur a répondu : il prétend que c'est le magistrat qui manque à sa parole. Cette guerre intestine a produit des écrits imprimés, mais qui restent jusqu'à présent renfermés dans le sein des adeptes.

4 Septembre. Une résurrection fort singuliere, est celle du *Jaloux sans amour*. Cette comédie de M. *Imbert*, morte & enterrée en 1781, graces à Mlle. *Contat* & aux autres acteurs, quoiqu'elle ne soit pas améliorée de beaucoup, a reparu avec une sorte de succès, poussé jusqu'à dix représentations, dont la derniere doit avoir lieu mercredi.

4 Septembre. Le duc *de Berry* a été inoculé à Saint-Cloud, dans la maison de M. *de Chalut*, le même jour que M. le Dauphin, & avec les mêmes formalités.

5 Septembre. Le mémoire de la chambre des comptes annoncé, est de M. *de Saint Genis*, conseiller-auditeur des comptes. La chambre l'a fait distribuer à chacun de ses membres ; ce qui le rend moins difficile à trouver dans ce moment. Il a pour titre : *Défense des droits du Roi contre les prétentions du clergé de France sur cette question : Les ecclésiastiques doivent-ils à S. M. la foi & hommage, l'aveu & dénombrement, ou des déclarations de temporel pour les biens qu'ils possedent dans le royaume ?*

Il paroît que le clergé, dans l'espoir de se soustraire aux impositions pour lesquelles on le tourmente depuis long-temps, a poussé ses prétentions plus loin, & a soutenu qu'il est exempt de tous droits & devoirs féodaux envers le Roi, pour les terres titrées & non titrées dont il jouit.

Ses moyens ont été exposés dans des mémoires très-amples & rassemblés principalement dans l'instruction imprimée, dont la rédaction est attribuée à M. l'archevêque d'Aix.

M. *de Saint-Genis* prend successivement chacune des quatre propositions servant de base au *factum* du clergé. Il établit les quatre propositions contraires qu'il prouve par les faits; il releve plusieurs erreurs qui ont eu lieu de la part de ses défenseurs dans l'application de ces mêmes propositions; il se livre à des réflexions sur le danger d'admettre les prétentions de cet ordre. Enfin il prouve que l'intérêt des ecclésiastiques, celui du Roi, de l'état & des citoyens, se réunissent aux monuments de la législation & de l'histoire, & exigent que les devoirs de la féodalité soient exactement remplis par les membres du clergé.

Il seroit ennuyeux d'entrer dans un développement plus étendu de ce mémoire, très-important pour son objet, mais très-sec dans sa discussion. Il faudroit avant, définir une foule de termes barbares, dont le nom seul effraieroit, & se livrer ensuite à des détails trop longs. Il suffit d'en avoir offert le résultat.

5 *septembre.* Aujourd'hui lundi, un méchanicien espagnol, se disant pensionné de la cour d'Espagne & de la société de Barcelone, se pro-

posé de parcourir la Seine à pied sec, par le moyen de sabots de son invention.

L'enceinte de la Rapée, où l'on fait la joûte, agrandie de plus du double à cet effet, sera le théâtre de l'expérience, déjà faite en présence du comte *de Vergennes*, du prévôt des marchands & d'autres personnes de distinction.

5 *Septembre.* La banque a été dans une grande fermentation depuis l'arrêt du conseil concernant la bourse. L'argent est devenu si rare que le papier des meilleurs banquiers s'est escompté à sept & huit. La caisse d'escompte a gardé ses fonds. Enfin il y a eu une députation vers M. le contrôleur-général, pour le prier de vouloir bien venir au secours des banquiers.

6 *Septembre.* Les lettres-patentes concernant l'affaire du cardinal, ont d'abord été portées en blanc aux chefs du parlement pour les examiner: ils y ont trouvé deux choses à réformer : la premiere, en ce qu'on attribuoit à cette cour, comme commission seulement, la connoissance du procès; la seconde, en ce que le Roi vouloit qu'il fût jugé durant les vacances. On s'est concilié & elles ont été enrégistrées aujourd'hui à la grand'chambre assemblée. Le procureur-général doit demain rendre plainte en conséquence, & M. *Titon de Villotran* est désigné d'avance pour rapporteur, & pour informer durant les vacances.

La cour auroit désiré que ce fût M. *d'Amécourt*, son rapporteur; mais il est de la chambre des vacations & n'auroit pu avoir le temps de faire une instruction aussi ample.

Le corps du délit énoncé dans les lettres-patentes, est l'achat d'un collier de diamants sous le nom suppofé de la Reine, & l'exhibition d'une signature prétendue de S. M.

« 6 *Septembre*. On a parlé de prétendus bons de places de finances, qui s'agiotoient & se commerçoient d'avance sur-tout relativement au bail des fermes qui va se renouveller. On a déjà dit qu'un arrêt du conseil avoit proscrit sévérement ces marchés. Aujourd'hui, par un autre arrêt du conseil du 28 août, le Roi ordonne que, par le lieutenant-général de police & les officiers du Châtelet y tenant la chambre des vacations, le procès sera fait aux auteurs & complices de traités, marchés & négociations de l'espece ci-dessus. On conçoit fort que tout cela n'est qu'une dérision.

7. *Septembre*. Il passe pour constant depuis quelque temps que M. *d'Entrecasteaux* est mort de douleur à Lisbonne ; qu'avant il a déclaré être seul auteur du crime du meurtre de sa femme, & n'avoir aucun complice. Il a raconté que, pour le commettre, il s'étoit mis absolument nu, & s'étoit ensuite plongé dans le puits de sa maison, de façon qu'il ne restât sur lui aucune trace de sang.

7 *Septembre*. La marquise *de Seignelay*, dont le germe de la contestation avec son mari se rapporte à la mort du duc *de Caylus*, anecdote consignée dans le temps, ne peut qu'encourager les femmes ses semblables par l'heureuse issue de son affaire. Elle s'étoit pourvue au Châtelet pour obtenir sa séparation de corps, & avoit été déclarée non-recevable par sentence du 30 *décembre* 1783, qu'un arrêt du 2 mars 1784 avoit confirmée. Il ne lui avoit accordé que deux mois pour rentrer dans la maison de son mari : ma-

dame *de Seignelay*, sur sa demande que ce délai fût prolongé d'un an, l'avoit obtenu par arrêt du 11 mai 1784; sous prétexte du mauvais état de sa santé, elle s'étoit retirée chez le marquis *de Bethune* son pere. D'après une requête du mari, le 14 juillet suivant, arrêt qui ordonne provisoirement qu'elle rentrera au couvent, &, sur sa demande de rester chez son pere, renvoie les parties à l'audience.

Madame la marquise *de Seignelay* a rendu plainte en la cour, de la requête injurieuse & diffamatoire du marquis *de Seignelay*; elle a requis de nouveau sa séparation de corps en articulant des griefs postérieurs. Tel est le sommaire de ce qui a précédé l'éloquent plaidoyer de Me. *Gerbier*, qui a déterminé enfin hier 6 septembre les juges en faveur de sa cliente. Ils l'ont admise à la preuve des faits.

8 Septembre. L'expérience de lundi dernier a complétement réussi. L'Espagnol s'est placé sur l'eau sans autre secours que ses sabots, dont la forme n'est pas connue; il a avancé dans la riviere, tantôt suivant, tantôt contre le courant; il s'est arrêté quelquefois, & d'autres fois il s'est baissé pour prendre de l'eau dans le creux de sa main, & dans ces deux situations il n'a pas paru dériver. Sa marche étoit lente & sembloit pénible, sur-tout par la difficulté de garder son équilibre: il est resté sur l'eau de quinze à vingt minutes, &, avant de regagner le bord, il a quitté ses sabots, qu'il a laissés dans une espece de boîte qui étoit à flot, afin d'en cacher la configuration & la nature aux spectateurs.

On avoit eu soin de commander un bâteau qui se tenoit à une certaine distance, toujours disposé à secourir le marcheur.

8ᵉ septembre. Extrait d'une lettre de Lille, du 27 septembre..... M. *Blanchard* & le chevalier *de l'Epinard* sont de retour ici : ils sont descendus le même jour de leur départ, 26 août, à Servon en Clermontois, distant de soixante-trois lieues de Lille. Ils se trouvoient aux environs de Sainte-Menehould, & s'y sont rendus le lendemain. Le corps municipal, prévenu de leur arrivée, est venu les recevoir aux portes de la ville, accompagné des chevaliers de l'arquebuse en armes, leur a présenté le vin d'honneur & leur a donné à dîner.

M. *Blanchard* prétend avoir fait environ 120 lieues en 7 heures par les déviations qu'il a éprouvées ; il alloit à Paris, mais un courant l'a porté dans les Ardennes & de-là en Champagne.

Les magistrats de notre ville ont félicité les voyageurs, ont consigné l'événement dans leurs registres, & après avoir défrayé le sieur *Blanchard* doivent lui faire un présent qui, je crois, sera une boîte d'or aux armes de la ville, de la valeur de 1,200 livres, avec une inscription analogue.

Quant au chevalier *de l'Epinard*, il est au-dessus d'une récompense, & ne veut qu'un témoignage de l'estime & de l'admiration des magistrats.

M. *Blanchard* va partir pour Francfort, où il est désiré depuis long-temps, & d'où sans doute il entreprendra un quinzieme voyage.

9 septembre. Comme tout est important dans le grand procès du cardinal, voici la teneur même des lettres-patentes.

« Louis, &c. ayant été informé que les nommés

Bohmer & Bassanges auroient vendu au cardinal *de Rohan* un collier en brillants; que ledit cardinal à l'insçu de la Reine, notre très-chere épouse & compagne, leur auroit dit être autorisé par elle à en faire l'acquisition moyennant le prix de 1,600,000 livres, payables en différents temps, il leur auroit fait voir à cet effet de prétendues propositions qu'il leur auroit exhibées comme approuvées & signées par la Reine; que ledit collier ayant été livré par lesdits Bohmer & Bassanges audit cardinal, & le premier paiement convenu entre eux n'ayant pas été effectué, ils auroient eu recours à la Reine: nous n'avons pu voir, sans une juste indignation, que l'on ait osé emprunter un nom auguste & qui nous est cher à tant de titres, & violer avec une témérité aussi inouie le respect dû à la majesté royale. Nous avons pensé qu'il étoit de notre justice de mander devant nous ledit cardinal, & sur la déclaration qu'il nous a faite qu'il avoit été trompé par une femme nommée *la Motte de Valois*, nous avons jugé qu'il étoit indispensable de nous assurer de sa personne & de celle de ladite *la Motte de Valois*, & de prendre les mesures que notre sagesse nous a suggérées pour découvrir tous ceux qui auroient pu être auteurs ou complices d'un attentat de cette nature, & nous avons jugé à propos de vous en attribuer la connoissance, pour être le procès par vous instruit & jugé, la grand'chambre assemblée.....

« A ces causes, &c.... & attendu que la matiere requiert célérité, pour ne pas laisser perdre les preuves qui pourroient dépérir par le retardement, nous vous mandons & ordonnons d'informer desdits faits ci-dessus, circonstances & dépendances à la requête de notre procureur-général, & à cet effet de commettre tels d'entre vous que vous aviserez, pour procéder à l'audition des témoins qui seroient nommés par notre procureur-général, & faire tous autres actes tendants à constater lesdits faits & délits, lesquels nous avons autorisés à procéder auxdites instructions, même en temps de vacations, pour lesdites informations & autres procédures rapportées devant la grand'chambre assemblée après la rentrée de notre parlement, y être par vous statué, ainsi qu'il appartiendra. »

9 Septembre. Depuis ce printemps on a repris les travaux de la grande muraille dont on veut enceindre Paris, & l'on achete au poids de l'or les terrains dont on a besoin pour que rien ne retarde cet important ouvrage. C'est ainsi que M. l'abbé *Philippe*, conseiller de grand'chambre & doyen de Saint-Marcel, a vendu en cette derniere qualité six perches, 12,000 liv.

Lorsqu'on s'est trouvé à la hauteur du palais bâti sur les nouveaux boulevards pour Mlle. *de Condé*, il y a eu une suspension en cet endroit relativement à la demande de la princesse & d'autres grands seigneurs voisins, qui sollicitoient ou un reculement ou une grille. On ne sait comment cette difficulté est terminée, ou si même elle l'est; on n'en a pas moins poursuivi les travaux au-delà.

9 Septembre. Entre les différentes critiques pullulant déjà de toutes parts sur le salon, il faut distinguer les *Réflexions impartiales sur les progrès de l'art en France, & sur les tableaux exposés au Louvre par ordre du Roi en 1785*, de

M. l'abbé *Soulavie*, où ce dernier objet qui n'est que secondaire, est traité en grand & relativement au vaste ouvrage qu'il se propose & dont il a déjà répandu un *Prospectus* sur une nouvelle maniere d'envisager & d'écrire l'histoire de France ; c'est-à-dire, celle de la nation & de ses grands hommes, plutôt que celle de ses souverains.

10 *Septembre*. La fermentation continue parmi les banquiers & agioteurs : ils sont furieux de ne point voir paroître l'arrêt qui devoit modifier celui qui, en gênant les spéculations, a porté un coup mortel à la confiance & fait baisser tous les effets. C'est au mois de novembre que le dépôt d'effets des négociations antérieures à l'arrêt doit avoir lieu, pour qu'elles soient valides, & ce dépôt devient impossible, puisque la spéculation porte souvent sur un plus grand nombre d'effets qu'il n'y en a ; ce qui va occasionner des procès sans fin aux consuls. Ces contestations ne laissent pas que d'embarrasser M. le contrôleur-général, qui ne les avoit pas prévues. On lui avoit persuadé, qu'en arrêtant ces marchés chimériques, la fureur de l'agiot se porteroit sur son emprunt de 125 millions, lui fourniroit un véhicule ; & au contraire, il se décrédite plus que tout le reste. C'est d'autant plus fâcheux que la crise survient précisément au moment où le ministre des finances ne peut guere se dispenser d'ouvrir encore un emprunt.

10 *Septembre*. Entre les tableaux du salon exposés cette année, on distingue une sainte Therese en extase de M. *Taillasson*. Elle est applaudie généralement. On veut qu'un plaisant

ait à ce sujet adressé l'impromptu suivant à l'artiste :

> Taillasson ! ôte de ce lieu
> Ta Therese trop adorable !
> Tandis qu'elle se donne à Dieu,
> Elle nous fait donner au Diable.

Du reste, il est bon d'observer en passant que M. Taillasson est en outre un homme de lettres, auteur d'un ouvrage intitulé : Danger des regles dans les arts.

10 Septembre. Le sujet du prix de peinture cette année étoit, Horace qui tue sa sœur Camille. Le premier prix a été adjugé à M. Potain de Versailles, éleve de M. Vincent ; le second à monsieur Duvivier de Bruges, éleve de M. Suvée ; & le prix réservé en 1783, à M. Desmarais, éleve de M. Doyen.

Quant aux prix de sculpture, le premier dont le sujet étoit Brutus qui ordonne lui-même le supplice de ses enfants, a été décerné à monsieur Michalon de Lyon, éleve de M. Monot ; le second, à M. Gerard de Paris, éleve de M. Boizot, & le prix fondé par M. de la Tour, à M. le Thiere de la Gouadeloupe.

Le premier prix d'architecture, dont le sujet étoit un monument sepulcral pour les souverains d'un grand empire, a été donné à M. Moreau, & le second à M. Fontaine.

11 Septembre. Par un mandement de l'archevêque de Paris, qui permet de faire des quêtes pour la rédemption des freres captifs dans la régence d'Alger, on apprend que pour prix de la rançon des trois cents treize esclaves rachetés, il

en a coûté 630,052 liv. non compris les frais de la quarantaine, & ceux des habillements, ainsi que les frais de route pour aller rejoindre leurs familles ; de sorte que les deux ordres de la merci & des mathurins sont arriérés pour le rachat actuel de 200,000 liv.

11 *Septembre*. L'assemblée du clergé qui se prétend extrêmement surchargée par le don gratuit de cette année, a remis à l'année prochaine de statuer sur l'encouragement qu'elle donne aux prosélytes, à ceux qui s'occupent de la défense de la religion, de ses ministres, même de la conservation des sciences, des lettres & des bonnes études.

On a été surpris d'entendre M. l'archevêque de Toulouse être le premier à voter pour l'affirmative & proposer de réduire tout de suite, même de supprimer cet objet, s'il devenoit trop onéreux dans la circonstance.

12 *Septembre*. Depuis que l'industrie humaine s'exerce à chercher les corps les plus légers & les plus propres à contenir l'air atmosphérique ou l'air inflammable, on n'a point encore fait de découverte comparable à celle du sieur *Enslen*, physicien de Strasbourg. Il a trouvé le moyen de préparer les tuniques de certaines parties des animaux, de maniere qu'une statue équestre de neuf pieds & demi de haut, avec le cavalier qui est dessus, ne pese que vingt-huit onces. Il appelle *bodruches* les figures de ce genre.

Celle dont il s'agit, se voit au Palais-Royal ; elle est admirable, non-seulement par la finesse & la transparence de la peau dont son corps est formé, mais par la beauté & la justesse des proportions, la richesse de l'armure & de la draperie, la grace & la noblesse de l'attitude. Elle doit être élevée dans les airs à la vue du public.

Le sieur *Enslen* est le même auteur d'un superbe pegase monté par *Bellerophon*, qui s'est élancé dans les airs à Strasbourg, en conservant sa position horizontale ou plutôt perpendiculaire.

12 *Septembre*. On parle d'un pamphlet imprimé au rouleau, qui court & est éclos depuis bien peu de temps, puisqu'il n'est daté que du 10 septembre. On dit que c'est une *Lettre* fictive de *l'abbé Georgel à la comtesse de Marsan*, où le premier console cette dame à l'occasion du grand procès du cardinal porté au parlement, & par des vues très-fines lui fait envisager que l'issue n'en sauroit être mauvaise pour l'accusé; qu'on fera naître tant d'incidents que le Roi sera obligé de revenir sur ses pas, ou que le fond sera étouffé par la forme. Cet écrit étant fort court, on espere en jouir bientôt, parce qu'il est aisé de le copier, & que d'ailleurs il excite singuliérement la curiosité, comme anecdote du jour.

12 *septembre*. Depuis long-temps on parle d'une aventure arrivée à M. *de Lubersac*, évêque de Chartres, qu'on ne vouloit point rapporter avant qu'elle fût mieux éclaircie. Comme l'anecdote se soutient avec ses circonstances, on commence à croire qu'elle n'est pas dénuée de fondement.

On raconte que ce prélat, jeune encore, étoit devenu amoureux de la femme d'un cocher de M. le comte *d'Artois*: que les rendez-vous entre eux étoient fixés par la femme, qui profitoit du temps où son mari étoit employé par le prince, bien sûre que celui-ci ne pourroit les surprendre. Cependant tout se découvre; le cocher instruit de l'intrigue & jaloux à l'excès, n'y peut tenir. Un jour que le prince étoit occupé de façon à lui laisser le temps nécessaire pour son expédition, il revient chez lui, enfonce la porte & trouve monseigneur dans un accoutrement qui ne lui laisse aucun doute d'être cocu. Il fait un vacarme du diable, au point que le prélat craignant le scandale, lui propose d'accéder à tout ce qu'il voudra. Le mari se contente d'un billet de mille écus. Il revient bien content ; mais le prince avoit été obligé de se servir d'un autre : il se fait introduire auprès de son altesse royale, lui demande pardon & se jette à ses genoux. Pour s'excuser il fait le récit de sa visite. Le comte *d'Artois* lui pardonne & rit : il veut voir le billet ; il n'a rien de plus pressé que d'en amuser le Roi & toute la famille royale. On ajoute que S. M. a trouvé que la somme n'étoit pas assez forte, l'a fait porter à deux mille écus, & a exilé dans son diocese l'évêque paillard.

13 *Septembre*. Il paroît décidé que M. le cardinal *de Rohan* restera à la Bastille pendant l'instruction de son affaire, comme M. *de Lally*, & que cette prison d'état deviendra pour cette partie & pour tous les accusés impliqués au procès une prison judiciaire prêtée par le Roi au parlement, dans laquelle il aura tout l'accès & toute la jurisdiction nécessaire.

Bien des gens estiment qu'il n'y aura jamais de jugement, qu'on va faire intervenir la cour de Rome, qui prétendra qu'un cardinal ne peut être jugé sans son intervention ; l'archevêque de Mayence qui, en qualité de métropolitain de Strasbourg, voudra en connoître ; l'Empire, qui ne voudra pas non plus tolérer la violation des
privileges

privileges d'un prince de sa compétence ; tout le clergé, qui fera valoir le droit du moindre clerc de faire appeller le juge ecclésiastique ; on conçoit effectivement qu'il sera difficile de concilier tant de réclamations.

Du reste, le cardinal fait une grande réforme dans sa maison, & se réduit sur le simple pied d'un gros bénéficier riche.

13 *Septembre. Supplément au Journal de Paris, du 22 août* 1785...... Tel est le titre d'un pamphlet au rouleau, fort maussadement imprimé conséquemment, & dirigé en très-grande partie & presque en tout contre M. *de Calonne*. On lui reproche sa dissipation du trésor de l'état, ses gratifications désordonnées, & sur-tout sa confiance au sieur *Panchault*, d'une réputation si équivoque ou plutôt si mauvaise. En un mot, c'est une récapitulation de tous les faits & gestes du ministre des finances, présentée sous le jour le plus défavorable. Des abus vrais, beaucoup de calomnies vraisemblablement & de mauvaises plaisanteries forment l'essence de cette feuille. Il paroît que le libelliste en veut aussi au comte *de Vergennes*, très-maltraité pour la coalition qu'il lui reproche avec M. *de Calonne*.

Enfin, il n'est pas jusques au sieur *de Beaumarchais* qui figure dans ce cercle d'infamies, & est représenté comme un des affidés du contrôleur-général.

14 *Septembre*. M. *le Noir* avant de quitter la police, a fait encore un réglement très-salutaire, en date du 5 août, concernant le voyage & la tuerie des bœufs dans Paris. Plusieurs accidents arrivés, faute de soins, & un de ces animaux qui nagueres s'est échappé furieux du

coup mortel, a parcouru plusieurs rues, est entré à l'heure de l'office dans quelques églises, & a blessé plusieurs personnes, ont provoqué les précautions multipliées prescrites à cet égard.

Le 2 de ce mois le parlement a homologué l'ordonnance de police.

On assure que le successeur de M. *le Noir*, suivant ses errements, voudroit signaler son administration, en renvoyant absolument hors de Paris toute l'exploitation & tous les accessoires du charnage, opérations à la fois mal-propres, dégoûtantes & mal-saines.

Les docteurs en épizootie prétendent qu'un bœuf dépérit de cinq ou six livres de poids par jour durant son séjour à Paris, jusques au moment du massacre.

On ne peut que désirer que les représentations de M. *de Crosne* à cet égard aient le succès qu'il s'en promet.

14 *Septembre*. Depuis deux ou trois mois que M. *Barthe* est mort, un anonyme s'est avisé de remuer ses cendres & de rendre un compte détaillé de ses derniers moments, où il affecte de le représenter comme un philosophe envisageant son trépas avec sang-froid, avec gaieté même, exerçant tranquillement tous les actes qu'il exige, disant un mot de Dieu pour annoncer qu'il croit en sa miséricorde; mais s'en tenant-là & ne demandant point les sacrements, n'appellant ni confesseur, ni prêtre, ne remplissant enfin aucun des devoirs du chrétien; d'où l'on devoit conclure assez naturellement que le poëte défunt étoit, sinon athée, au moins déiste.

L'objet de cette lettre très-bien faite dans son genre, mais très-dangereuse & composée à dessein de propager d'autant, par cet exemple, les principes de la philosophie moderne, n'a point échappé à la sagesse & à la vigilance de M. le garde-des-sceaux. Il est venu peu après une lettre à M. *Vidaud de la Tour*, le nouveau chef de la librairie, qui lui enjoint de mander les directeurs du journal, & de leur notifier qu'ils sont aumônés de 600 livres envers les pauvres de la paroisse de Saint-Roch.

On leur a fait grace de la moitié; car le premier mot étoit 1,200 liv.

M. *Suard*, furieux de cet échec, malgré ses promesses d'empêcher qu'il ne se glissât rien désormais dans le journal qui pût attirer quelque animadversion aux propriétaires, s'est piqué de générosité & a voulu payer l'amende : ceux-ci ont refusé d'y consentir. Du reste, il s'est engagé d'avoir une audience de M. le garde-des-sceaux, de discuter la chose avec lui & de lui faire voir qu'on l'avoit induit en erreur, & fait exercer une punition injuste en cette circonstance.

15 *septembre*. Les comédiens italiens, fort arriérés dans leurs études des nouveautés pour Paris, à cause de celles qu'on exige d'eux pour Fontainebleau, ont cependant joué avant-hier la premiere représentation de *Rose*, comédie en trois actes & en prose, suite de *Fanfan & Colas*. Cette suite dont le premier acte a paru charmant, n'a pas également réussi quant aux deux autres, froids, longs & ennuyeux. Le patois paysan en occupe une trop grande partie, & le fond n'étoit pas assez intéressant pour remplir un cadre aussi considérable. Dans cette piece *Fanfan & Colas* deviennent amoureux & rivaux ; le second pousse la jalousie jusqu'à proposer au premier un duel au pistolet.

On peut juger par ce trait du ridicule & de l'absurdité de l'action, qui finit par la résipiscence du marquis, cédant sa maîtresse, fille du jardinier, qui ne l'aime point & le lui déclare, au petit Gars dont elle est éprise. Beaucoup de morale, mais souvent déplacée & trop répétée, aura fait illusion à l'auteur sur la foiblesse & la gaucherie de son intrigue, & quelquefois l'a fait au public, qui n'a pas laissé que d'applaudir en bâillant.

15 *Septembre.* Le réquisitoire de M. le procureur-général dans le procès du cardinal, moins connu que les lettres-patentes, n'en mérite que davantage d'être conservé. Voici comme ce magistrat s'y énonce. Supplié.... disant qu'il a été informé que vers la fin de janvier de la présente année 1785, le cardinal *de Rohan* seroit venu chez *Bohmer*, joaillier de la couronne, & *Bassanges*, son associé; que ces joailliers lui auroient montré un grand collier en brillants, comme une collection unique & rare en ce genre; ajoutant qu'il avoit été estimé par les sieurs *Dogny* & *Maillard* un million six cents mille livres.

Qu'ils attendoient d'un moment à l'autre d'envoyer cette parure en Espagne, & lui auroient annoncé le désir qu'ils avoient de se défaire d'un effet d'aussi grand prix.

Que le cardinal avoit répondu qu'il rendroit compte de la conversation qu'il venoit d'avoir avec eux, & qu'il se chargeroit peut-être de l'acquisition; que ce n'étoit point pour lui; qu'il étoit persuadé qu'ils accepteroient avec plaisir les arrangements de l'acquéreur; mais qu'il ignoroit s'il lui seroit permis de le nommer.

Que deux jours après, le cardinal seroit venu

chez eux, leur annocer que de nouvelles instructions l'autorisoient à traiter avec eux, sous la recommandation expresse du plus grand secret.

Que lesdits joailliers lui ayant promis le secret, le cardinal leur auroit communiqué des propositions tant pour le prix que pour les échéances du paiement; au dessous desquelles propositions ils auroient mis leur acceptation le 29 janvier 1785.

Que le premier février suivant le cardinal leur auroit mandé de venir chez lui, & d'apporter l'objet en question; qu'ils s'y seroient rendus & lui auroient porté le collier : qu'il leur auroit annoncé pour la premiere fois, que c'étoit la Reine qui faisoit l'acquisition, en leur montrant les propositions qu'ils avoient acceptées, chacune desdites propositions émargée du mot *approuvé*, & à la marge de leur acceptation, les mots, *approuvé* MARIE - ANTOINETTE DE FRANCE.

Que le cardinal leur auroit assuré que le collier seroit livré dans la journée & qu'il leur auroit dit en même temps que la reine ne pouvoit donner des délégations; mais qu'il espéroit qu'il leur seroit tenu compte des intérêts.

Que le même jour, premier février, dans la soirée, lesdits *Bohmer & Bassanges* auroient reçu une lettre du cardinal, écrite de sa main & signée de lui, par laquelle il leur auroit mandé que la Reine lui auroit fait connoître que ses intentions étoient que les intérêts de ce qui seroit dû après le premier paiement, leur fussent payés successivement avec les capitaux jusques au parfait acquittement.

Que dans le même mois de février, le cardinal

auroit montré à un particulier (1) l'écrit à mi-marge, où étoient, d'un côté, les conditions du marché & les époques des paiements; de l'autre, l'acceptation des conditions prétendues approuvées & signées de la Reine.

Que cependant la négociation du marché s'étoit faite à l'insçu & sans aucune mission directe ni indirecte de la Reine.

Que le premier paiement convenu par le marché n'ayant pas été effectué; lesdits *Bohmer* & *Bassanges* auroient présenté un mémoire à la Reine, pour obtenir leur paiement; qu'ils n'auroient pas tardé d'être instruits que la Reine n'avoit par reçu le collier, qu'ils présumoient avoir été livré à la Reine. Qu'il paroît qu'une femme nommée *la Motte de Valois* est impliquée dans les faits, comme ayant trompé le cardinal, suivant la déclaration qu'il en a faite. Que la connoissance de tout ce qui peut concerner un marché, où l'on a osé emprunter le nom auguste de la Reine, supposer son approbation & sa signature, & présenter cette approbation & sa signature supposée comme véritablement émanées de la Reine, ayant été attribuée à la cour, la grand'chambre assemblée, par des lettres-patentes qui y ont été enrégistrées, il est du devoir du procureur-général du roi d'en rendre plainte & d'en faire informer à sa requête.

A ces causes, &c. *Le reste de style.*

15 *Septembre.* On avoit d'abord dit que les banquiers avoient député de nouveau vers M. le contrôleur-général pour lui notifier qu'ils ne pouvoient tenir leurs engagements relatifs à son em-

___
(1) On assure que c'est M. *de Sainte-James*, trésorier-général de la marine.

prunt, parce que par son arrêt du conseil qui défend ou gêne du moins leurs spéculations, il leur avoit fait perdre la plus grande partie de leur crédit, suspendu la circulation, & en arrêtant leurs négociations les avoit mis hors d'état d'y satisfaire. On avoit ajouté que M. *de Calonne*, ayant peu d'égard à leurs représentations, leur avoit répondu qu'il ne pouvoit les dispenser d'acquitter les paiements indiqués.

Le bruit court aujourd'hui que ce ministre s'est adouci, que non seulement il leur accorde des délais, mais leur fait délivrer des fonds du trésor royal & prend des valeurs en échange.

16 *Septembre*. Les avocats de M. le cardinal *de Rohan* sont Mes. *Tronchet*, *Collet*, *Target* & *Debonnieres* : mais c'est Me. *Target* qui a la plume & c'est lui qui a fait le mémoire d'instruction pour le rapporteur. Satisfait de son ouvrage, il vient de partir pour ses vacances.

On nomme Me. *Doillot* pour l'avocat de madame *de la Motte*.

16 *Septembre*. Un anonyme a fait remettre à l'académie des belles-lettres une somme de 1,200 l. pour être convertie en une médaille d'or à décerner au meilleur éloge de la vie & des ouvrages de M. l'abbé *de Mably*. On assure que cette compagnie a accepté la somme, & doit distribuer en conséquence à sa rentrée un *Prospectus* au concours.

17 *Septembre*. Dès le lendemain de l'enrégistrement des lettres-patentes adressées au parlement, qui lui attribuent la connoissance du procès du cardinal *de Rohan*, M. l'archevêque de Narbonne, comme président de l'assemblée du clergé, tint à *Messeigneurs* & *Messieurs* qui en

font membres, un discours où il leur fit part du fait, en prétendant en même temps que ce renvoi étoit contraire aux privileges du clergé, aux loix & maximes du royaume: il demanda que la commission de la jurisdiction fût chargée de s'occuper sans délai des recherches nécessaires pour adresser au trône une réclamation. Son avis fut unanimement adopté, & l'assemblée a mis tant de diligence dans cette affaire, que les représentations ont été arrêtées au commencement de la semaine.

M. l'archevêque de Paris, quoiqu'il ne se trouve jamais aux assemblées, à raison de ses prétentions, a été invité d'y venir extraordinairement pour un cas intéressant aussi essentiellement tout l'ordre de l'église de France, & il s'y est rendu mercredi. Il n'a pu qu'approuver & se joindre d'intention à la démarche de l'assemblée.

17 *Septembre.* Extrait d'une lettre d'Amiens, du 10 septembre..... M. *de Calonne* qui se rend au port de Dunkerque, est passé ici le 4. Il est allé le lendemain à Abbeville, chez messieurs *Vanrobais*, pour examiner leur manufacture de draps, dont il a paru fort content. On lui a observé qu'il étoit le seul contrôleur-général qui eût visité ce célebre établissement depuis son origine. Il a vu aussi la manufacture de moquette & n'en a pas été moins satisfait.

18 *septembre.* Voici la lettre de l'abbé *Georgel* à madame la comtesse *de Marsan*, que sa briéveté & sa rareté obligent de consigner ici.

Madame...... Cessez d'être inquiete de notre cher cardinal. Il a supporté avec toute la dignité d'un *Rohan* le coup incroyable qui l'a frappé. Sa santé se soutient dans la prison, dont les rigueurs sont modérées, & son ame est en paix, autant que peut l'être celle d'un illustre accusé qui prévoit qu'il ne sera jamais jugé. Mais l'autorité reculant, ne sera-ce pas une justification? Le Roi, sur l'avis de son conseil, vient de renvoyer l'affaire au parlement. Les lettres-patentes sont enrégistrées. Tout le procès pourroit bien se réduire-là; car enfin celui d'un simple clerc ne peut être fait qu'avec le juge d'église; un évêque, un cardinal ont-ils moins d'immunités? L'histoire de France offre sept cardinaux accusés par nos Rois, aucun n'a pu être jugé en personne; *d'Aguesseau* lui-même convient que sur douze exemples, il y en a onze en faveur de l'église, & il ne peut nier qu'elle a le dernier état. En 1654 le procès du cardinal *de Retz* fut renvoyé au parlement par lettres-patentes, qui sûrement ont servi de modèle à celles de 1785. Mais trois ans après, une déclaration solemnelle révoqua l'attribution & confirma le droit antique des évêques, de ne pouvoir être jugés que par ceux de leur métropole. Il s'agissoit d'un crime de lese-majesté, & toute la prétention royale étoit qu'un tel crime faisoit cesser toute immunité. Ainsi, lorsqu'il n'y a rien qui concerne le Roi ou l'état, nul doute que le droit commun est dans toute sa force. Vous voyez à présent, Madame, à quoi peut aboutir tout l'appareil du jour. Ne croyez pourtant pas qu'il y ait de l'impéritie de la part du garde-des-sceaux & du comte *de Vergennes*; ils savent tous deux ce qu'ils font: l'un connoît le droit françois, l'autre la politique romaine: eux seuls pouvoient éclairer, mais ils sont nos amis. Mêmes vues, mêmes aversions. Ils savent que l'électeur de Mayence revendiquera, que

Rome réclamera, que le clergé remontrera, que l'empire même murmurera. Ils se sont tus & ont eu l'air de déférer à l'équité apparente d'un renvoi au juge national. Si les clameurs sont foibles, l'information se fera toujours & de manière à ne distinguer ni accusateurs, ni accusés: si les difficultés grossissent, le Roi reculera, & ce sera d'autant plus favorable pour nous, qu'il y aura plus *d'imbroglio* dans l'instruction : il ne faudra plus alors qu'une victime à l'autorité compromise. Pourquoi le baron, qui n'a été qu'agent, ne seroit-il pas chassé comme auteur ? Nous triompherions pleinement ; tous les intérêts seroient conciliés, de profondes vengeances exercées, & les ressentimens respectifs satisfaits : madame, je dis le mot, que ce soit le secret de votre vie...

18 *Septembre*. L'inoculation de M. le Dauphin, & celle de M. le duc *de Berry* sont absolument finies. La derniere a toujours été mieux dans ses effets & plus prompte.

Aujourd'hui que Saint-Cloud a été très-brillant à l'occasion d'une fête & de la cour qui y réside, M. le Dauphin qui ne sort pas encore de son appartement, est resté toute l'après-dînée à sa fenêtre, habillé & faisant les délices des spectateurs.

18 *Septembre*. Le clergé qui tient ordinairement ses opérations très-secretes, affecte au contraire de laisser transpirer ce qui s'y passe à l'égard du cardinal *de Rohan*. On voit déjà dans le public des copies manuscrites du discours du président, & ceux qui l'ont lu assurent qu'il est très-sage, très-modéré, très-adroit, allant toujours au but du clergé qui est de s'occuper constam-

ment de ſes franchiſes, privileges & de n'en rien perdre.

19 *Septembre*. Diſcours de M. l'archevêque de Narbonne à l'aſſemblée du clergé.

MESSEIGNEURS & MESSIEURS,

" IL n'y a perſonne parmi nous qui ignore le malheur qu'a eu M. le cardinal *de Rohan* d'encourir la diſgrace du Roi. Nous devons ſans doute craindre qu'il ne ſoit bien coupable, puiſque ſa majeſté a cru devoir le faire arrêter avec éclat, s'aſſurer de ſa perſonne & de ſes papiers.

„ Il eſt de notoriété publique depuis hier matin, qu'il a été adreſſé des lettres-patentes au parlement de Paris, qui lui attribuent la connoiſſance, l'inſtruction & le jugement des faits qui forment le corps de délit dont la réparation eſt pourſuivie ; faits dans le détail deſquels M. le cardinal *de Rohan* ſe trouve impliqué. De quelque genre que ſoit le délit, nous ne craignons pas de dire d'avance que nous le déteſtons ; mais M. le cardinal *de Rohan* réunit à la qualité de cardinal & de grand-aumônier, celle d'évêque du royaume ; ce titre qui nous eſt commun avec lui, nous impoſe le devoir de réclamer les maximes & les loix qui ont preſcrit qu'un évêque doit être jugé par des évêques. A Dieu ne plaiſe que nous prétendions par-là vouer notre ordre à l'impunité & le ſouſtraire à l'obéiſſance due au Roi ! Nous lui avons dit nous-mêmes à l'ouverture de nos ſéances, que la qualité de miniſtres des autels ne contrarieroit jamais les devoirs que nous preſcrit celle de ſujets & de citoyens.

„ Nous profeſſons & nous enſeignons que la

puissance de nos Rois est indépendante, universelle, complete relativement à tous les sujets, auxquels elle doit atteindre pour le maintien & la tranquillité de l'ordre public ; nous tenons fermement que notre consécration au service des autels ne transporte à aucune puissance sur la terre les droits auxquels nous a soumis notre naissance.

» Nous n'avons point à réclamer des privileges qui soient incompatibles avec ces vérités fondamentales ; nous réclamons avec confiance ceux que les loix, les rois & la nation nous ont transmis ; nous les trouverons dans les mêmes sources d'où dérivent ceux des pairs, des gentilshommes & des officiers des cours.

» J'ai donc l'honneur de vous proposer de charger la *commission de la jurisdiction*, de faire sur cette importante matiere les recherches & les réflexions les plus capables de diriger la conduite sage, mesurée, mais énergique, que nous devons tenir dans cette occurrence difficile. »

19 *septembre*. Extrait d'une lettre de Bordeaux, du 7 septembre...... On vient de représenter sur notre théâtre un opéra, dans lequel on trouve les vers suivants, qui ne sont pas les moins lyriques de ce moderne chef-d'œuvre.

Les plus chauds jours
Virent naître nos plus chaudes amours ;
Les tiedes jours
Virent s'attiédir nos amours ;
Et les froids jours
Virent terminer nos amours.

19 *Septembre*. On assure que les marchandises qu'on importoit d'Angleterre en France, ont été évaluées annuellement à 53 millions, & celles que l'Angleterre tiroit de France, n'étoient pas de la valeur de dix millions. Ce calcul prouve la sagesse des nouvelles défenses.

20 *Septembre*. Un M. *Audet de la Mésenquere*, maître-ès arts & de pension à Picpus, de l'académie de Châlons sur Marne, propose de nouvelles inscriptions pour le palais, qui exerce aujourd'hui nos savants en ce genre :

In ædem Justitiæ,
Regnante ac jubente, beneficentissimo Rege,
LUDOVICO XVI
Nobilius restauratam
Anno Domini...
Hic Augusta Themis referans Oracula Legum,
Moribus invigilat, Vitamque ac Jura tuetur.

Autre :

Hic Themis alta sedens, gladioque ac lance tremenda
Vim Legum & Mores stabilit, Civisque salutem.

20 *Septembre*. Comme M. *d'Aguesseau* est le seul des modernes qui, à l'occasion du procès du cardinal *de Bouillon*, ait discuté les prétentions du clergé revendiquant le jugement de chacun de ses membres, tous les jurisconsultes, tous ceux qui s'occupent de semblables matieres, sont actuellement attachés à lire l'ouvrage de ce fameux chancelier. Il traite la question à l'égard des quatre degrés de la hiérarchie ecclésiastique, le clerc, le prêtre, l'évêque, le cardinal. On trouve

qu'il est très-satisfaisant à l'égard des deux premiers, mais plus foible à l'égard des deux autres.

20 *Septembre*. Le préambule de l'arrêt du conseil concernant les négociations des prétendus bons de finances, nouveau genre de délit qu'a enfanté la cupidité, s'évertuant en cent façons pour se satisfaire, est très-curieux. Il y est dit: « Le Roi étant informé que des intrigants & » des imposteurs s'efforcent de faire accroire que, » par de prétendues protections dont ils supposent » être assurés, ils peuvent procurer, à prix d'ar- » gent, des *bons* de places de finances, & les » faire réaliser ; qu'affectant de répandre qu'à » l'expiration prochaine des baux & traites des » fermes & régies générales, il y aura plu- » sieurs changements & nominations nouvelles, » ils sont parvenus par des voies insidieuses à » négocier des promesses chimériques, & à en- » traîner des personnes trop crédules, dans des » engagements, des soumissions & des actes de » dépôt, que des notaires ou leurs clercs ont eu » l'imprudence de rédiger & recevoir ; S. M. qui » a déjà fait connoître que ceux qui auroient » recours à de pareils moyens pour obtenir des » places de finances, en seroient à jamais exclus, » voulant réprimer sévérement des manœuvres » qui tendent à tromper le public, en même » temps qu'à compromettre des noms respecta- » bles, a résolu d'en faire punir les auteurs & » les complices, suivant la juste rigueur des or- » donnances, &c. »

21 *septembre*. On parle de mémoires des sieurs *Bohmer* & *Bassanges*, qui se répandent dans le public à l'occasion du fameux collier, & l'on dit

qu'ils ne servent qu'à embrouiller l'affaire. Au surplus, il y a grande apparence qu'ils ne sont que manuscrits.

21 *Septembre*. Le spectacle du marcheur sur l'eau continue, & l'expérience se soutient avec le même succès. Ce n'est point l'inventeur qui est un nommé *Perès*, Espagnol, qui l'exécute ; on assure que c'est un François, un Basque. Tous les physiciens, machinistes & curieux sont à l'affût des sabots pour en connoître la nature. Plusieurs persistent à soupçonner du charlatanisme ; mais personne n'en raisonne encore pertinemment.

21 *Septembre*. Le sieur *Gardel* a répondu aux reproches de madame *Dauberval*, par une lettre du 1 septembre, insérée au mercure du 17 ; il pourroit avoir raison au fond ; mais il faut avouer que sa défense est très-plate, & n'approche pas de la légere & piquante ironie de la danseuse.

22 *Septembre*. Il paroît que M. *d'Eprémesnil*, après avoir été adopté dans la société de l'harmonie avec des conditions souscrites le 8 mai 1784, suivant lesquelles il promettoit, entre autres choses, de ne pouvoir former aucun éleve, transmettre directement ou indirectement, à qui que ce soit, ni tout, ni la moindre partie des connoissances relatives, sous aucun point de vue, à la découverte du magnétisme animal, sans un consentement par écrit, signé du docteur *Mesmer*, s'est jugé assez légèrement affranchi de sa parole.

Ayant appris en effet par quelques confreres séditieux, qu'avant l'engagement particulier de M. *d'Eprémesnil* il en existoit un autre de la part du docteur avec ses douze premiers éleves, par lequel il avoit consenti à l'entiere publicité de sa doctrine, dès que cent souscripteurs auroient déposé entre ses mains une somme de 100 louis chacun. Le magistrat a mandé l'ancien caissier du docteur, qu'on croit être le sieur *Kornmann*, & sur le compte aussi infidele qu'exagéré de ce traître, il a jugé que le fondateur de la société étoit assez riche, que sa vente faite au public de son secret pour une somme convenue étoit consommée.

D'après cet exposé, M. *d'Eprémesnil* s'est mis à la tête de l'école rebelle, a prétendu que les éleves du docteur & lui étoient libres de leurs engagements, a formé une nouvelle société, dressé autel contre autel, & s'est établi professeur du magnétisme animal. Le docteur Mesmer a répandu un imprimé ayant pour titre : *Sommes versées entre les mains de* M. Mesmer, *pour acquérir le droit de publier sa découverte & des réflexions préliminaires*, &c. où il détruit absolument les prétentions du professeur schismatique & de toute la secte rebelle, en prouvant que le prétendu engagement qu'on lui oppose, n'a jamais été qu'en projet, n'a jamais été avoué ni signé de lui.

Il faut convenir que cette lettre très-bien faite, sage, modérée, mais énergique, si elle est exacte dans ses détails, doit confondre & couvrir de confusion M. *d'Eprémesnil*.

22 *septembre*. Outre les représentations du clergé, en forme de mémoire, qu'on dit long & rempli d'une foule de citations toutes très-fortes à l'appui de ses prétentions pour revendiquer le procès du cardinal *de Rohan*, ce corps a écrit une lettre au Roi.

Le président de l'assemblée avec le cérémonial ordinaire est allé dimanche pour recevoir la réponse de sa majesté, dont voici les paroles sacramentales :

« Je me ferai rendre compte du mémoire que l'assemblée du clergé m'a présenté. Je suis satisfait des sentiments qu'elle m'exprime dans la lettre qu'elle m'a adressée.

» Le clergé de mon royaume doit compter sur ma protection & sur mon attention à faire observer les loix constitutives des privileges que les Rois mes prédécesseurs lui ont accordés. »

23 *septembre*. Les souscripteurs de Me. *Linguet*, désolés de ne voir rien paroître de ses annales depuis ses mémoires sur l'Escaut, obsedent journellement M. l'abbé *Tabouet*, son correspondant actuel. Suivant ce qu'il a répondu à quelques-uns tout récemment, Me. *Linguet* lui avoit écrit que depuis le commencement du mois il étoit établi à Bruxelles. Il ne lui apprend rien au surplus concernant ses travaux. M. l'abbé *Tabouet* assure seulement qu'ils sont absolument suspendus quant aux annales, & qu'il n'en a pas plus paru en pays étrangers qu'en France.

23 *Septembre*. Il est à présumer que l'information ordonnée dans le procès du cardinal *de Rohan*, n'a été ni aussi longue, ni aussi compliquée qu'on le prétendoit, puisqu'elle est déjà finie, & que le rapporteur, M. *Titon de Villotran*, est parti pour prendre ses vacances.

24 *Septembre*. Extrait d'une lettre de Saint-Martin-du-Fresney, le 15 septembre..... Dans ce village, à une lieue de Saint-Pierre-sur-Dive, généralité d'Alençon, est un phénomene qu'il

faut vous faire connoître. Il s'agit d'un paysan, nommé *Jacques Mellion*, qui, ne sachant ni lire ni écrire, n'ayant jamais fait que des seaux & des barils, s'est avisé de composer une pièce d'horlogerie. C'est une pendule à répétition compliquée. D'abord chaque heure s'annonce par un agréable carillon. On y voit figurer la lune, qui développe successivement sa phase, suivant son cours ordinaire; une figure lunaire, artistement placée, en marque régulièrement tous les accroissements depuis la nouvelle jusqu'à la pleine lune. En outre cette pendule marque la date des jours de chaque mois par une troisieme aiguille, qui n'acheve sa révolution qu'au bout de l'an sur une circonférence divisée en 365 parties égales. Quant au jour intercalaire, l'auteur a ingénieusement surmonté la difficulté par le moyen d'un ressort, qui, sans y mettre la main, retarde l'aiguille d'un jour tous les 4 ans, le 29 février.

Jacques Mellion a joint à cette pièce une figure de soleil qui marque exactement le cours ordinaire de cet astre, ses révolutions diurnes & annuelles, le changement de son lever, ses ascensions, son déclin & son coucher, entièrement conforme dans ses mouvements au cours périodique de cet astre, on le voit s'éloigner de l'équateur pour s'approcher des tropiques & les quitter alternativement, & par une suite nécessaire marquer successivement la différence des jours, leur accroissement ou leur diminution.

Peut-être que toute cette méchanique n'est pas une merveille, peut-être les *le Roi*, les *le Paute*, les *Bertoux* en riroient-ils; mais un rustre imaginer un mécanisme aussi composé & aussi exact, certes, c'est étonnant!

25 *Septembre*. M. *Mesmer*, dans sa lettre à M. *d'Eprémesnil*, convient d'un fait qu'on avoit déjà rapporté, que c'étoit le sieur *Bergasse* qui écrivoit les pamphlets de cet étranger ; mais, plus il a eu sa confiance, plus grande est son infidélité. C'est ce *Bergasse* qui avoit composé pour lui, contre le docteur *Deslon*, un mémoire manuscrit, dont il a distribué une trentaine d'exemplaires, mais que son maître n'a point adopté, puisqu'il a chargé son avocat d'en travailler un autre. Du reste, ce *Bergasse*, le promoteur du schisme, étoit lié lui-même au secret par une convention du 5 novembre 1783, & s'étoit soumis à un dédit de 150,000 livres s'il le révéloit. Dans son dernier ouvrage intitulé : *Considérations sur le magnétisme animal*, imprimé il y a seulement quelques mois, il reconnoît encore n'avoir *ni le droit ni la volonté de rendre publique la théorie de M. Mesmer*.

Celui-ci rapporte, au soutien de sa prétention, une lettre du notaire *Margantin*, en date du 5 mai dernier, où l'officier public déclare que la soumission entre les élèves de M. *Mesmer* & lui, déposée dans ses mains il y a deux ans & au-delà, n'existe plus, qu'elle ne s'est jamais réalisée, & que le *prospectus* sur lequel elle étoit fondée, n'avoit aucune forme légale.

Quant à la conduite de M. *d'Eprémesnil*, elle est d'autant plus étonnante que dans ses notes imprimées, dont sont chargés les exemplaires du recueil des cures faites à Baïonne, ce magistrat le caractérise le *bon* Mesmer, le *vertueux* Mesmer. Qu'auteur des *Réflexions préliminaires sur les docteurs modernes*, ce magistrat s'annonçoit disposé à porter aux pieds du trône & dans le sanctuaire de la justice, les témoignages du savoir & de la vertu de M. Mesmer.

Au reste, M. Mesmer aime trop l'humanité pour vouloir tenir sa doctrine ignorée : plus de cinq cents élèves, dont peut-être quatre cents instruits gratuitement, attestent & son désintéressement & son zele pour le bien public; il s'honore en outre d'être le fondateur de douze écoles dans les provinces : assurément ce n'est pas vouloir conserver sa lumiere secrete; mais il se réserve la liberté de la répandre, ou, comme & sur qui bon lui semblera : s'il a refusé du gouvernement 30,000 livres de rentes, c'est qu'il désiroit qu'elles fussent une récompense, & non pas le prix d'un marché.

25 septembre. M. *Bellanger Desboulais* a trouvé mauvais que le jeune marquis *de Sauveboeuf* eût déposé contre lui pour sa femme, dans le procès qu'elle vient de gagner; mais il n'avoit point eu occasion de le rencontrer; il lui a donné un rendez-vous à son retour de sa terre; ils se sont battus, mais sans se faire grand mal & comme deux enfants; ils sont venus ensuite se montrer & s'embrasser à la comédie italienne. On rit beaucoup aux dépens des deux champions.

25 septembre. On vient d'apprendre la perte de M. *Thomas*, mort à Lyon le 17 de ce mois. Ce sera de l'année la quatrieme place vacante à l'académie françoise.

26 septembre. Les membres de l'assemblée actuelle du clergé, qui doit être une des plus mémorables, étant essentiels à connoître, en voici la liste exacte.

Province de Narbonne. L'archevêque de Narbonne, l'évêque de Montpellier : l'abbé Dillon & l'abbé de Grainville.

Province de Toulouse. L'archevêque de Toulouse, l'évêque de Lavaur : les abbés de Saint-Fare (le bâtard de M. le duc d'Orléans) & de Lomenie.

Province de Rheims. L'archevêque de Rheims, l'évêque de Noyon : les abbés Bourlier & d'Esponchès.

Province d'Aix. L'archevêque d'Aix, l'évêque de Fréjus : les abbés de Clugny, de Theniſſey & de Meſſey.

Province de Vienne. L'archevêque de Vienne, l'évêque de Grenoble : les abbés de Sieyes & de Caſtellar.

Province de Tours. L'archevêque de Tours, l'évêque de Saint-Malo : les abbés de Bovet & de Grand-Clos-Meſlé.

Province d'Arles. L'archevêque d'Arles, l'évêque de Toulon : les abbés de Foucauld & de Grimaldi.

Province de Bordeaux. L'archevêque de Bordeaux, l'évêque de la Rochelle : les abbés d'Andrezel & le Gay.

Province d'Auch. L'archevêque d'Auch, l'évêque d'Acqs : les abbés d'Oſmont & de Montpeyroux.

Province de Paris. L'évêque d'Orléans, le coadjuteur d'Orléans, l'évêque de Meaux : les abbés de Pontevez & d'Agoult.

Provinces d'Embrun. L'évêque de Graſſe, l'évêque de Digne : les abbés de la Salle & de Tartonne.

Province de Bourges. Les évêques de Limoges & de Saint-Flours : les abbés de la Myre Mory, & de Pradel.

Province de Sens. Les évêques de Troies &

de Nevers : les abbés de Barral & de Chambertrand.

Province de Rouen. Les évêques d'Evreux & d'Avranches : les abbés de Narbonne & de Panat.

Province d'Albi. Les évêques de Vabres & de Rodez : les abbés de Bintinay & de Luillier-Rouvenac.

Province de Lyon. Les évêques de Langres & de Dijon : les abbés de Montazet & d'Anstrade.

Les anciens agents-généraux. Les abbés de Talleyrand-Perigord & de Boisgelin.

Les nouveaux agents-généraux. Les abbés de Barral & de Montesquiou.

26 *Septembre.* Le Renelagh plaît beaucoup à la Reine, & elle y est allée plusieurs fois. Cependant S. M. s'est privée de ce spectacle pendant l'inoculation de M. le Dauphin. Elle s'y rendit dans les commencements du traitement : on n'osa lui faire part des craintes du public, mais à l'instant tous les flacons furent en l'air, il se fit une effusion prodigieuse d'eaux de senteur, d'eaux préservatives de toutes les especes. M. le comte d'Artois infecté demanda ce que c'étoit ? On ne lui dissimula point les frayeurs des dames ; il en fit part sur le champ à la Reine : « Madame, lui » dit-il, il faut nous en aller, nous sommes » ici mauvaise compagnie en cet instant. » Sa majesté en rit beaucoup, sortit & depuis ce temps s'est contentée de se promener aux environs ; elle n'est rentrée que l'inoculation finie.

Les souscripteurs du Renelagh croyant faire quelque chose d'agréable à la Reine, ont proposé de donner un supplément, afin de prolonger ce divertissement durant le temps que S. M. doit rester à Saint-Cloud.

26 *Septembre*. M. *Bergasse* n'est point demeuré dans le silence, & a répondu par une lettre fort longue, tant pour lui que pour M. *d'Eprémesnil* à celle du docteur *Mesmer*.

27 *Septembre*. La *Lettre des Evêques au Roi* commence à se répandre aussi manuscrite : elle n'est proprement qu'une extension, une longue amplification du discours du président. Cependant elle mérite d'être conservée dans son intégrité pour les développements précieux qu'elle contient, pour ce mélange d'adulation toutes les fois qu'il s'agit d'exalter en général l'autorité souveraine, & d'adresse à s'y soustraire particulièrement, en s'identifiant avec cette religion qui la maintient & la fait respecter.

27 *Septembre*. Le grand procès du clergé pour les foi & hommages, a cinq cents ans de date: ce corps se refuse à tous les arrêts du conseil, à toutes les déclarations, &c. sous prétexte qu'il n'a point été entendu, qu'il n'a pas produit ses titres & mémoires. Mais ce procès s'est sur-tout renouvellé depuis un siecle.

En 1674, *Louis XIV*, sur les plaintes des ecclésiastiques & bénéficiers du royaume de la persécution qu'ils éprouvoient de la part des officiers chargés du recouvrement des droits du Roi, &c. rendit une déclaration le 29 décembre 1674, qui ordonna que les archevêques, évêques, &c. fourniroient des déclarations de tout le temporel de leurs bénéfices, &c.

Cette déclaration fut mal exécutée. Le Roi par plusieurs arrêts du conseil accorda aux bénéficiers des délais & des surséances. Le refus que le clergé fit de consentir sous le ministere de M. le duc *de Bourbon*, à la levée du cinquantieme sur ses reveus en 1725, provoqua une nouvelle déclaration du 20 novembre 1725, qui manifesta de plus fort les volontés du gouvernement. Elles ne furent pas mieux remplies. La patience du législateur n'étoit pas épuisée; le clergé obtint un premier arrêt qui le dispensoit de l'exécution pour cinq années, & cet arrêt s'est renouvellé de cinq ans en cinq ans jusques en 1775.

En cette année le Roi, en accordant le renouvellement, a annoncé au clergé qu'il désiroit voir la fin de cette élusion de la loi : le clergé prétendoit de son côté perpétuellement qu'il avoit encore beaucoup de choses à dire pour sa défense. Sa majesté par un excès de condescendance, a nommé des commissaires à l'effet d'examiner les représentations & les propositions que le clergé croiroit devoir lui faire.

En 1780, il s'est trouvé que les commissaires nommés n'avoient pas encore pu procéder à la discussion & à l'examen des mémoires du clergé, & le Roi en conséquence a donné une derniere surséance de cinq années; il a dit qu'il feroit connoître définitivement ses intentions à la fin de l'année 1785, sur le rapport qui lui seroit fait en présence & de l'avis des commissaires. On a vu qu'il y a déjà une remise jusqu'à l'année prochaine.

Ce ne sera pas une petite gloire pour M. *de Calonne*, s'il peut terminer ce procès & le gagner; ce que n'ont pu faire jusqu'à présent les ministres des finances les plus intrépides & les plus actifs.

27 *Septembre.* L'affaire de M. *de Maupeou*, au sujet de son prétendu rapt qui avoit causé une grande rumeur, ne fait plus de sensation, parce que

que de criminelle qu'elle étoit, elle a été convertie en affaire civile. Il a produit des lettres du pere de la demoiselle, annonçant une connivence de sa part : cependant M. *de Maupeou* a été condamné provisoirement à payer 2,000 liv. Il faut voir ce qui sera prononcé sur le fond. Il s'ensuit toujours que M. *de Maupeou* auroit beaucoup mieux fait d'accommoder sur le champ ce procès, que de se laisser traduire en justice.

28 *Septembre*. Le clergé poussé dans ses derniers retranchements, s'est enfin déterminé à produire ses défenses sur les demandes du Roi.

On voit d'abord une *Instruction dressée par la commission du clergé, sur la demande faite aux bénéficiers des foi & hommages, aveux & dénombrements.* Cette production, suivant une premiere lettre circulaire des agents-généraux du clergé, datée de Paris le 2 mai, est l'ouvrage annoncé de M. l'archevêque d'Aix, l'un des membres de la commission du clergé établie en 1775, & prorogée jusqu'à présent :

Ensuite un recueil de *Mémoires pour le clergé de France dans l'affaire des foi & hommages, & réponses de l'inspecteur des domaines.*

Ils sont précédés d'une seconde lettre des agents-généraux du clergé de France, datée de Paris le 15 mai 1785, circulaire à tous les prélats, où ils leur apprennent que la commission du clergé pour les foi & hommages, après plusieurs assemblées tenues chez le cardinal *de la Rochefoucault*, a déterminé le 3 du mois de mars dernier, la réponse qui seroit faite au dernier mémoire de l'inspecteur du domaine ; qu'il a été arrêté que ce mémoire seroit présenté par eux à M. le garde-des-sceaux, & qu'on feroit connoître aux dioceses se résultat des opérations de la commission, en leur communiquant les différents mémoires produits respectivement dans la discussion de cette affaire.

Après quoi viennent ces mémoires au nombre de trois pour le clergé, entremêlés des deux réponses du domaine aux deux premiers.

Le développement de ces écrits seroit long & fastidieux : en derniere analyse le clergé regarde la question qu'on éleve, les recherches qu'on exige, comme incompatibles avec l'immunité de ses possessions; il se prévaut de l'indulgence du monarque, & de ce que sa majesté a tardé si long-temps à mettre son droit en activité; il en conclut que ce droit est illusoire & n'existe pas. L'inspecteur du domaine regarde ce droit comme établi, incontestable, inaliénable & les délais multipliés accordés par les souverains, comme autant de graces, bien loin qu'ils soient une justice.

28 *Septembre.* Depuis près de trois mois qu'est mort le prince *Eugene de Savoie*, frere de madame la princesse *de Lamballe*, connu en France sous le nom de comte *de Ville-franche*, on étoit surpris qu'il n'eût pas été question de son deuil. A l'occasion de la mort de la Reine de Sardaigne, dont on prend le deuil demain pour trois semaines, on annonce que dans cet intervalle sera compris celui du prince *Eugene*, dont la princesse douairiere *de Carignan* vient de faire part à sa majesté, & ce deuil sera réputé de trois jours.

Tout cela est d'autant plus étonnant & plus affecté, qu'en général la cour ne confond jamais ses deuils.

28 *Septembre.* Le ministere après s'être occupé

de ce qui concerne les académies, embrasse aujourd'hui tous les auteurs en général ; on annonce un arrêt du conseil rendu le 3 septembre, concernant les traitements, pensions & gratifications, attribués ou qui seront destinés aux savants & gens de lettres, & l'exécution des différents travaux littéraires, ordonnés par sa majesté & par les Rois ses prédécesseurs. Il faut espérer que cette attention fera cesser enfin tous les murmures de ces satiriques inquiets, se plaignant qu'on néglige les gens de lettres, qu'on n'en fait aucun cas, qu'on les oublie, qu'on les laisse languir dans la misère.

29 septembre. Sur les plaintes du public de ne pas bien voir certains morceaux, & vraisemblablement plus encore sur celle des artistes dont l'amour-propre souffroit de l'exposition défavorable de leurs ouvrages ; après le mois révolu, on a fait retirer toutes les sculptures, tous les portraits, presque tous les tableaux de genre, & l'on a rapproché ainsi des yeux du spectateur les tableaux qui n'étoient point à sa portée. Les bons en paroissent meilleurs & les médiocres plus mauvais. Le salon pour ce changement a été fermé deux jours & doit être prolongé jusqu'au huit, afin de ne point exciter les murmures des supprimés. messieurs *Vien* & *la Grenée*, dont les tableaux ont toujours été les mieux placés, se sont exécutés les premiers & ont retiré ces morceaux.

29 septembre. L'objet de l'arrêt du conseil dont on a parlé, a pour but aussi d'empêcher qu'à l'avenir des salaires fixes attribués à l'entreprise d'un ouvrage, n'en perpétuent l'objet, au lieu d'en faciliter l'exécution. Mais, en même temps, sa

majesté déclare que, résolue d'assigner tous les ans un fonds destiné uniquement à étendre les progrès de l'instruction publique, à encourager les savants qui peuvent y contribuer, elle ne propose aujourd'hui de surveiller davantage l'emploi des talents, que pour pouvoir en accélérer les productions, en apprécier le mérite & régler en conséquence la mesure de ses faveurs ; elle ajoute : « Cette juste protection qui honore le trône
„ autant que les lettres devenant ainsi plus utile,
„ En même temps que plus éclatante, augmen-
„ tera l'émulation de ceux qui les cultivent, &
„ donnera un nouveau prix aux graces répandues
„ sur eux. „

C'est le bibliothécaire du Roi & le magistrat chargé de l'inspection de la librairie, qui doivent prendre connoissance des travaux littéraires qui auront été ordonnés, des obstacles qui pourroient les retarder, ainsi que des secours qui leur seroient nécessaires ; ils en rendront compte au garde-des-sceaux, au secretaire d'état, que l'objet pourroit concerner, & au contrôleur-général, auquel ils proposeront ce qu'ils croiront convenable pour accélérer lesdits travaux & les conduire à leur perfection.

On pourra faire aussi des demandes dans chaque département pour des places ou projets littéraires nouveaux, & les mémoires en seront envoyés au contrôleur-général, qui mettra le tout sous les yeux de sa majesté, & d'après cette réunion, le Roi fixera tous les ans dans son conseil la somme totale qui sera destinée, tant pour lesdits travaux littéraires, que pour les graces qu'il voudra bien accorder aux talents les plus distingués.

30 Septembre. Extrait d'une lettre de Besançon, du 20 septembre..... L'affaire des avocats dont vous vous informez, est plus brouillée que jamais. Ils ne se sont point répandus dans les bailliages & expatriés suivant le premier projet. Comme il y en a plusieurs de riches, & que tous ont quelque revenu, on a fait seulement une bourse commune pour venir au secours de ceux qui sont chargés de famille.

Au mois de juillet le premier président témoignoit à Me. *Monnot*, le premier des députés de l'ordre envoyés à Paris, qui est fort bien auprès de ce chef & plus encore auprès de madame *de Grosbois* qu'il amuse; le premier président lui témoignoit donc sa douleur de la scission des avocats, & lui demandoit s'il n'y auroit pas quelque moyen de conciliation. Après plusieurs réflexions sur l'injustice & la vivacité du parlement envers l'ordre, Me. *Monnot* convint de rassembler ses confreres pour aviser à l'accommodement.

Dans cette assemblée un avocat ouvrit l'avis de rentrer; mais, comme Me. *Marguet* est la pierre d'achoppement, & que l'on ne veut point fraterniser absolument avec lui, il dit que deux nouveaux griefs suffisants pour la radiation étant survenus depuis, l'ordre pourroit s'en prévaloir pour le rayer de nouveau, & qu'il falloit espérer que le parlement cette fois convaincu de son tort, ne soutiendroit plus ce mauvais sujet. Cependant dans la crainte de quelques membres turbulants de la compagnie qui pourroient trouver mauvais ce *retentum*, il fut convenu qu'on n'en parleroit pas au premier président. Me. *Monnot* lui dit donc que l'ordre étoit convenu de rentrer purement & simplement. A l'instant M. *de Grosbois* enchanté le remercie & l'embrasse affectueusement, puis se met à son bureau, & n'a rien de plus pressé que d'annoncer au garde-des-sceaux cette bonne nouvelle.

Il y a toujours des bavards dans les assemblées, la lettre n'est pas plutôt parti que le projet des avocats se répand dans le public: le premier président est furieux; les chambres s'assemblent; on mande Me. *Monnet* à la barre de la cour, on le réprimande très-sévérement sur sa réticence; puis on rend arrêt qui ordonne que dans huitaine chacun des avocats sera tenu de venir déclarer au greffe s'il entend suivre la profession, reprendre ses fonctions, ou non. Aucun avocat n'a obéi. De son côté le parlement revenu de sa premiere fermentation a réfléchi, a suspendu l'effet de ses menaces; les vacances sont arrivées & les choses en sont-là.

1 *Octobre* 1785. Il paroît depuis le mois d'avril dernier un ouvrage périodique nouveau, intitulé: *Variétés Littéraires & Historiques*: il est très-médiocre & se vendoit fort mal. L'auteur qu'on croit être M. *de Bastide*, a imaginé pour lui donner du véhicule, d'ouvrir une autre souscription en faveur des captifs & de profiter de la chaleur du zele animé par le mandement de l'archevêque de Paris; il est convenu que le quart du profit seroit appliqué à cette bonne œuvre; il s'est intrigué auprès du contrôleur général & ce ministre, afin de donner l'exemple, a fait souscrire le Roi pour cinquante exemplaires. Ce qui est annoncé dans une lettre très-pathétique de M. *de Calonne*. Le général des mathurins a accepté les offres du journaliste.

1 *Octobre*. Le cours des chûtes recommence à

la comédie françoise. M. *Bret* vient d'y en faire une très-lourde avec son drame nouveau, ayant pour titre l'*Hôtellerie* ou *le faux Amis*, en cinq actes & en vers. L'auteur avoit averti seulement qu'il étoit imité de l'allemand, & il se trouve, suivant ceux qui ont lu l'original, que ce n'est qu'une traduction plate & grossière tour-à-tour de *l'hôtel garni*, comédie de *J. C. Brandes*, qui ouvre le sixieme volume du théâtre allemand, publié par *Friedel*. Malgré la présence de la Reine, le public a commencé ses huées dès le premier acte, & n'a guère discontinué dans les suivants.

Une seule scene du troisieme acte, où le faux ami démasqué se sert des moyens mêmes de sa trahison pour en imposer à son ami, recouvrer sa confiance plus fort qu'auparavant & renouer l'action, a fait plaisir & caractérisé le grand maître.

2 *Octobre*. Extrait d'une lettre de Lyon, du 15 septembre...... Pour le coup voilà un philosophe qui n'a pu échapper aux prêtres. Il est tombé malade ici ; notre archevêque, heureusement pour le salut de l'ame de son confrere l'académicien, se trouvoit en cette ville ; il s'est emparé de monsieur *Thomas*, il l'a fait transporter dans le château d'Oullins, & lui a fait recevoir tous ses sacrements, l'un après l'autre, sans lui faire grace de rien. Le moribond a fait bonne contenance & a édifié tout le monde, sauf les philosophes qui gémissoient de cette niche du prélat.

Ils se voyoient arracher M. *Thomas* avec d'autant plus de peine, que c'étoit une conquête, & qu'il avoit débuté en attaquant leur chef par des réflexions philosophiques & littéraires sur le poëme de la religion naturelle de *Voltaire*. Il étoit venu depuis à réſipiſcence & il tourne caſaque de nouveau.

Quoi qu'il en ſoit, le 10 de ce mois, on a fait célébrer pour le défunt dans l'égliſe de la paroiſſe d'Oullins un ſervice ſolemnel, où l'académie de Lyon a aſſiſté en corps, avec les perſonnes les plus diſtinguées & les plus notables, & même les philoſophes qui ont été forcés de s'y rendre : ils en font encore la grimace.....

Le bon *Ducis*, à la face fleurie, qui pour ſon compte l'a échappé belle, s'eſt trouvé auſſi à Lyon dans le même temps; c'eſt un vrai croyant, & il rioit ſous cape de toute cette comédie.....

2 *Octobre.* Il vient de mourir un avocat honoraire aux conſeils du Roi, nommé *Combault*, âgé d'environ quatre-vingt-cinq ans. C'eſt un éleve de *Rollin*, un ami & un émule de *Coffin*. On apprend qu'il avoit compoſé en ſociété avec lui pluſieurs des hymnes que l'égliſe chante, & dont on attribue toute la gloire au premier.

Le trait le plus intéreſſant de la vie de ce juriſconſulte, c'eſt l'étude qu'il fit de la langue baſque pour déchiffrer des titres extrêmement vieux dans une affaire de très-grande importance dont il étoit chargé, & dont les précédents défenſeurs, faute de les entendre, n'avoient pu ſe ſervir. Il donna la traduction de ces pieces négligées & elles furent victorieuſes.

C'étoit en outre un vigoureux janſéniſte, & l'on peut laiſſer le ſoin du ſurplus de ſon éloge à la gazette eccléſiaſtique.

2 *Octobre.* On étoit bien ſurpris de voir M. *le Coulteux de la Novaye* garder le ſilence & reſter ſans réponſe aux inculpations graves de la lettre du comte *de Mirabeau*. Il tranſpire enfin au-

jourd'hui que ne se sentant pas en état de tenir tête à ce valeureux champion, il a eu recours à M. *Hilliard d'Auberteuil*, espece de chevalier errant, qui vend sa plume à qui veut la payer. Celui-ci a donc pris la défense du banquier; il est allé la faire imprimer dans le pays étranger, d'où elle revient. On assure qu'elle commence à paroître, & que le comte *de Mirabeau* y est traîné, sinon dans la boue, au moins dans la poussiere.

3 *Octobre*. Depuis 1757 la faculté de théologie avoit été privée du droit de choisir son syndic. C'étoit le docteur *Riballier*, si connu par les mauvaises plaisanteries de *Voltaire*, qui en remplissoit les fonctions en vertu d'une lettre de cachet. Il y a déjà plusieurs années que ce personnage vieux & infirme supplioit la cour de le remplacer; enfin il a été frappé cet été d'apoplexie, il est allé aux eaux, & son état déplorable a déterminé le gouvernement à acquiescer à sa demande. On a fait plus, comme les troubles du jansénisme, qui avoient provoqué son acte de rigueur, semblent éteints, le Roi a rendu à la faculté la liberté de procéder à l'élection légale de ce chef.

En conséquence dans l'assemblée ordinaire de chaque mois appellé *primâ mensis*, qui a eu lieu au commencement d'octobre, les votants ont élevé à cette place de syndic l'abbé *Berardier*, principal du college de Louis-le-Grand, & depuis quatre ans censeur de discipline de la faculté.

4 *Octobre*. La ville ne perd point de vue le projet de la démolition des maisons sur les ponts Notre-Dame & au Change. En conséquence le 29 du mois dernier elle a rendu un réglement

qui doit être publié concernant la vente des matériaux de ces démolitions, & la police à observer pour leur déblaiement.

4 *Octobre*. Voici la lettre des évêques au Roi, telle qu'ils la répandent manuscrite.

SIRE,

« Nous mettons sous les yeux de votre majesté les titres & les motifs développés dans le mémoire que nous prenons la liberté de lui présenter. Loin à jamais de notre esprit & de nos cœurs toute pensée qui tendroit à nous souftraire à l'obéissance qui vous est due. Nous chérissons autant que nous révérons les caracteres de votre puissance royale, l'indépendance, l'universalité, la plénitude de votre autorité dans l'ordre des choses temporelles. Elle n'a sans doute rien à emprunter d'aucune puissance sur la terre pour atteindre aux objets auxquels elle doit pourvoir; mais la même puissance peut être diversement exercée, sans rien perdre de son intégrité, ni de ses droits essentiels, & l'uniformité de la soumission n'est pas plus incompatible dans un état monarchique avec des privileges particuliers, qu'avec la distinction des rangs & l'inégalité des conditions.

» Vous régnez, SIRE, sur les princes & pairs de votre royaume, sur les gentilshommes, sur les magistrats de vos cours souveraines. Tous sont également vos sujets, tous sont vos justiciables; leurs causes cependant ne sont pas instruites, leurs personnes ne sont pas jugées comme celles des autres citoyens.

Les clercs ont des juges indiqués par la loi; les ordonnances ont réglé les diverses procédures à suivre selon la diversité des délits dont ils sont accusés, & l'ordre épiscopal, SIRE, que les empereurs romains réputés les plus sages, que les conquérants qui ont fondé la monarchie françoise, que *Charlemagne*, dont les loix respectées porteront aux générations les plus reculées le vœu des peuples nombreux soumis à son empire; que saint *Louis*, ce prince éclairé, aussi attaché aux devoirs de la religion, que zélé défenseur des droits de la royauté, se sont plu à revêtir de distinctions & de prérogatives; l'ordre épiscopal, dont tant de monuments consacrent les privileges, n'auroit pas même de privilege à réclamer!

» Nous rendrons cette contradiction plus sensible, en l'appliquant aux circonstances actuelles: qu'un ecclésiastique soit impliqué dans l'affaire qui s'instruit sous nos yeux au parlement de Paris, il aura incontestablement le droit de réclamer son juge naturel, tandis que son supérieur dans l'ordre de la hiérarchie ne participeroit en rien aux prérogatives de son ordre.

» Les loix, SIRE, qui régissent votre empire, n'ont jamais voulu tendre de pieges à vos sujets; elles ne leur présentent pas d'illusion: c'en seroit une manifeste qu'un privilege reconnu dont l'exercice ne pourroit jamais avoir lieu. Il existe donc un ordre de choses, & c'est celui que nous réclamons; celui qui réunissant l'ineffaçable sanction des loix des souverains & de la nation, a permis qu'un évêque accusé dût être jugé par les évêques ses collegues.

» Plus nous réfléchissons sur la nature & l'effet de ce privilege, moins nous appercevons en quoi il pourroit alarmer la puissance royale. Il seroit injuste de lui supposer pour fondement des erreurs que l'église de France a toujours combattues. Nous tenons fermement que notre consécration au ministere des autels ne nous affranchit pas des devoirs auxquels nous a soumis notre naissance, & nous n'avons aucune réclamation à former qui soit inconciliable avec cette précieuse vérité.

» C'est le respect pour la religion qui a donné naissance aux privileges attribués à ses ministres. Celui de l'immunité personnelle dans les jugements accordés aux évêques s'est trouvé conforme aux mœurs des premiers François. Ils vouloient que tout accusé fût jugé par ses pairs. L'approbation & l'authenticité qu'il a reçues sous les deux premieres races de nos Rois l'ont associé au droit public de la nation, & si dans des temps postérieurs il a paru quelquefois défiguré, ou obscurci par des prétentions que l'église gallicane n'a jamais partagées, renfermé dans ses justes bornes par des évêques françois, pontifes aussi zélés que sujets fideles, il subsiste dans son intégrité, ainsi que dans sa pureté: il n'offre donc rien dans son principe qui puisse blesser la puissance des princes, puisque nous reconnoissons qu'il est émané d'elle.

» L'usage que nous en devons faire, présenteroit-il des inconvéniens alarmans pour la société? Nous sommes aussi éloignés, SIRE, de favoriser dans aucun membre de notre ordre, l'impunité que l'indépendance, & quand l'autorité souveraine a confié à notre vigilance une partie de ses intérêts, elle ne les a ni trahis ni desservis. Plus coupables que les autres hommes quand nous sommes assez foibles pour oublier nos devoirs, nous méritons d'y être rappellés par la sévérité de nos propres loix. La sainteté des maximes dans lesquelles nous puisons nos jugements, ajoute à la difformité du vice des traits qui ne sont pas apperçus par les tribunaux ordinaires. Quel danger a donc à redouter la société d'une autorité qui, loin de laisser les crimes impunis, s'éleve avec vigueur contre les violations les plus légeres ?

» Notre jugement doit, il est vrai, précéder tout autre jugement ; mais nous ne voulons ni retarder l'administration des preuves, ni nuire à leur conservation ; & quand elles concourent à attirer sur la tête de l'accusé des peines capitales & afflictives, nous ne déguisons pas le crime ; mais, fideles à l'esprit de notre ministere, nous implorons pour le coupable la clémence du prince, sans prétendre enchaîner la justice.

» Tel est, SIRE, le privilege que nous réclamons. Son origine est antérieur à l'établissement de la monarchie ; il nous a été transmis fidélement d'âge en âge. C'est un dépôt dont nous sommes comptables envers nos successeurs.

» Il a pour fondement des motifs légitimes : il a été accordé non pour un temps, non à des personnes particulieres, mais pour toujours & au premier ordre de votre royaume. Il n'est donc ni versatile, ni arbitrairement révocable ; il repose comme tous les droits les plus précieux des citoyens sous la garde immédiate de votre protection royale, & c'est le plus puissant de notre respectueuse confiance. »

5 *Octobre*. Le clergé, avant de se séparer, a fait encore de nouvelles tentatives auprès du Roi, ou plutôt de nouvelles instances, afin que le procès du cardinal *de Rohan* lui fût renvoyé. On ne dit

point la réponse de S. M. qui vraisemblablement n'aura rien décidé, & n'aura été que dilatoire. On ne doute pas que les agents-généraux ne soient chargés de suivre cette affaire pendant la suspension de l'assemblée, prorogée jusqu'au commencement de juillet 1786.

5 *Octobre.* M. le président *de Meinieres* vient de mourir. Il étoit resté le dernier des divers colloborateurs de nos mémoires commencés dans la société de madame *Doublet.* Il fournissoit les articles concernant le parlement, la magistrature & les loix. En général, il s'occupoit essentiellement de ces matieres, & quand la compagnie se trouvoit dans quelque crise difficile, avoit des remontrances à travailler, l'on s'assembloit chez lui, & depuis qu'il étoit absolument retiré, on le consultoit encore.

M. le président *de Meinieres* avoit beaucoup feuilleté dans les anciens registres du parlement, appellés les *olim.* Il en avoit fait un dépouillement exact, & formé de tout cela des recueils, des extraits, des dissertations, des tables raisonnées sur toutes especes de matieres historiques, politiques & critiques. Ils contiennent plus de cent volumes *in-folio.* On ne dit point encore à qui le défunt a laissé ses manuscrits.

6 *Octobre.* La Reine est venue hier à la comédie italienne ; elle y a amené avec elle pour la premiere fois *Madame Royale,* qui n'a pas sept ans : son auguste mere n'a pas manqué de lui faire faire les trois révérences au public, qui en a été enchanté, & a comblé la Reine d'applaudissements extraordinaires. Comme la piece étoit en train, le parterre a ordonné aux comédiens de recommencer.

La venue de *Madame Royale* est une dérogation à l'étiquette, suivant laquelle les enfants de France, & sur-tout les princesses, ne venoient autrefois aux spectacles publics qu'après avoir fait leur premiere communion. Les prêtres & les dévots en ont été fort-scandalisés.

6 Octobre. Extrait d'une lettre de Francfort, du 28 septembre..... Le 25. M. *Blanchard* ne put entreprendre son voyage aérostatique dans le ballon qu'on avoit préparé. Une tempête violente l'en empêcha, & le lendemain 27, quoique le temps ne fût guere plus beau, il voulut absolument partir, malgré toutes les représentations qu'on lui fit. M. le prince *de Hesse-Darmstadt* étoit déjà monté dans la nacelle avec M. *Schweitzer*, officier au régiment de *Schomberg*, dragons; mais au moment où M. *Blanchard* s'embarquoit, un coup de vent plus furieux a déchiré le ballon du haut en bas, & le voyage n'a pu avoir lieu. M. *Blanchard* s'en est trouvé mal, & l'on a eu beaucoup de peine à le consoler : pour le soustraire d'ailleurs à la foule des mécontents, le prince des *Deux-Ponts* avoit eu la bonté de le prendre dans sa voiture & de l'emmener.

Heureusement cet aéronaute ne marche point sans sa voiture : il a apporté un ballon avec lui, celui de Lille ou de Calais, n'importe, & a déclaré que ce ballon seroit en état de servir incessamment.

ADDITIONS.

Année MDCCLXXIV.

7 Novembre 1774. Le Roi ayant rencontré dans son passage à Fontainebleau, une dame rayonnante de diamants, l'a prise pour une femme de la cour & l'a saluée très-respectueusement. Il faut observer que S. M. a la vue fort basse. Informé depuis que ce n'étoit qu'une femme de chambre de la Reine, son auguste époux en a fait des reproches à cette majesté : il a déclaré qu'il ne vouloit point que ces subalternes s'assimilassent aux femmes de qualité ; & il leur est ordonné en conséquence, lorsqu'elles feront de service, de porter un petit tablier qui les distingue & caractérise leurs fonctions.

8 Novembre. On ne doute pas que les écrits sur les affaires du parlement ne reprennent aujourd'hui plus librement leur cours. Il en paroît un nouveau intitulé : *Lettre du sieur Sorhouet au sieur de Maupeou.* Ce titre sembleroit annoncer une suite de la *Correspondance* ; mais l'auteur n'est certainement pas le même, il n'a ni la plume, ni le génie de son prédécesseur. Dans cette épître datée des bords du Styx le... septembre 1774, on suppose que l'ombre du défunt voit arriver celle du sieur *Abbé Petit de Bellaunay,* un de ses confreres du grand-conseil, mort depuis la disgrace du chancelier. Il se lie une converſation entr'elles, & la derniere rend compte à l'autre de ce qui ſe paſſe ſur terre. On ſent que ce dialogue pouvoit fournir matiere à une converſation hiſtorique très-intéreſſante; mais rien que de trivial dans les faits; point d'anecdotes, & des injures groſſieres; voilà à-peu-près la quinteſſence de la brochure. Un paſſage concernant les liaiſons du chancelier avec le comte d'Aranda, ambaſſadeur d'Eſpagne, eſt la ſeule choſe curieuſe qui s'y rencontre: encore n'y a-t-il rien de détaillé qui puiſſe la rendre piquante. On parle ambigument de la prétendue brochure de *l'Aurore*, & l'hiſtorien ne s'explique pas en homme mieux inſtruit que les autres ſur ce point. Enfin il auroit pu ſe diſpenſer de prendre la plume pour ne rien dire de plus intéreſſant. Le mémoire même de *Monſieur*, intitulé *Mes Idées*, y eſt traveſti & attribué aux évêques; ce qui eſt une abſurdité. On ne voit pour but principal dans ce pamphlet qu'un deſſein formé de ramener ſur la ſcene des perſonnages du nouveau tribunal, déjà trop bafoués & devenus trop mépriſables, ſur-tout depuis leur chûte, pour mériter qu'on en entretienne le public.

11 *Novembre*. Il eſt arrivé d'Angleterre un cinquieme volume *des efforts de la liberté & du patriotiſme contre le deſpotiſme du ſieur de Maupeou, chancelier de France*.

Il contient 1°. *l'Avocat national*, ou lettre d'un patriote au ſieur *Bouquet*, dans laquelle on défend la vérité, les loix & la patrie contre le ſyſtême qu'il a publié dans un ouvrage intitulé, *Lettres provinciales*, &c. Cette lettre eſt datée de Paris, du premier janvier 1774.

2°. *Lettre à M. le comte de* ✳✳✳, *ancien capi-*

taine au régiment de ✱✱✱, *sur l'obéissance que les militaires doivent aux commandemens des princes*, en date du 15 avril 1774.

3°. *Le manifeste aux Normands.*
4°. *Le manifeste aux Bretons.*

On connoît ces deux derniers ouvrages : les autres méritent un détail particulier.

12 *Novembre*. Les comédiens italiens, après avoir beaucoup varié sur le titre de leur piece appellée tour-à-tour, *la Bataille d'Ivri*, *le Dîner de Henri IV*, se renferment à l'afficher aujourd'hui sous le nom pur & simple de *Henri IV*, drame lyrique en trois actes. Elle doit être jouée le lundi 14 de ce mois, & l'on présume qu'au seul nom du héros l'affluence sera grande.

15 *Novembre*. Dans une note de *l'Avocat national*, on lit : « Lorsque le premier volume des
» *Lettres provinciales* du sieur *Bouquet* a été sup-
» primé par arrêt du conseil, les exemplaires ont
» été saisis (pour la forme) chez le libraire
» *Merlin*, & portés en dépôt au château de la
» Bastille. Cependant deux mois après ce même
» libraire a débité l'ouvrage avec un second vo-
» lume.... » Le critique en conclut que l'auteur soudoyé par M. *de Maupeou* écrivoit précisément pour lui : en effet il établit :

1°. Que le sieur *Bouquet*, bien loin d'avoir travaillé avec impartialité à développer la constitution françoise par les monuments anciens, les chartres, les traités, les conditions expresses obtenues par les différentes provinces de France, lors de leur réunion, le serment du sacre, les édits de nos Rois, les dissertations des savants, les histoires de la nation fondées sur toutes ces pieces, n'a cherché qu'à favoriser le système du chancelier, en faisant naître des doutes à la nation sur sa propre constitution, en assurant que des ouvrages des auteurs, d'ailleurs célebres, qui ont écrit sur cette matiere, il ne résulte qu'une idée de constitution compliquée, bizarre & monstrueuse; des notions si contradictoires, que les sujets les plus attachés à leur prince croient bien faire d'en interdire la recherche & l'examen.

2°. Que tout l'ensemble du systême ne porte que sur la fausse idée de conquête, puisque l'écrivain, pour prouver que les Rois ne doivent compte qu'à Dieu de l'administration de leurs états, fonde son assertion sur ce qu'ils ne les tiennent pour la plus grande partie que de Dieu & de l'épée.

3°. Que le sieur *Bouquet* déshonore & démembre la royauté, en la partageant entre le Roi & le chancelier, en le mettant au-dessus du Dauphin & de tous les sujets, en accumulant sur sa tête toutes les dignités de la couronne, en voulant que le Roi ne juge pas, mais confirme seulement les jugements du chancelier, qui est la principale source des loix; que celui-ci enfin tienne sa prééminence de la même loi fondamentale qui rend la personne du législateur sacrée.

Le dissertateur réfute son adversaire sur tous ces points; il démontre les dangers de cette derniere partie du systême, dans laquelle monsieur *de Maupeou* se complaisoit le plus, en ce qu'on s'y mettoit au-dessus des loix, qu'on ne se rendoit justiciable de personne, & qu'au cas où le regne des loix reparoissant, on voudroit lui faire son procès, comme au chancelier *Poyet*, on lui préparoit ainsi de loin une défense, on embrouilloit du moins la matiere, afin de le sauver à la faveur de tant d'obscurités.

Tel est le résumé de cet ouvrage, excellent, clair, méthodique, bien écrit & respirant par-tout le respect pour la majesté royale, & un zele ardent pour la défense des droits de la nation.

16 *Novembre.* On rapporte un bon mot, ou, si l'on veut, un quolibet de M. le comte *de Maurepas*, tout récent à l'occasion du lit de justice, tenu par le Roi le 12 de ce mois pour la réintégration du parlement dans ses fonctions. Il indique le caractere d'esprit de ce ministre, sa gaieté & combien, maître de lui-même, & supérieur à tous les événements, il sait traiter, en se jouant, les affaires les plus graves.

Le comte *de Maurepas* s'étant montré dans la grand'chambre avant la venue du Roi, monsieur *d'Aguesseau*, doyen du conseil, parut surpris de sa présence, & lui déclara qu'il ne pouvoit occuper aucun rang dans cette cérémonie: « Rassurez-vous, lui répondit le ministre en riant; je viens seulement *lanterner*: » & en effet il se plaça dans une tribune, où l'on met ceux qui veulent assister à ce genre de spectacles *incognito*, & qu'on appelle *une lanterne*.

17 *Novembre.* La lettre sur l'obéissance que les militaires doivent aux commandements du prince, traite cette matiere délicate d'après les notions établies sur le bon sens, sur le droit naturel & sur le sentiment intime de la conscience. Il s'ensuit des principes de l'auteur, qu'il est des bornes que le pouvoir royal ne sauroit franchir; que c'est une obligation rigoureuse pour tous les ordres de citoyens de refuser d'exécuter des commandements évidemment illégaux: mais

cette résistance doit être purement passive ; elle est fondée sur ce qu'un militaire, en servant le Roi, ne sert réellement que l'état, dont le prince est seulement le chef. Il prouve que cette doctrine n'est point nouvelle, qu'elle a été mise en pratique dans tous les temps par les héros les plus vertueux, les plus attachés à leur souverain. Il en cite une multitude d'exemples anciens & modernes, & récemment dans les derniers troubles, le prince *de Beauveau*, le duc *de Duras*; il rend justice en passant à la conduite du sieur *Dagay de Mutiney*, intendant de Bretagne, qui a été rappellé, parce qu'il a refusé d'aller à Rennes violer la justice dans son temple.

Ce rôle, dit-il, convient parfaitement aux *Bastard*, aux *Flesselles* ; mais pourroit-on présumer que les *Guignard de Saint-Priest*, les *Payot de Marcheval* fussent leurs complices? Il est également fâché de rencontrer dans la liste des officiers-généraux qui ont été les valets du sieur *de Maupeou*, parmi les noms des *Fitz-James*, des *Richelieu*, des *de Lorges*, ceux des comte *de la Marche*, des *d'Armentieres*, des *d'Harcourt*, des *Rochechouart*, des *Clermont-Tonnerre*, des *Perigord*, des *la Tour-Dupin*, des *Ruffey*.

21 *Novembre*. Dans la lettre du sieur *Sorhouet* au sieur *de Maupeou*, page 19, on lit : " La poli-
„ tique plus déliée a fait en même temps passer
„ à notre service le fameux représentant d'une
„ illustre nation (le comte *d'Aranda*, ambassa-
„ deur d'Espagne : en note); il sembloit par pru-
„ dence, par état & par caractere devoir nous
„ être à jamais contraire; mais il s'est fait subi-
„ tement, par un bonheur inespéré .... notre
„ bruyant apologiste & le plus ardent accusateur

,, des anciens. On dit qu'en cela il a mieux
,, servi nos intérêts que ceux de sa couronne,
,, dont il révele trop les chimériques préten-
,, tions. ,,

On assure, ce qui est assez vraisemblable, que cette tirade a offensé M. d'*Aranda*; qu'il s'en est plaint, & que la brochure, quoique déjà clandestine, est devenue encore plus rare.

21 *Novembre*. L'opéra d'*Azolan*, tiré d'un conte de M. *de Voltaire*, retardé par le défaut de mémoire des acteurs, doit enfin s'exécuter demain.

Le 22 *Novembre*. M. *Durosoy* a fait quelques changements à son drame lyrique de *Henri IV*, ce qui le rend moins ridicule. Cet auteur a composé douze vers sur le retour du parlement, qu'il mettoit dans la bouche de son héros. Ils devoient se débiter à la premiere représentation; mais on lui a conseillé de les ôter & d'avoir égard aux instances de quelques-uns des membres du grand-conseil, qui sont venus le prier de ne point augmenter l'opprobre dont on les couvroit, en les traduisant encore sur le théâtre.

25 *Novembre*. Un mémoire qui paroît en ce moment en faveur du comte *de Guines* dans le procès que lui intente son secretaire, est fort recherché à cause de la nature de l'affaire très-curieuse & du nom de l'avocat *Target*, qu'on y lit pour la premiere fois, depuis la catastrophe du parlement.

Quoi qu'il en soit, M. *de Guines* dans ce mémoire ne se contente pas de faire tomber l'imputation atroce du sieur *Tort*, en la niant sans aucun risque, puisqu'elle n'a d'autre appui que l'assertion de l'accusateur, répétée par ses témoins d'après lui seul & sur sa bonne foi; mais il entreprend de prouver que l'accusation est fausse & qu'elle ne peut être vraie. Il divise sa défense en trois parties.

Dans la premiere, il expose l'état actuel du procès.

Dans la seconde, il établit la réfutation des calomnies du sieur *Tort*.

Dans la troisieme, il renferme la preuve des délits des sieurs *Tort*, *Roger* & *Delpech*.

La discussion de ces diverses parties, ennuyeuse pour les lecteurs qu'elle n'intéresse pas à certain point, est inutile ; il suffit d'assurer que, satisfaisante peut être pour les juges, elle ne l'est pas complétement pour les logiciens difficiles.

26 *Novembre*. Les brocards ne tarissent point sur messieurs du grand-conseil : un plaisant a fait une chanson, où il introduit en scene le Roi avec l'archevêque de Paris & dans un style peu convenable sans doute au souverain, il lui fait manifester ses volontés à l'égard du renvoi du parlement *Maupeou*; on sait que S. M. appelle le prélat, mon cousin, à raison de sa dignité de pair, quand il lui écrit. On est parti de-là pour choisir l'air si connu sur le refrein, *voilà mon cousin, l'allure mon cousin*, & noter les paroles, dont certains couplets sont fort grossiers, mais d'autres ont du sel. On dit que ce vaudeville a fait fortune à la cour, & que le monarque même en a ri : il est en six couplets.

27 *Novembre*. On va couper une très-grande partie du parc de Versailles, dont le plus grand nombre des arbres sont couronnés, & il sera replanté de nouveaux. Cette destruction inévitable afflige les amateurs de l'antique.

27 *Novembre*. La Reine a couru ces jours derniers un grand danger, dont le souvenir fait frémir encore. Cette princesse aime beaucoup à se promener en traîneau sur la glace ; genre de plaisir usité sur-tout chez les nations du nord, à raison du climat, & même de la nécessité. S. M. profitoit de la circonstance de la saison rigoureuse pour se livrer à cet exercice, auquel elle avoit commencé à se former à Vienne. L'écuyer qui la conduisoit ayant tombé & les chevaux qui, déjà très-vifs, ne sentoient plus les guides, commençoient à prendre le mors aux dents, lorsque la Reine, alerte & légere, a ressaisi les rênes avec beaucoup de dextérité & s'est rendue maîtresse des coursiers, jusqu'à ce qu'elle ait pu avoir du secours. Revenus de leur frayeur, les spectateurs ont admiré la présence d'esprit, le sang froid & le courage de sa majesté.

30 *Novembre*. La levée de la milice ayant donné lieu à une diversité d'opinions entre messieurs les intendants des généralités du royaume, & MM. les inspecteurs-généraux d'infanterie ; S. M. pour en être instruite & en décider en connoissance de cause entiere, a jugé à propos d'assembler en sa présence, le 25 de ce mois, un comité particulier, composé de M. le maréchal prince *de Soubise*, de M. le comte *de Maurepas*, de M. le comte *du Muy*, de M. *Bertin* & de M. *Turgot*, tous ministres d'état, & où ont été appellés M. le maréchal *de Biron* & M. le comte *d'Herouville*, lieutenant-général, & les plus anciens des inspecteurs-généraux d'infanterie. Le comité a duré trois heures & demie : M. le comte *d'Herouville* a fait le rapport de l'objet de la discussion : on ignore la décision du Roi ; mais

mais l'ordonnance qui doit être inceſſamment imprimée & publiée la fera connoître.

30 *Novembre.* Entre les pieces de vers dont la ville de Rouen a été inondée, dans l'ivreſſe de la joie générale concernant le retour du parlement, on diſtingue une épître adreſſée à noſſeigneurs du parlement de Normandie, où il y a de la poéſie & des images.

30 *Novembre.*

Après la Saint Martin... mon couſin,
   Le parlement déniche
Et fait place à l'ancien... mon couſin,
   Qui l'envoie faire fiche... mon couſin ;
Voilà mon couſin, l'allure, mon couſin.

Entrez dans les raiſons... mon couſin,
   Qui me font le détruire :
Ce ſont tous des fripons... mon couſin,
   Qui ne ſavent pas lire... mon couſin ;
Voilà, &c.

De ce corps avoir ſoin... mon couſin,
   Sera charité pure.
Vous êtes ſon ſoutien... mon couſin,
   Lui votre créature... mon couſin ;
Voilà, &c.

Deſirat, Bilheux, Gin... mon couſin,
   Feront triſte figure ;
Sans honneur & ſans pain... mon couſin,
   La cruelle aventure... mon couſin ;
Voilà, &c.

Tonsurez le Dragon (1.)... mon cousin,
   Qu'en l'église on le place :
Il porte mal, dit-on... mon cousin,
   La robe & la cuirasse.... mon cousin,
Voilà, &c.

De bon cœur je les plains... mon cousin,
   Je vous les recommande :
A chacun d'eux enfin... mon cousin,
   Donnez une prébende... mon cousin;
Voilà, &c.

1 *Décembre* 1774. Malgré son état d'humiliation sous la flétrissure que lui a imprimé le parlement *Maupeou*, le sieur de Beaumarchais se ranime depuis la destruction de ce corps, & il commence à faire le plaisant & à se répandre en nouveaux bons mots. On assure même, ce qui est assez vraisemblable, qu'il songe à faire casser l'arrêt qui le blâme. Dans ce projet, sans doute, il est allé trouver un avocat, le plus agréable au parlement rentré, par son dévouement absolu & la cessation entière de toutes les fonctions durant l'exil : ne l'ayant point trouvé, il a écrit ce billet chez le portier : *Le martyr Beaumarchais est venu pour voir la Vierge Target.*

4 *Décembre.* M. le contrôleur-général vient de manifester son esprit d'équité, au préjudice même des droits de sa place. Il a écrit aux fermiers-généraux que son intention étoit que les membres

---

(1) M. *de Nicolaï*, ci-devant colonel de dragons.

de leur compagnie fuſſent tirés du nombre des travailleurs, & que la fortune dans cet état devînt, comme dans les autres, la récompenſe du mérite. En conſéquence il a commencé par donner une adjonction au ſieur Sanlo, directeur de correſpondances pour la partie des domaines, & un des grands coopérateurs de la ferme. D'ailleurs cette partie des domaines eſt très-belle. Elle exige néceſſairement beaucoup de connoiſſances, ſur-tout du régime féodal, & il n'eſt pas d'homme inſtruit des grands principes de cette doctrine capable de remonter aux ſources, qui ne fût, ſous cet aſpect, un membre très-idoine de l'académie des belles-lettres.

5 Décembre. Extrait d'une lettre de Rochefort, du 28 novembre. Vous ne ſauriez imaginer combien M. de Boines & ſes ouvrages étoient déteſtés de la marine. L'ordonnance proviſoire par laquelle M. de Sartines annonce ſon projet d'anéantir tout ce que ſon prédéceſſeur a fait, y a cauſé une joie indicible, ſur-tout dans ce département : on ſe porte à toute l'ivreſſe qu'elle peut cauſer à l'extérieur en réjouiſſances, en fêtes. Les officiers connoiſſent bien l'inertie au moins égale de leur nouveau miniſtre, mais ils eſperent le mener comme ils voudront.

6 Décembre. Un accident arrivé dans l'appartement du Roi ſamedi dernier, & le ſpectacle qu'a eu ſa majeſté d'un homme tombé d'une échelle, la tête fracaſſée, a ému le Roi au point qu'il en a reſſenti un petit accès de fievre, & n'eſt point ſorti de ſon appartement le dimanche. Son incommodité n'a point eu de ſuites; on y a pris d'autant plus de part qu'il manifeſte l'excellence de ſon cœur & caractériſe une ſenſibilité vive dont son physique ne sembleroit pas susceptible ; son humanité le rendra plus aimé lui-même.

6 *Décembre*. Le procès élevé depuis quelque temps entre le maréchal duc de Richelieu & la présidente de Saint-Vincent, commence à prendre couleur. Ces jours derniers le premier est allé voir M. de Gourgues, président de Tournelle, & lui a demandé *un bon Rapporteur*. « Il n'y en „ a point d'autre aujourd'hui, monsieur le Ma-„ réchal, » lui a répondu séchement & avec hauteur le magistrat piqué.

8 *Décembre*. On a imprimé les discours de Me. *Target* à la rentrée du parlement les 28 & 29 novembre. On sait que c'est aujourd'hui le coryphée du barreau à raison du patriotisme intrépide qu'il a déployé depuis la disgrace du parlement, & pendant tout ce long intervalle. Ce petit recueil contient trois discours: celui en réponse du discours de M. Seguier, avocat-général, adressé aux avocats ; celui prononcé par Me. Target, en présentant au serment cent dix-sept avocats ; & enfin l'exorde de son premier plaidoyer pour le marquis de Sennecterre.

On auroit désiré pour l'honneur de cet avocat qu'on ne lui eût pas joué le tour de faire imprimer ses discours, sur-tout le premier, dont le langage barbare, les expressions emphatiques, les métaphores disparates, les hyperboles gigantesques ressemblent beaucoup à la vieille éloquence du barreau, qui contient plus de phrases que d'idées.

11 *Décembre*. C'est le bruit général de la cour & de la ville que madame la comtesse d'Artois est grosse de près d'un mois. La Reine en ayant témoigné sa satisfaction à madame la duchesse de Quintin, l'une des dames attachées à la pré-

mière princesse : " Madame, lui a répondu la duchesse : c'est un précurseur. "

12 *Décembre*. Les François se disposent à donner après *la partie de chasse de Henri IV*, le drame d'*Albert premier* ou *Adeline*; auquel la Reine doit assister.

15 *Décembre*. On voit encore une nouvelle brochure sur les événements du jour : elle a pour titre *la Ligue découverte, ou la Nation vengée : Lettre d'un Quacre à F. M. A. D. V. sur les affaires du temps & l'heureux avénement au trône de Louis XVI.*

16 *Décembre*. Depuis long-temps on forme des projets pour une nouvelle salle de comédie italienne ; & il n'est point d'extravagance que n'imagine la cupidité des architectes. On propose aujourd'hui de la construire dans des marais au haut de la rue Poissonniere ; ce qui éloigneroit beaucoup trop ce spectacle du centre de Paris.

16 *Décembre*. *La Ligue découverte* est une brochure dirigée contre M. de Voltaire, à qui l'on reproche son silence. Il est d'autant plus extraordinaire en effet, que cet auteur est toujours fort empressé à saisir l'à-propos. Mais il a si hautement affiché sa façon de penser, qu'il est aujourd'hui fort embarrassé pour se rétracter. Quoi qu'il en soit, on tourmente à cet égard le vieux philosophe de Ferney ; & la matiere prêteroit infiniment à un meilleur plaisant. Celui-ci est lourd, sans sel, & son pamphlet ne signifie rien, à quelques anecdotes près très-clair semées ; mauvais style d'ailleurs, & satire dégoûtante, dont l'écrivain est anonyme & fait prudemment.

18 *Décembre*. La grossesse de madame la comtesse d'Artois se confirme de plus en plus. Les

bruits de la cour & de la ville font que la seconde époque est déjà révolue ; mais on sait que la déclaration ne s'en fait aux ambassadeurs qu'à quatre mois & demi.

On dit que M. le comte d'Artois, enchanté de cet heureux événement, s'est écrié en plaisantant : « Cela ne pouvoit pas être autrement, c'est moi qui ai rétabli la cour des aides. »

23 *Décembre.* M. l'avocat-général Seguier, qui devoit porter la parole dans le procès de la Rosiere, n'a pu le faire que mardi dernier : les habitants du village de Salency ont gagné contre le seigneur, & le public a paru fort content de l'arrêt.

25 *Décembre.* Il faut se rappeller l'établissement d'une imprimerie royale, formée à Versailles à l'hôtel de la guerre en 1767, pour le service de ce département, de celui de la marine & des affaires étrangeres, sous l'inspection de M. Berthier, gouverneur de cet hôtel. Cet établissement n'a pu se faire sans diminuer de beaucoup celui de l'imprimerie royale au Louvre, & le directeur, M. Duperron, a cru devoir communiquer au ministere des *Observations*, auxquelles a répliqué M. Berthier. Suivant l'exposé des deux rivaux, l'un des deux établissements seroit infiniment plus cher que l'autre, & chacun, de son côté, prétend être le véritablement économique.

27 *Décembre.* On sait que le Roi, touché des pertes énormes qui se faisoient souvent au jeu chez les princes, les a engagés à le modérer & à ne point donner cours chez eux aux jeux de hasard. Il y a peu de temps, M. le duc d'Orléans étant à Paris, & ayant annoncé qu'il recevroit à souper les seigneurs accoutumés à lui

faire leur cour, plus de soixante convives s'étoient présentés pour jouir de cet honneur; mais son altesse ayant déclaré que, conformément aux intentions du Roi, on ne joueroit point aux jeux de hasard, tous ont défilé successivement; il n'est resté chez ce prince que vingt personnes.

29 *Décembre.* M de la Harpe vient de publier une satire manuscrite, qu'il a modestement intitulée: *Vers à deux de mes amis.* Il y a pris en effet le ton familier de l'amitié, & ce ton est quelquefois bas. *Boileau, parmi les morts & parmi les vivants*; MM. *Dorat*, l'abbé *Beaudeau, Rochon, d'Arnaud, Aubert, Marin, Freron, Clément*, mais sur-tout M. *Rigoley de Juvigny*, sont ceux qu'il passe en revue & plaisante. Il fait parfois aussi le politique. M. Turgot, comme tenant la bourse y est loué; mais la secte des économistes n'est point exempte de ses coups de patte; il n'est pas jusqu'à M. de Maupeou & sa sequelle dont il ne médise impunément. Il y a beaucoup d'inégalités dans cet ouvrage; la facilité du vers est ce qui le caractérise principalement.

31 *Décembre.* M. l'abbé de Voisenon est revenu de la maladie dont on le croyoit mortellement attaqué; mais il est si chétif qu'on doute qu'il puisse aller loin. Lui-même en est frappé, & a fait en conséquence un retour vers Dieu, qui, vraisemblablement, sera plus long & plus solide que les précédents; car on sait que cet abbé, dont la tête est aussi foible que le cœur, a souvent varié de principes, ou plutôt qu'il n'en a pas & se laisse aller à toutes les circonstances. Il a pris un confesseur, même un directeur en regle, & consacre, dit-on, aujourd'hui sa muse à la religion.

ANNÉE M. DCC. LXXV.

3 Janvier 1775. ON apprend que la maladie des bestiaux qui a désolé le Béarn & successivement la Guienne, gagne du côté de Toulouse, sans qu'on puisse détruire ce fléau. Le gouvernement ne cesse de faire chercher les moyens d'arrêter une telle contagion, contre laquelle deviennent nuls tous les soins & toutes les consultations des savants les plus experts dans la doctrine vétérinaire.

4 Janvier. L'*almanach royal*, depuis son origine, devient de jour en jour un livre plus précieux pour l'histoire, en sorte que la collection complete de ces volumes éphémeres augmente de cherté ; mais dans le nombre il en est qui sont plus recherchés à cause des époques mémorables. Celui de cette année 1775 sera du nombre. Les changements à y faire sont si considérables, que non-seulement il n'a pas été publié à la fin de décembre suivant l'usage, mais que l'impression n'en est pas encore achevée & qu'on désespere d'en jouir avant le 15 de ce mois.

5 Janvier. Les corvées sont une chose odieuse & qui désole les habitants de la campagne. M. Turgot, durant son intendance de Limoges, ayant été dans le cas d'en connoître par lui-même les inconvénients, songe sérieusement depuis qu'il est en place à délivrer les agriculteurs de cette charge ; & il ne trouve pas d'autre moyen que d'y substituer un petit impôt beaucoup moins onéreux que les corvées ; mais il prévoit nombre d'obstacles de la part des seigneurs, qui ne sont pas assujettis à la corvée & sur-tout de la part des magistrats, dont la morgue se révolte de voir supprimer une tache annexée aux *vilains*, tandis qu'eux en retirent le profit, & dont il faudroit en conséquence qu'ils surpportassent une répartition plus considérable, à mesure qu'ils seroient plus grands terriens.

6 Janvier. On étoit fort mal dans Paris le carême, où les indévots & les malades étoient obligés de se pourvoir de viande à l'hôtel-dieu. Depuis le ministere de M. Turgot, il est question d'abolir cet usage vexatoire & de laisser aux bouchers la liberté de vendre comme en tout temps. Le Roi se réserve d'indemniser cet hôpital du bénéfice que lui procuroit ce privilege. Les prêtres crient à *l'impie* contre M. Turgot; ils regardent comme un scandale horrible de voir les étaux chargés de viandes durant le temps de pénitence; mais il paroît que leurs clameurs ne seront point écoutées.

7 Janvier. On répete à l'opéra *l'Iphigénie* du chevalier Gluck, qui doit être remis mardi prochain 10 de ce mois. Non-seulement on n'en supprime pas les ballets, comme on l'avoit d'abord proposé, mais on les embellit, on les convertit en d'autres plus agréables & l'on tâche de rendre cette partie accessoire digne du corps de l'ouvrage.

9 Janvier. Il n'y a point eu de nomination de cordon-bleu le jour de l'an, & S. M. n'en fera qu'à son sacre, ou après son sacre; quoiqu'à l'instant de la mort de son prédécesseur, revêtue de toute l'étendue de l'autorité suprême, elle est encore censée incompétente pour cette cérémonie jusqu'à ce qu'elle eût été reçue grand-maître de l'ordre.

10 *Janvier.* Pour entendre la plaisanterie suivante, il faut savoir que M. de Sauvigny avoit effectivement à la premiere présidence un petit cochon qu'il aimoit & caressoit, & que cet animal, têtu comme tous ceux de son espece, a eu beaucoup de peine à en déguerpir, lorsque son maître en est sorti. Si la chûte du conte n'est pas fort piquante, il y a de la gaieté, de la facilité, du naturel dans la narration, qui le font rechercher, indépendamment du sujet qui forme anecdote.

Le cochon allégorique.

Du corps amovible un de nos présidents,
Que, sauf respect, Berthier (1) on nomme,
Dans son hôtel avoit, depuis quatre ans,
Petit cochon dont parfois le bon homme
Se recréoit, quand travaux importants
Avoient parfois fatigué sa cervelle ;
Douce harangue ou gentille oraison
Il lui faisoit : entr'eux sympathie étoit telle
Que le goret étoit de la maison
Le grand ami : Berthier, comme son frere,
Le fêtoyoit & lui faisoit grand'chere :
Tous les reliefs il lui portoit.
Partant le drôle profitoit,
Etoit gras comme pere & mere.
En animal reconnoissant,

―――――――――――

(1) *Berthier* est le nom de famille de M. de Sauvigny.

En bon cochon il careſſoit ſon maître ;
  Puis ſe vautrant en l'abordant,
Si-tôt qu'il le voyoit paroître
  Sans ceſſe il lui diſoit *hon, hon :*
Chacun harangue à ſa façon :
  Hon, hon, dans ſon ſtyle veut dire
Devoir, ſoumiſſion, reſpect (1).
  Le préſident à ſon aſpect,
En le flattant, daignoit ſourire.
  L'ami cochon dans l'hôtel bien traité,
N'en eût voulu déguerpir de ſa vie.
  Mais tout prend fin ; tout n'eſt que vanité
Dans ce bas monde, & lieſſe eſt ſuivie
  De repentir & de ſoucis cuiſants.
Témoin Berthier qui pour avoir quatre ans
  Inamoviblement ſeul rendu la juſtice,
N'a pour lui que la honte & le déſagrément
  De chercher nouveau logement (2) :
Il faut du ſien qu'il déguerpiſſe ;
  Ce qu'il fait très-doucement.
Mais ſon cochon penſe autrement :
  Le déloger, eſt la choſe impoſſible ;
Le drôle ſe croit bonnement,
  Plus que ſon maître inamovible (3).

1ᵉ (1) Expreſſions d'un certain lit de juſtice, qu'on parodie en cet endroit.

(2) M. Berthier de Sauvigny, lors de la réintégration du parlement a été obligé de quitter l'hôtel de la préſidence, & de le rendre à M. d'Aligre.

(3) Alluſion au mot du chancelier, qui dans l'édit de création du parlement Maupeou, faiſoit dire au Roi que ces nouveaux magiſtrats ſeroient *inamovibles* comme les anciens.

11 *Janvier*. Le sieur Caron de Beaumarchais est sensiblement affligé de voir le mémoire qu'il se proposoit de répandre, réduit à un simple précis, contenant les moyens de droit pour la cassation de l'arrêt dans l'affaire de M. de la Blache & dénué de tous les sarcasmes dont il l'avoit assaisonné ; il n'a trouvé aucun avocat aux conseils qui ait voulu le signer dans cet état. Comme il est inépuisable en ressources pour la méchanceté, il a imaginé de faire une consultation d'avocats au parlement, auxquels il demandera si les avocats aux conseils peuvent refuser de signer le mémoire en question, qu'il relatera préalablement : c'est à quoi il travaille aujourd'hui.

13 *Janvier*. Madame de Saint-Sauveur est une des plus jolies femmes de Paris, qui depuis plusieurs années plaide en séparation contre son mari : celui-ci est un maître des requêtes, grand économiste, auteur de quelques brochures & avide de renommée, ayant par conséquent un parti d'apologistes & de prôneurs ; tout cela ne laisse pas que de donner de l'importance à l'affaire, de nature à intéresser par elle-même, & qui d'ailleurs a déjà éprouvé beaucoup de vicissitudes. Madame de Saint-Sauveur est actuellement à demander au conseil la cassation de l'arrêt du parlement de Bordeaux, qui a refusé d'autoriser la séparation. M. de Saint-Sauveur vient de répandre un *Mémoire* contre la nouvelle prétention de sa femme.

13 *Janvier*. Il paroît que c'est décidément la semaine prochaine que les comédiens françois joueront le drame d'*Albert premier*, ou *Adeline*.

15 *Janvier*. Il faut que la méchanceté si adroite du sieur de Beaumarchais ait été cette fois mise en défaut, & qu'il n'ait pu obtenir de faire impri-

mer la diatribe qu'il vouloit répandre dans son procès contre le comte de la Blache ; car rien ne paroît. On voit même une réponse de ce dernier au *précis* de l'autre, contenant, comme on a dit, les moyens de droit uniquement. Dans sa réponse, son adversaire lui reproche de ne répandre la sienne que la veille du jugement, lorsque l'affaire a déjà été discutée dans une premiere séance de messieurs les commissaires, & que l'examen doit en être terminé le jeudi 12 janvier. Le comte y semble fort à son aise, comme certain d'avoir échappé aux sarcasmes, aux turlupinades du sieur Caron. C'est le lundi 16 que le jugement en cassation doit être prononcé définitivement au conseil, ou que la requête doit être rejetée.

15 *Janvier*. On parle beaucoup d'une querelle survenue entre madame de Champbonas, ci-devant Mlle. de Langeac, & son mari ; on veut que celui-ci, dans un accès de jalousie fondée ou non, ait maltraité sa femme, & l'ait même battue horriblement : en sorte que la jeune personne est retournée chez sa mere & demande séparation. Il auroit été difficile qu'un mariage de cette espece fût heureux. La femme est très-jolie, très-coquette & a été élevée avec le plus mauvais exemple. Le mari est un agréable, un petit-maître, un libertin, qui n'a envisagé qu'une grosse fortune & un grand crédit : les circonstances ayant changé tout-à-coup, il a manqué ce double but, & il est furieux de s'être déshonoré gratuitement par une semblable mésalliance.

16 *Janvier*. L'almanach royal différé paroît enfin, en mauvais ordre encore, à cause de la briéveté du temps, qui n'a pas permis de débrouiller parfaitement tout ce nouveau chaos.

20 *Janvier*. Les états de Languedoc ont fait un arrêté pour venir au secours des habitants de cette province, qui ont souffert par la malade épidémique des bêtes à cornes, dont les progrès s'étendent de plus en plus. M. l'archevêque de Toulouse s'est piqué de donner un exemple plus spécial de générosité ; il a écrit une lettre circulaire aux curés des campagnes, pour qu'ils aient à avertir les habitants affligés de semblables pertes, de s'adresser à lui & lui demander des secours, ne trouvant rien de plus juste que d'employer les revenus de l'église au soulagement des pauvres, suivant leur destination légitime. On vante cette pastorale comme remplie d'une onction qu'il n'a pas puisée parmi ses confreres de l'académie françoise, mais digne des anciens peres de l'église.

20 *Janvier*. M. le comte de la Blache n'a pas triomphé long-temps. Le sieur de Beaumarchais s'est tellement démené qu'il a obtenu de M. le garde-des-sceaux la liberté de faire paroître son mémoire, comme nécessaire à sa justification, comme propre à porter la conviction & l'évidence dans l'esprit des juges. M. de Miromesnil, pour laisser à cet intrigant le temps nécessaire, a renvoyé le jugement à la huitaine.

22 *Janvier*. La manufacture de porcelaine établie à Seve sous la protection immédiate du Roi, est un objet fort onéreux à S. M., malgré la cherté énorme de ces objets de luxe. On assure qu'une compagnie offre de la soutenir dans tout son éclat, pourvu que le Roi veuille bien lui faire don de tous les bâtiments, terrains & établis formés à grands frais dans cet endroit, & elle se chargera de payer les pensions de retraite qui seront accordées aux personnes qui étoient

employées à la tête de cette manufacture. On a tout lieu de croire que ces offres, si elles sont solides, seront acceptées. Cet établissement ne seroit plus à charge, il deviendroit, dans les mains de gens intelligents, très-utile pour eux, & tout le monde y gagneroit.

22 *Janvier.* Le *mémoire pour le sieur Pierre-Augustin Caron de Beaumarchais*, paroît en effet. Il est précédé d'un avertissement, où son auteur rend compte des difficultés sans nombre qu'il a éprouvées pour la publication de ce *factum*, qu'il déclare être son véritable, désavouant en quelque sorte le premier du sieur Huard du Parc, son défenseur. Il est, comme on l'annonçoit, présenté sous la forme d'un mémoire à consulter, où il demande aux avocats du parlement : Si, rejeté par les avocats aux conseils & par le sien propre, il n'est pas en droit de s'adresser aux premiers, de prendre ensuite à partie son avocat aux conseils, & le rendre responsable de tout le mal qui peut en résulter pour le sieur Caron ?

Suit une consultation de Me. Ader, avocat au parlement, du 12 janvier, qui bat la campagne, &, sans décider que M. Huard du Parc puisse être pris à partie, estime que le sieur de Beaumarchais peut & doit produire son avis de lui Ader, comme celui d'un jurisconsulte, &c.

24 *Janvier.* Le mémoire à consulter pour le sieur de Beaumarchais, offre plusieurs singularités & impudences dignes de lui. On voit d'abord que malgré le jugement qui l'a diffamé depuis un an, sans qu'il en soit relevé, il conserve ses qualités & même ses charges qu'il ne doit plus exercer ni posséder. On voit ensuite qu'il se donne la liberté de parler très-mal d'un tribunal qui,

supprimé par le Roi, ou du moins rendu à ses anciennes fonctions, doit être respectable pour lui : enfin, ce qu'on lui passe le moins, c'est d'avoir annoncé ce mémoire avec beaucoup de prétention, de le faire vendre comme une piece très curieuse, & d'attraper ainsi le public; personne ne pouvant le lire, tant il est sec, long & mortellement ennuyeux. On y trouve pourtant quelques digressions très-clair semées, amenées tant bien que mal, où le lecteur fatigué peut se délasser un moment.

14 *Janvier.* On sait que les femmes de qualité attachées à la cour ou présentées, lorsqu'elles vont à Versailles, sont obligées d'avoir un habillement qui les distingue des bourgeoises ou autres femmes non présentées ; quant aux seigneurs, ils n'ont nulle distinction particuliere que les attributs de leurs charges, ou les différents cordons dont ils peuvent être décorés. On propose aujourd'hui de ramener pour eux l'ancien habillement de cour, qu'on rapporte au siecle de *Henri III*, c'est-à-dire, au vêtement que l'on portoit lors de l'institution de l'ordre du Saint-Esprit ; mais cette innovation n'est pas sans difficulté, & l'on doute fort qu'elle soit adoptée.

27 *Janvier.* Depuis quelque temps il s'est élevé une guerre très-vive entre deux avocats fameux du barreau, Me. Gerbier & Me. Linguet, qui ne fait honneur ni à l'un, ni à l'autre : il faut convenir même qu'on ne peut lire les *factums* réciproques des deux parties, sans les mépriser souverainement, tant ils ont bien l'art de s'inculper réciproquement, & manquent celui de convaincre le public sur leur justification. Quant à la chaleur, à l'abondance, à l'énergie, Me. Lin-

guet l'emporte constamment sur Me. Gerbier, & fait infiniment mieux attacher le lecteur.

Au surplus, on seroit fort embarrassé de rendre compte de cette querelle, dont la jalousie semble avoir été le principe secret : on pourra cependant donner par la suite un compte plus détaillé de ces différents écrits, qui causent une grande sensation.

27 *Janvier.* On attend incessamment dans ce pays Mlle. Clairon. Il paroît que l'objet de son retour est de présider au second début du sieur la Rive, son protégé, & toujours cher à son cœur. On dit que ce jeune acteur, son éleve, qui n'avoit pas obtenu un grand succès à sa premiere apparition, s'est perfectionné dans la province, & même dans les pays étrangers, dont il a remporté les suffrages : il espere maintenant briller sur notre scene, la plus fameuse de l'Europe. Au reste, on célebre beaucoup la générosité de l'antique Melpomene, qui s'arrache ainsi aux grandeurs & aux plaisirs d'une cour, pour se livrer aux attraits de sa bienfaisance.

27 *Janvier.* Le discours de Me. Carlier, avocat, prononcé à la cour des aides le 18 de ce mois, souffrant des difficultés à l'impression par des expressions peu mesurées, il prend le parti d'en distribuer des copies manuscrites : comme il est court & bon, le voici.

MESSIEURS,

« Notre cause étoit sur le point d'être présentée à votre audience, lorsque le temple de la justice, fermé tout-à-coup, ne s'ouvroit plus aux yeux de la nation, que pour lui faire regretter ses juges légitimes.

» Tandis que votre zele pour le maintien des loix, & que votre courage à les défendre ajoutoit à votre gloire un nouvel éclat, j'aurois cru avilir mon ministere si j'eusse fait entendre ailleurs que dans ce sanctuaire auguste les cris de l'innocence opprimée que je défends aujourd'hui.

» Un jeune monarque, un nouveau Titus qui ne veut signaler son regne que par des actes de justice & de bienfaisance, vous a rendus aux vœux de la patrie.

» Les acclamations de tous les citoyens vous ont porté l'hommage dû à votre héroïsme : cet hommage, Messieurs, n'est pas un tribut passager.

» Votre illustre chef le fait germer dans tous les cœurs : tous les ordres de la société veulent vous enlever ses qualités éminentes, ou veulent les partager avec vous. L'honnête homme le choisit pour exemple, le magistrat pour modele, les savants briguent ses lumieres, les orateurs son pinceau, les plus grands noms son alliance. C'est à l'heureux assemblage de tant de mérites différents que la justice doit son rappel & celui de ses ministres ; c'est à lui que je dois le retour à mes fonctions.

» Qu'il est flatteur pour moi, Messieurs, après quatre ans de silence & d'inaction absolue, de vous présenter, en rentrant dans la lice, une cause dont la partie & le premier défenseur (Me. Morisse, procureur) n'ont point été frappés de la contagion qui en a dégradé tant d'autres. »

17 *Janvier*. On annonce une lettre de M. de Voltaire sur l'arrêt du conseil, qui rend libre le commerce des grains dans l'intérieur du royaume.

On ne doute pas qu'il n'y faſſe ſa cour à M. Turgot.

28 *Janvier.* Tout le conſeil a été pour la caſſation du jugement rendu en faveur du comte de la Blache, contre le ſieur de Beaumarchais, ſauf M. Baſtard, dont ce plaiſant dit : *Qu'il eſt accoutumé à ſiffler les pieces avant que la toile ſoit levée*, pour exprimer la prévention & la partialité de ce magiſtrat. Du reſte, le conſeil a ſupprimé les expreſſions injurieuſes des mémoires réciproques des parties ; &, quant au dernier mémoire du ſieur de Beaumarchais, le Roi s'en eſt réſervé le jugement : on le repréſente comme un libelle, parce qu'il n'eſt muni de la ſignature d'aucun avocat aux conſeils ; qu'il n'a pas été ſignifié à la partie ; qu'au fond, il traite de beaucoup de choſes étrangeres à la queſtion, & que l'auteur s'y permet des ſorties très-peu reſpectueuſes, très-indécentes contre le tribunal qui l'a jugé. Il eſt déjà proſcrit de fait, & les ſyndics des libraires ont reçu défenſes de le laiſſer vendre. Le bruit court que c'eſt aujourd'hui au conſeil des dépêches que le Roi prononcera ſur cet objet.

29 *Janvier.* Me. Mariette, avocat aux conſeils, défenſeur du comte de la Blache, inculpé dans le mémoire du ſieur Caron, a cru devoir ſe défendre briévement. Il répand une feuille intitulée : *Notes ſur le mémoire du ſieur de Beaumarchais, contre le comte de la Blache.* Il y déclare qu'il mépriſe tout ce qui dans ce libelle n'eſt que mauvais propos, injures, jeux de mots, ſarcaſmes, &c. ; mais il trouve qu'il exiſte dans cet écrit un trait qui intéreſſe ſa probité, & il ne peut reſter dans le ſilence à cet égard. Sa réponſe

est précoce, forte, vigoureuse & sans réplique. Il dit un mot en passant pour justifier les réglements intérieurs de la compagnie des avocats aux conseils, sur lesquels le plaisant adversaire s'étend & s'égaie. Ce dernier point est un des griefs qu'on oppose au sieur de Beaumarchais pour attaquer sa diatribe.

31 *Janvier*. Les recherches séveres faites contre les distributeurs de la *Lettre de M. l'abbé Terrai*, &c. ont opéré l'emprisonnement de différens colporteurs, & rendent ce pamphlet très-cher.

31 *Janvier*. La mort de la mere du sieur Molé, arrivée la veille du samedi, où l'on devoit jouer *Albert I* pour la premiere fois, ayant paru exiger de cet acteur quelque temps pour satisfaire à sa douleur; ce drame, appellé *Piece* sur l'affiche, doit enfin avoir lieu samedi 4 février.

3 *Février* 1775. Il passe pour constant que le projet de la nouvelle salle de comédie à l'emplacement de l'hôtel de Condé n'aura pas lieu; l'on est occupé à trouver des moyens pour en établir une qui ne soit pas dispendieuse au Roi, & le sieur Liégeon vient de communiquer un nouveau plan économique au marquis de Condorcet, qui s'en est chargé auprès de M. Turgot.

3 *Février*. On parle d'une nouvelle brochure intitulée: *Les deux Regnes*. On n'en connoît encore que l'*intitulé*, qui promet beaucoup, s'il est bien rempli.

4 *Février*. Depuis long-temps on se plaint de l'infection que causent dans Paris les cimetieres, entr'autres celui des Innocents, où vingt-deux paroisses viennent journellement déposer leurs cadavres. Il est question aujourd'hui sérieusement de fermer ce séjour de corruption. On assure que

M. le lieutenant-général de police a proposé de le clore par provision pour cinq ans, & d'aviser pendant ce temps aux moyens de supprimer absolument un usage aussi funeste.

5 *Février*. On annonce la réception de M. le président de Malesherbes à l'académie françoise, pour le jeudi 16 de ce mois, & c'est déja un empressement prodigieux à se ménager des billets, afin d'entrer à cette assemblée mémorable, plus patriotique encore que littéraire.

7 *Février*. M. l'archiduc Maximilien, dont la venue en France est annoncée depuis quelque temps, arrive ce soir: on croyoit d'abord qu'il seroit introduit à la cour sous son vrai nom & avec tous ses titres; mais, à raison de la grande étiquette qu'exigeoit le cérémonial, & tout bien considéré, il restera dans l'*incognito*, & ne se produira que sous un nom étranger. La Reine doit aller le recevoir au château de la Muette & lui donner à souper. Comme S. M. désire qu'il figure convenablement au bal, c'est le bruit de la cour qu'elle lui a envoyé des maîtres à danser à Bruxelles pour le mettre au fait des quadrilles à la mode, les lui faire bien répéter & figurer, & lui fournir par-là les moyens de briller, comme s'il n'étoit point étranger à nos fêtes.

10 *Février*. Samedi dernier 4 février on a rendu compte au conseil des dépêches du mémoire du sieur de Beaumarchais, dont S. M. s'étoit réservé la connoissance. M. de la Blache, qui avoit au moins l'espoir de la vengeance en cette partie, ne s'est vu que foiblement satisfait. Il a seulement été jugé que le mémoire demeureroit supprimé, & qu'il seroit fait défenses au sieur de Beaumarchais de le faire vendre. Il n'y a encore rien de

décidé sur le tribunal qui sera constitué juge du fond de l'affaire.

14 *Février*. On ne sauroit croire combien M. Turgot commence à prendre d'ascendant sur l'esprit du Roi. Il ne peut malheureusement travailler autant qu'il le voudroit & que l'exigeroient les circonstances; mais il fait l'impossible. Il est toujours tourmenté d'une goutte indolente, héréditaire dans sa famille, qui le tient presque depuis qu'il est ministre : on appelle cette goutte *indolente*, parce qu'elle ne le fait pas souffrir, mais lui ôte l'usage des jambes : il se fait porter à bras chez le Roi & assiste ainsi au conseil. S. M. a l'humanité de lui faire donner tous les secours qu'exige son état; & l'on cite une circonstance où elle a fait asseoir ce ministre dans son propre fauteuil, le seul qu'il y ait au conseil.

14 *Février*. M. le comte de Saint-Germain, cet officier général si estimé, qui, par mécontentement avoit quitté le service, & appellé à Copenhague, y avoit passé avec la permission du Roi à la suprême administration, comme président, premier ministre & feld maréchal, est rentré en France depuis quelques années, mais sans aucune des récompenses dues à ses services. Il avoit confié toute sa fortune à un banquier de Hambourg, qui vient de faire banqueroute. Les colonels allemands, au service de France, instruits de ce fatal événement qui ruine leur ancien camarade après cinquante ans de travaux, pendant une partie desquels il a occupé les places les plus distinguées, ont arrêté de se cotiser pour lui assurer une existence honorable. Louis XVI s'est réservé cette bonne action : il a donné une pension de 10,000 livres au comte de Saint-Ger-

main, & celui-ci a refusé d'une maniere noble & avec les expressions de la plus vive reconnoissance le secours de ces étrangers.

14 *Février.* On parle beaucoup d'une espiéglerie de M. le comte d'Ar****. Un intendant de province ayant indiscrétement pénétré chez S. A. R. l'a trouvé dans un déshabillé que tout particulier se permet dans son intérieur, mais qui rendoit le prince méconnoissable à ceux qu'il n'admet point à son intimité ; en sorte que le magistrat, croyant effectivement avoir affaire à un subalterne, encore d'une espece très-inférieure, a répondu d'un ton brusque à une question que lui a fait le quidam prétendu. Le jeune prince, point accoutumé à ce ton peu respectueux, dans un mouvement d'indignation a fait sauter la perruque de l'homme de robe & a ordonné qu'on le mît à la porte. M. de Montyon, c'est le nom de l'intendant, s'est retiré honteusement : il a été obligé d'essuyer ainsi le persifflage des courtisans. On assure que le Roi a fait des reproches à son frere de cette vivacité, & lui a dit qu'un prince de son rang ne doit jamais s'imaginer que personne puisse lui manquer.

14 *Février.* M. le duc de Choiseul a eu l'honneur de donner à souper avant-hier à l'archiduc Maximilien ; ce qui releve les actions de ce ministre disgracié & que la Reine désireroit remettre en faveur.

15 *Février.* M. Turgot, cherchant à réunir autour de lui toutes les lumieres des coryphées de la secte des économistes, a fait revenir de Pologne le sieur Dupont, l'a logé dans son hôtel, & l'a nommé inspecteur-général des manufac-

tures. Ce ministre ne pouvant introduire dans le commerce la liberté générale qu'il voudroit y mettre, cherche du moins à avoir ainsi des hommes dans son systême pour surveiller ceux qui pourroient agir par des principes opposés. Ce M. Dupont étoit celui qui présidoit au journal des Ephémérides expiré sous sa plume.

15 Février. Le sieur Gabriel, premier architecte du Roi, donne la démission de sa place, & sa majesté lui accorde une pension de 20,000 liv. Elle a nommé à sa place le sieur Mique, chevalier de Saint-Michel, & ci-devant premier architecte du Roi de Pologne, duc de Lorraine: ce qui doit donner une haute opinion de ses talents inconnus dans ce pays-ci, & de son économie. On sait que *Stanislas* a fait des choses charmantes, belles, superbes même, en décorations & en édifices, avec des revenus très-bornés & sans être à charge à la province qu'il gouvernoit.

15 Février. L'académie royale de musique se dispose à donner demain jeudi trois actes anciens; l'acte *Turc*, l'acte de *la Provençale* & celui d'*Hylas & Eglé*, remis en musique par le sieur le Gros & son beau-frere.

17 Février. Quoique M. l'archiduc Maximilien ne soit ici que sous le nom de comte de Bourgaw, il y a une difficulté de cérémonial avec les princes, auxquels il ne veut pas rendre la premiere visite: ceux-ci réclament l'usage, & se prévalent des exemples du Roi de Danemarck & de celui de Suede, qui n'ont pas exigé la même prévenance. On espere que ces grands intérêts d'étiquette se concilieront; autrement les princes ne pourroient donner aucune fête à l'Archiduc.

17 *Février*. L'arrêt du conseil qui supprime un écrit ayant pour titre : *Mémoire à consulter & consultation pour Pierre-Augustin Caron de Beaumarchais*, est du 4 février. Il y est dit que S. M. étant dans l'intention de réprimer la licence condamnable à laquelle ne se livrent que trop souvent les auteurs de semblables écrits, & de faire sentir les effets d'une juste sévérité à ceux qui abuseroient de leur esprit pour déchirer la réputation des personnes avec lesquelles ils seroient en contestation, a supprimé ledit imprimé, précédé d'un avertissement & suivi d'un errata, comme contenant des faits témérairement hasardés, étrangers à l'objet de la contestation entre le comte de la Blache & ledit Beaumarchais, & des expressions injurieuses & contraires à la décence & au respect que l'on doit à la justice de S. M. ; fait défenses audit de Beaumarchais de récidiver sous telles peines qu'il appartiendra.

18 *Février*. L'acte mis en musique par le sieur le Gros, n'a pas fait fortune à l'opéra : on connoissoit les deux autres.

19 *Février*. S. M. donne demain dans le salon d'Hercule une fête à M. l'Archiduc, qui consistera en *la fête du Château*, intermede des Italiens qu'on y exécutera, choisi comme analogue à la circonstance, des proverbes & un bal : peu de personnes étrangeres y seront admises.

20 *Février*. Tous les obstacles sont levés, & le *Barbier de Séville* est enfin annoncé pour jeudi prochain.

20 *Février*. Mad. la princesse de Lamballe qui étoit allée en Bretagne avec M. le duc de Penthievre pour l'aider à faire les honneurs, tandis que ce prince tiendroit les états, est revenue la

première, après s'être concilié tous les cœurs de la province. Elle a dû se trouver à la fête d'aujourd'hui ; elle n'est point encore nommée *surintendante de la maison de la Reine*, place qu'on rétabliroit pour elle, ainsi que le désire S. M. Il se présente des difficultés. Mad. la comtesse de la Marche la réclame, comme la plus ancienne ; Mad. la duchesse de Bourbon, comme la première princesse du sang : on croit que cette concurrence gêne beaucoup le monarque, répugnant à faire aucun passe-droit ; indécision dont n'est pas fâchée la comtesse de Noailles, dame d'honneur de la Reine, disposée à se retirer dès qu'il y aura une surintendante, d'autant plus qu'elle ne plaît point à sa majesté, qui l'appelle *Mad. l'Etiquette*, parce qu'elle lui faisoit souvent, lorsqu'elle n'étoit que Dauphine, des remontrances sur cet objet.

23 *Février*. Tout le monde applaudit au changement du sieur Gabriel, dont l'ineptie & les dépenses excessives dans sa partie ont causé le renvoi, car sa démission n'est rien moins que volontaire ; mais on blâme la pension énorme accordée à cet artiste, auquel il faudroit au contraire faire rendre compte des déprédations dont on l'accuse : cette conduite contribueroit fort à soutenir le goût de réforme qu'annonce le nouveau directeur des bâtiments, & à mettre en vigueur la sage administration qu'il veut faire régner dans son département.

24 *Février*. M. le duc de Penthievre est revenu des états : malgré toutes les marques publiques qui lui ont été données de joie & d'attachement par les Bretons, il est constant qu'il ne s'est point fait aimer généralement autant que sa

charmante bru : son esprit minutieux, craintif & quelquefois despotique a déplu.

24 *Février*. La réception de M. le président de Malesherbes à l'académie françoise s'est effectuée le 16 avec un concours de monde, tel qu'on n'en avoit point encore vu à semblable cérémonie. Le discours du récipiendaire est imprimé & commence à se distribuer, avec la réponse du directeur, M. l'abbé de Radonvilliers.

Le discours du premier, interrompu fréquemment, lorsqu'il l'a débité, par les plus vifs transports de l'enthousiasme, est un chef-d'œuvre de précision, pour l'étendue, la multitude & profondeur d'idées resserrées dans les bornes étroites d'une éloquence simple, rapide & nerveuse.

Quant au discours de M. l'abbé de Radonvilliers, il est peu fait pour être goûté par comparaison avec l'éloquence moderne; mais il est clair dans ses pensées, simple dans ses expressions, juste dans sa maniere d'apprécier les hommes & les choses, & conséquemment préférable à tout le fatras des auteurs à la mode.

26 *Février*. Le différend des princes du sang avec l'archiduc au sujet du cérémonial ne s'est point arrangé, comme on l'espéroit; en conséquence ils n'assisteront point aux fêtes, & ils se sont dispersés dans leurs terres respectives. M. le duc d'Orléans est à Sainte-Assise, M. le prince de Condé à Chantilly, M. le prince de Conti à l'Isle-Adam.

26 *Février*. La Reine, jeune, aimant le plaisir & réfléchissant peu à la dépense, s'étoit constituée en dette, & a eu besoin de 300,000 liv. pour les acquitter. Elle a eu recours au contrôleur

général qui, fort embarrassé & ne s'attendant pas à cette demande, a supplié cette majesté de lui accorder quelques heures pour se retourner. Il n'a eu rien de plus pressé que de rendre compte au Roi de son anxiété. S. M. lui a répondu qu'il falloit donner cet argent à la Reine, mais l'apporter en nature à lui Roi; S. M. s'est en même-temps chargée des représentations : en effet on assure qu'en remettant les 300,000 liv. à son auguste compagne, il lui a fait sentir que ceux qui l'entouroient, de crainte de lui déplaire, lui déguisoient la vérité; il l'a priée de réfléchir que cet argent provenoit de la substance la plus pure des peuples, & ne devoit pas être consacré à des dissipations frivoles.

26 Février. Le jeudi-gras empiétant sur la fête de saint Matthias, M. l'archevêque de Paris s'est opposé à ce qu'il y eût bal dans la nuit; en conséquence il a été avancé & donné le mercredi; &, pour indemniser les directeurs du tort que ce changement pouvoit causer à leur recette, on leur a en outre accordé la permission d'en annoncer un extraordinaire pour le vendredi à minuit, moment où la fête finissoit; ainsi la difficulté du prélat a occasionné deux scandales pour les dévots au lieu d'un.

26 Février. Monsieur & le comte d'Artois ayant demandé au Roi la permission de donner une fête au prince Maximilien, S. M. y a consenti & a bien voulu en fournir les fonds qui se monteront, à ce qu'on assure, à 600,000 livres. Elle consistera principalement dans une fête & dans une loterie gratuite pour toutes les dames de la cour. On a élevé à cet effet dans le manege de la grande écurie à Versailles une magnifique salle; tous les jeux de la foire, en outre, y ont rendez-vous & elle sera terminée, suivant l'usage, par un grand bal. Il n'y entrera que les femmes présentées, mais on assure que les hommes auront plus de facilité.

27 *Février*. Les gens au fait des formules usitées dans les arrêts de suppression d'écrits, rendus au conseil, ont observé que celui concernant le mémoire du sieur de Beaumarchais en contient une extraordinaire & déshonorante en quelque sorte ; celle où l'on dit, *fait défenses audit Beaumarchais de récidiver, sous telles peines qu'il appartiendra.*

1 *Mars* 1775. On ne parle point avantageusement des fêtes de Versailles, où les gens de Paris, sur-tout les femmes, n'ont pas joué un rôle brillant. L'obstination des princes à ne point vouloir accorder à M. l'Archiduc une distinction qu'il croyoit mériter, sur-tout ayant l'honneur d'être frere de la Reine de France, & S. M. le soutenant dans sa prétention, la hauteur qu'on reproche à ce prince étranger d'y avoir mise ; toutes ces pointilleries ont écarté bien du monde à la suite de ces illustres personnages, ainsi que des princesses, & ont causé un grand vuide dans ces fêtes. M. le duc de Chartres & M. le comte de la Marche, jeunes princes plus sensibles que les autres, ont affecté de se montrer beaucoup à Paris ces jours-là.

2 *Mars*. Madame la princesse de Lamballe est toujours fort accueillie de la Reine. S. M. empressée de la voir, lui avoit fait écrire de se rendre chez elle à son passage, lors de son retour de Rennes & de ne point craindre de paroître en tel état qu'elle fût. En entrant chez la souveraine, S. A. a été agréablement surprise de se voir peinte sur une glace de l'appartement de la Reine. On ne doute plus aujourd'hui, dans un degré de faveur

si marqué, qu'elle ne l'emporte & n'obtienne la surintendance, malgré la prétention des vraies princesses du sang.

4 *Mars*. M. le duc *de Cossé*, après avoir célébré son avénement à la place de gouverneur de Paris par un bal superbe donné le samedi 15 février, & où ont assisté toute la cour, la famille royale, même la Reine, qui n'en est sortie qu'à six heures du matin, s'est fait recevoir au parlement aujourd'hui & a fait son entrée, où il a joui de la prérogative précieuse & remarquable de distribuer de l'argent au peuple.

5 *Mars*. L'Archiduc toujours resté ici sous le nom de comte de Bourgaw, est parti. Il n'a fait aucune sensation agréable dans Paris & à la cour: il n'a plu ni par sa figure, ni par son esprit; il a paru sans goût, sans amour pour le arts & les belles choses. Les plaisants de Versailles n'ont pas manqué de le qualifier d'une façon très-indécente sans doute, ils l'ont appellé *l'Archi*.... La froideur que la difficulté sur le cérémonial à son égard, a occasionnée entre la Reine & les princes du sang, n'a pas peu contribué à le faire voir de mauvais œil.

La derniere fête que les freres du roi ont donnée à cette altesse le lundi-gras, dont on a parlé succinctement, mérite quelques détails ultérieurs. Elle consistoit en une foire, un café, un bal, un souper. Elle a commencé à neuf heures du soir: excepté les billets de la cour, ceux qui ont été donnés aux gens de Paris n'ont servi qu'à les faire entrer très-tard & à procurer beaucoup d'humeur à ces badauds. La dépense est très-considérable. On avoit mis à contribution l'opéra, la comédie italienne, la comédie françoise, Nicolet, Audinot, toute la foire, & les spectacles n'en ont pas été meilleurs.

Celui qui a excité le plus la curiosité, ç'a été le *Poirier*, opéra comique du sieur Favart, mis en musique par le chevalier Gluck. On veut qu'il n'ait pas eu le succès que son auteur & ses partisans s'en promettoient.

Fin du vingt-neuvieme volume.

www.ingramcontent.com/pod-product-compliance
Lightning Source LLC
Chambersburg PA
CBHW070751170426
43200CB00007B/736